Das französische Mittelalter

Literatur, Gesellschaft und Kultur
des 12. bis 15. Jahrhunderts

Mechthild Albert

Ernst Klett Verlag
Stuttgart · Düsseldorf · Leipzig

Die Deutsche Bibliothek – CIP-Titelaufnahme

Ein Titeldatensatz für diese Publikation ist bei
der Deutschen Bibliothek erhältlich.

1. Auflage A 1 ^{5} ^{4} 3 2 ^{1} ı 2005 2004 2003 2002 2001

© Ernst Klett Verlag GmbH, Stuttgart 2001. Alle Rechte vorbehalten.
Internetadresse ı http://www.klett-verlag.de

Bildnachweis ı

Das Umschlagbild stammt aus dem Stundenbuch des Duc de Berry „Les Très
Riches Heures" (ca. 1415), © Musée Condé, Chantilly. Es wurde uns freund-
licherweise vom **Faksimile Verlag Luzern,** zur Verfügung gestellt, über dessen
Programm Sie sich im Internet unter www.faksimile.ch informieren können.

Gedruckt auf Papier,
das aus chlorfrei
gebleichtem Zellstoff
hergestellt wurde.

Redaktion ı Dr. Susanne Schauf
Umschlaggestaltung und Layout ı Christine Schneyer
Satz ı Hahn Medien GmbH, Kornwestheim
Druck ı Gutmann + Co., Talheim. Printed in Germany.
ISBN 3-12-939591-1

Inhalt

Vorwort

Im Zuge des hochschulpolitischen Strukturwandels ist innerhalb der Romanistik das Altfranzösische bzw. die altfranzösische Literatur seit geraumer Zeit unter wachsenden Legitimationsdruck geraten. Dementsprechend wird den diesbezüglichen Lehrveranstaltungen in den aktuellen universitären Curricula ein unterschiedlicher, teils stark divergierender und meist erheblich reduzierter Stellenwert beigemessen. In Anbetracht dieser kritischen Lage ist es besonders erfreulich, dass der Klett Verlag der Literatur des französischen Mittelalters einen Band in seiner Reihe UNI-Wissen einräumt. Zugleich erwächst daraus das Problem, sowohl der Thematik als auch der verlegerischen Konzeption gerecht zu werden. Die Vorgabe, das literarische Schaffen von mehr als vier Jahrhunderten auf weniger als 200 Seiten zu komprimieren, führt zwangsläufig zu Defiziten, die fachlich kaum zu verantworten sind. So haben wir uns entschlossen, bewusst ‚Mut zur Lücke' zu beweisen und beispielsweise auf eine einheitsstiftende wissenschaftliche Perspektivierung zu verzichten. Aus pragmatischen Gründen haben wir uns zugunsten einer chronologischen Reihung von Fakten und einer simplen Untergliederung nach Jahrhunderten entschieden – nicht zuletzt, um den Studierenden, die bei wachsender historischer Distanz erfahrungsgemäß wachsende Schwierigkeiten mit der Datierung haben, die Orientierung auf der Zeitschiene zu erleichtern. Um die unvermeidlichen Vereinfachungen und Defizite auszugleichen, fallen die Literaturhinweise insgesamt umfangreicher aus. Allerdings fehlte der Raum, um die maßgeblichen Editionen der wichtigsten Primärtexte aufzuführen; eine erste Orientierung vermitteln diesbezüglich Michel Zink (1992a) und Frank-Rutger Hausmann (1996). Auch sei bereits an dieser Stelle noch einmal auf komplexere, problemorientierte Darstellungen verwiesen, wie z. B. das Lehrbuch zum französischen Mittelalter von Frank-Rutger Hausmann oder den aktuellen Forschungsbericht zur Mediävistik von Hans-Werner Goetz.

Am Ende der redaktionellen Arbeit danke ich dem Herausgeber der Reihe UNI-Wissen, Herrn Kollegen Kalverkämper, und Frau Dr. Schauf vom Klett Verlag für die freundliche Betreuung. Mein herzlicher Dank gilt des weiteren meiner erprobten Mitarbeiterin, Frau Dr. Cerstin Bauer-Funke, für die gewohnte und doch unschätzbare Zuverlässigkeit, sodann Frau Dr. Beate Weifenbach, die ihren mediävistischen Sachverstand eingebracht hat, Astrid Engels für ihre unerschütterliche Geduld, ihre Sorgfalt und die Entlastung bei der Koordination sowie schließlich Sylvie David und Kristin Rolfes für ihren unermüdlichen Eifer bei der Recherche und der gewissenhaften Erledigung der Formalia.

Mechthild Albert
im Januar 2001

1

Einleitung

1 Vorüberlegungen

Das Bild des Mittelalters hängt von der Perspektive des Betrachters und seinem historischen Umfeld ab. Je nach seinem Geschichtsbild und der damit verbundenen Interessenslage betont er mal die Gemeinsamkeiten, mal das Trennende im Verhältnis zu jener fernen Epoche, die ein bedeutendes Kapitel unserer Vorgeschichte darstellt. Grundsätzlich bewegt sich die Einschätzung des Mittelalters aus moderner Perspektive zwischen Kontinuität und Kontrast (Ferdinand Seibt) bzw. zwischen Alterität und Modernität (Hans Robert Jauss). Angesichts dieser schwankenden Beurteilung stellt sich schließlich die Frage nach dem spezifisch Mittelalterlichen am Mittelalter (Horst Fuhrmann).

Mittelalterbild

Seit Beginn der 1980er Jahre lässt sich ein wahrer „Mittelalter-Boom" beobachten. Populärwissenschaftliche Beiträge, Romane von Umberto Ecos *Il nome della rosa* (1980) bis zu Michael Crichtons *Timeline* (1999) und Marion Zimmer Bradleys *Mists of Avalon* (1982) und die Gattung des Mittelalter-Krimis, neue Filme über Jeanne d'Arc und Franziskus von Assisi sowie gut besuchte Ausstellungen über die Parler, die Salier oder Karl den Großen belegen zur Genüge das breite öffentliche Interesse an der Zeit zwischen 800 und 1500. Für diese Faszination lassen sich mindestens zwei Gründe nennen: die aus der Postmoderne erwachsene Rückwendung auf vorneuzeitliche Kulturen und eine durch das Leiden an der Moderne motivierte Flucht ins Mittelalter, welche die Gefahr in sich birgt, das fremde Mittelalter zu einer exotisch-mythischen Gegenwelt zu verklären.

Aktualität

Bereits seit den 1970er Jahren haben Historiker und Literaturwissenschaftler neue Zugänge zum Mittelalter erschlossen. Im Anschluss an die Schule der von Marc Bloch und Lucien Febvre begründeten Zeitschrift *Annales* setzen sich innovative Ansätze zur Erforschung des Mittelalters durch, die u. a. der Sozialgeschichte, der Mentalitätsgeschichte und der historischen Anthropologie verpflichtet sind. Die Werke von Régine Pernoud (*Pour en finir avec le moyen âge*, 1977), Jacques Le Goff (*Pour un autre moyen âge. Temps, travail et culture en Occident*, 1977) und Paul Zumthor (*Parler du moyen âge*, 1980) besitzen in dieser Hinsicht den Charakter von Pamphleten, die den Anbruch einer neuen Mediävistik proklamieren. Den Erfolg und das produktive Weiterwirken dieser wissenschaftlichen Neuentdeckung des Mittelalters beweisen in

Forschungsansätze

den 1990er Jahren Buchpublikationen wie *Modernes Mittelalter*, *Moderne Mediävistik* oder *New Medievalism*.

Literatur

M. Brownlee (1991), Goetz (1999), Heinzle (1994), Jauss (1977)

2 Das Mittelalter im Zeitgefüge

Epochenbegriff

Den Begriff „Mittelalter" hat im 14. Jh., d. h. zu Beginn der Renaissance, Francesco Petrarca geprägt, der von einem *medium tempus*, einem finsteren Intervall (*tenebrae*) zwischen alter und neuer Zeit sprach. Im Verlauf der Neuzeit verbreitet sich dieses Epochenkonzept, das im Grunde inhaltsleer, unspezifisch und fließend ist, eine reine „Konstruktion der Moderne zur Periodisierung der Geschichte" (Goetz).

Epochengrenzen

Als „Zwischenzeit" erstreckt sich das Mittelalter zwischen dem Ende der Antike und dem Beginn der Moderne. Daraus ergeben sich die groben Eckdaten – um 500 bis um 1500 –, die einen Zeitraum von rund tausend Jahren umfassen. Eine präzisere Festlegung der Epochengrenzen wirft zum einen die Frage nach dem historischen Wandel auf, der sich nur allmählich, zwischen Kontinuität und Umbruch, in einem langfristigen Prozess vollzieht, der bei Le Goff und anderen Historikern sogar zur Annahme einer „langen Antike" (bis zum Beginn des Feudalismus um das Jahr 1000) bzw. eines „langen Mittelalters" (bis zur Epochenschwelle der Französischen Revolution oder der industriellen Revolution) geführt hat. Zum anderen stellt sich die Frage nach den Kriterien, die man zur Definition der Epoche anlegt und die wiederum vom jeweiligen Mittelalterbild abhängen.

Beginn

Hebt man auf den religiösen Aspekt ab, der für das Mittelalter konstitutiv ist, so kann der Beginn dieser Kulturepoche auf das Jahr 313 (Mailänder Toleranzedikt) oder 391 (Anerkennung des Christentums als Staatsreligion) datiert werden. Stellt man dagegen das Ende der Antike und ihres Staatsgefüges in den Mittelpunkt, so markiert das Ende des weströmischen Kaisertums im Jahre 476 die Epochengrenze. Weitere Alternativen sind das Jahr 622, mit dem die islamische Zeitrechnung beginnt, die „karolingische Renaissance" Ende des 8. Jhs. oder schließlich die bereits erwähnte extreme Datierung auf die Jahrtausendwende, festgemacht am Aufkommen der Feudalstrukturen.

Ende

Das Ende des Mittelalters lässt sich besser eingrenzen als dessen Beginn. Zur Datierung beruft man sich auf den Fall Konstantinopels (1453) oder die „Entdeckung" Amerikas (1492). Epochale Einschnitte bilden auch die Erfindung des Buchdrucks um 1450, die den Triumph der Schriftlichkeit besiegelt und einen Wechsel des

Leitmediums darstellt, wie auch der Thesenanschlag LUTHERS (1517), der die religiöse Einheit der Christenheit zerstört.

Periodisierung

Innerhalb des so umgrenzten Zeitraums von tausend Jahren – es kostet Mühe, sich diese zeitlichen Dimensionen bildlich vor Augen zu führen – trifft man die Unterscheidung zwischen Früh-, Hoch- und Spätmittelalter, wobei das Hohe Mittelalter aufgrund seiner unvergleichlichen kulturellen Leistungen und historischen Innovationen den Zenit des Mittelalters darstellt. Für die Datierung dieser Entwicklungsphasen gelten im übrigen die oben erörterten Vorbehalte. Mit Bezug auf die Geschichte Frankreichs im Mittelalter ergibt sich folgende Dreigliederung:

482– 987	Frankenreich (Merowinger, Karolinger ab 714, Westfranken ab 843)
987–1270	Hohes Mittelalter (Kapetinger)
1270–1494	Spätmittelalter (Kapetinger, Valois ab 1328)

In literaturgeschichtlicher Hinsicht geht Michel Zink, wie auch der vorliegende Band, im wesentlichen nach Jahrhunderten vor, während Frank-Rutger Hausmann folgende Differenzierung aufstellt:

950–1060	Zeit der Anfänge
1060–1140	Heroisches Zeitalter
1140–1230	Höfisches Zeitalter
1230–1330	Scholastisches Zeitalter

Goetz (1999), Hausmann (1996), Zink (1992a)

Literatur

3 Aspekte der Sprach- und Kulturgeschichte

Sprachräume

Innerhalb der Galloromania bilden sich zwei Sprachräume heraus: das Gebiet der *langue d'oc* und das der *langue d'oïl*, um die von DANTE in *De vulgari eloquentia* (1303–1305) aufgestellte Typologie der romanischen Sprachen nach ihrem Bejahungspartikel aufzugreifen. Die Sprachgrenze, die sich bis heute weiter nach Süden verlagert hat, verläuft im Mittelalter von der Mündung der Gironde zum Norden des Zentralmassivs, kreuzt die Rhône zwischen Lyon und Vienne, berührt Grenoble und Briançon, um am Mittelmeer westlich von Nizza zu enden. Im Osten tut sich der Zwischenraum der frankoprovenzalischen Dialekte auf. Diese Trennungslinie, die Frankreich in Norden und Süden scheidet, stellt nicht nur eine linguistische Grenze dar, sondern sie signalisiert auch unterschiedliche juristische, kulturelle und nicht zuletzt kulinarische Traditionen. Die räumliche Verteilung des Altokzitanischen und des Altfranzösischen sowie ihrer jeweiligen Dialekte präsentiert sich wie folgt:

nach Rickard (1977), S. 52

langue d'oc

Die Hauptdialekte des okzitanischen Sprachbereichs sind das Limousinische, Auvergnatische, Provenzalische, Languedokische und Gaskognische.

langue d'oïl

Die Hauptdialekte des Altfranzösischen sind im Norden das Wallonische und das Pikardische, welches eine besonders reiche Literatur hervorgebracht hat (z. B. Trouvères wie CONON DE BÉTHUNE und die vielen aus Arras gebürtigen Literaten). Im Nordwesten breitet sich das Normannische aus, zu dem auch das in England gesprochene Altfranzösische, das Anglonormannisch zählt, Idiom der Dichterin MARIE DE FRANCE. Das Champagnische besitzt durch die wirtschaftliche und kulturelle Bedeutung der Region (Märkte, Hofkultur der Grafen) einen beachtlichen Stellenwert, nicht zuletzt als Sprache CHRÉTIENS DE TROYES. Das Französische, d. h. der Dialekt der Ile de France, wird sich letztlich als französische

Schriftsprache durchsetzen, hat aber kurioserweise bis zum 13. Jh. keinerlei literarischen Zeugnisse hervorgebracht. Zur Dominanz dieses Dialekts haben mehrere Faktoren beigetragen: die zentrale geographische Lage, die politische Bedeutung von Paris, das bereits im 10. Jh. von den Kapetingern zur Hauptstadt des Königreichs erhoben wurde, sowie der kulturelle Einfluss, den die Abtei von Saint-Denis und später die Universität ausgeübt haben.

Das Altfranzösische, das sich zwischen dem 9. Jh. und der Mitte des 14. Jhs. entfaltet (danach spricht man von Mittelfranzösisch), ist ein räumlich wie zeitlich äußerst heterogenes Phänomen. Die altfranzösischen Texte schwanken zwischen regionalen und überregionalen Varianten; zudem ist zu berücksichtigen, dass die Graphietraditionen (*scriptae*) nicht den gesprochenen Dialekten entsprechen. Angesichts dieser komplexen Situation versteht man als Norm des Altfranzösischen die verschriftete Sprache des späten 12. Jhs.

Norm

Im Unterschied zur weitgehend mündlichen und fließenden Volkssprache ist das Lateinische die Sprache der Schrift und der Bildung. Theologie und Liturgie, Philosophie und Wissenschaften, Recht und Medizin bedienen sich fast ausschließlich des Lateinischen. Das Lateinische ist jedoch auch bis in die Frühe Neuzeit hinein eine lebendige Literatursprache, so dass die volkssprachlichen Literaturen des Mittelalters eigentlich nur im produktiven Austausch mit der zeitgenössischen mittellateinischen Literatur angemessen zu betrachten sind.

Latein

Seit der Spätantike besitzt die Kirche das Schrift- und Bildungsmonopol, das sie selbstverständlich in lateinischer Sprache ausübt. Die doppelte Bedeutung von „clerc" veranschaulicht diesen Sachverhalt, denn der Begriff bezeichnet einerseits den Stand des geweihten Geistlichen im Unterschied zum Laien, andererseits den Gebildeten im allgemeinen. Bildungsinstitutionen waren früh schon die Klöster, die Kathedralschulen, später auch die Universitäten, daneben gab es Privatlehrer. Mit Beginn des 12. Jhs., am Hof der GRAFEN VON POITOU auch schon früher, gibt es Bestrebungen zu einer eigenständigen, volkssprachlichen Laienbildung mit literarischer Orientierung. Von WILLIAM VON MALMESBURY (um 1120) ist das Diktum überliefert „Rex illiteratur asinus coronatus", ein ungebildeter König ist ein gekrönter Esel. „Illiteratus" wie „literatus" umfassen allerdings jeweils ein breites Spektrum von Bildungsgraden bzw. -defiziten. Zudem ist davon auszugehen, dass im Mittelalter etwa 95 % der Bevölkerung Analphabeten waren.

Bildung

Neben Lesen, Schreiben und Theologie umfasste der mittelalterliche Bildungskanon in seiner anspruchsvollsten Variante die *sep-*

Artes

tem artes liberales. Diese „sieben freien Künste" teilen sich auf in ein Grundstudium, das sog. Trivium, welches die sprachlichen Fertigkeiten der Grammatik, Dialektik und Rhetorik umfasst. Darauf folgt das sog. Quadrivium, ein Aufbaustudium in vier Einzeldisziplinen: Arithmetik und Geometrie, Musik und Astronomie. Unter dem Einfluss der ARISTOTELES-Rezeption verlagert sich die Begrifflichkeit in der Scholastik von *ars* zu *scientia*, einem intellektuelleren Verständnis von Wissenschaft (THOMAS VON AQUIN, NIKOLAUS VON KUES).

Kulturelle Schichtung

Im Hinblick auf das bisher Gesagte lassen sich folglich, grob gesprochen und unter Vorbehalt, drei kulturelle Ebenen unterscheiden:

	Trägerschicht	Sprache	Medium
Hochkultur	Kleriker	Latein	Schrift
Hochkultur	Laien	Volkssprache	z.T. Schrift
Volkskultur	Laien	Volkssprache	Mündlichkeit

Da die Volkskultur kaum über Schriftlichkeit verfügt, ist sie in den Texten nur indirekt präsent, manifestiert sich aber im Spätmittelalter etwas deutlicher.

Literatur

Hausmann (1996), Köhler (1985), Rickard (1977), Zink (1992a)

4 Literatur zwischen Schriftlichkeit und Mündlichkeit

Bibliotheken

Die ersten Bibliotheken finden sich, entsprechend dem Bildungsmonopol der Kirche, an Bischofssitzen wie Saint Martin zu Tours und in Klöstern wie z. B. St. Gallen oder Corbie. Doch bereits der Gelehrte ALKUIN richtet KARL DEM GROSSEN eine Hofbibliothek ein, die in *sacrae* und *saeculares litterae* unterteilt ist. Die Bestände einer Bibliothek belaufen sich zu dieser Zeit maximal auf einige hundert Bände. Nachdem der „Verschriftlichungsschub" des 12. Jhs. die Anzahl der vorhandenen Schriften vermehrt hat, bringt das 13. Jh. zahlreiche Neuerungen: der Typus der Pultbibliothek kommt auf, die Bettelorden erarbeiten eine neue Systematik, Universitäts- und Fürstenbibliotheken entstehen. Mit der Einführung des Papiers im 14. Jh. ist eine neuerliche Vermehrung der Bücherbestände zu verzeichnen, bis die Erfindung des Buchdrucks in der Mitte des folgenden Jhs. einen grundsätzlichen Medienwechsel mit sich bringt, von dem die Literatur des Mittelalters allerdings kaum profitiert.

Bestände

Die nahezu ausschließlich lateinischen Bestände umfassen vor allem geistliche Texte (Bibel, Liturgie, Predigten, Kirchenväter,

Heiligenviten), sodann naturkundlich-medizinische Werke und Klassiker der römischen Antike. Vor allem die „Renaissance des 12. Jhs." bringt einen Zuwachs in der Rezeption klassischer Autoren, die das Mittelalter in bemerkenswerter Breite zur Kenntnis nimmt. Neben den Schulautoren CICERO, SALLUST, LUKAN, HORAZ und OVID, JUVENAL und VERGIL liest man MARTIAL und PETRONIUS, SUETON und SENECA, LIVIUS, QUINTILIAN und andere. Die Scholastik bereichert die Bibliotheken um philosophische und theologische Werke. Seit dem ausgehenden 13. Jh. verfügen auch Laien über kleinere volkssprachliche Sammlungen, die Andachtsbücher, Ritterromane und populärwissenschaftliche Werke umfassen.

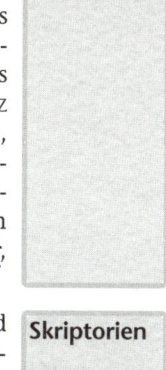

Seit frühester Zeit gehört das Abschreiben von geistlichen und anderen kanonischen Werken zur Pflicht der Mönche. So entwickeln sich bedeutende Skriptorien in Klöstern (Saint Amand) und Kathedralschulen (Reims, Chartres, Laon). Kalligraphische Neuerungen wie die karolingische Minuskel oder die gotische Kursive führen jeweils zur Intensivierung der Manuskriptherstellung, die auch dank der regen Übersetzertätigkeit im 12. und 13. Jh. floriert. Während die Kartäuser und andere, der *devotio moderna* nahestehende Orden weiterhin fleißig das Kopierhandwerk ausüben, geht die Abschreibetätigkeit der Klöster im 13. Jh. stark zurück und wird zunehmend an Lohnschreiber übertragen, die schließlich durch GUTENBERGS Erfindung arbeitslos werden. Diese Medienrevolution entspricht nicht zuletzt einer stetig angestiegenen Nachfrage nach Texten, bedingt durch Universitäten, Mystik und verstärkte Laienbildung.

Skriptorien

Die Ordensleute machen sich nicht nur durch Abschriften, sondern auch durch Übersetzungen um die Tradierung von Texten verdient. Bereits in der Spätantike übertragen BIETHIUS und CASSIODOR die griechischen Philosophen ins Lateinische. Ein neuerlicher Schub an ARISTOTELES-Übersetzungen ist im 12. Jh. zu verzeichnen, in dem auf Anregung des ABTES VON CLUNY auch die erste lateinische Version des Koran entsteht. Bedeutende Übersetzerschulen sind in den multikulturellen Zentren Toledo und Sizilien am Werk, wo aus dem Griechischen und Arabischen ins Lateinische und Romanische übertragen wird. Auch die ersten Anfänge altfranzösischer Literatur stellen in gewisser Weise Übersetzungen dar, orientieren sie sich doch an lateinischen Vorbildern, und der in der Mitte des 12. Jhs. entstehende antikisierende Roman ist ein einziges Unternehmen umgestaltender Aneignung des antiken Erbes im Sinne der *translatio* (s. S. 19). Vom 12. Jh. bis zum Ende des Mittelalters nimmt die Zahl der Übersetzungen ins Altfranzösische zu, parallel zum wachsenden Prestige der Vulgärsprache. Mehr als die Hälfte dieser Übertragungen stammt allerdings aus dem 15. Jh.

Übersetzungen

Buch

Neben der spirituellen Bedeutung und dem Gebrauchswert seines Inhalts gewinnt das Buch auch einen gewissen Symbolwert, nicht zuletzt im Rahmen der spätmittelalterlichen Fürstenbibliotheken. Die Qualität des Pergaments, des Einbands und der Miniaturen erheben es zu einem Prunkobjekt. Der Status des Buches in der Kultur des Mittelalters ist von einer grundsätzlichen Ambivalenz geprägt. Einerseits ist das Christentum eine Buchreligion, wodurch das Buch, nach dem Vorbild der Bibel, als höchste Autorität und Garant von Wahrheit fungiert, so auch das „livre", auf das sich viele altfranzösische Autoren als Quelle beziehen. Andererseits kommt der Schrift eine bloß nachgeordnete Bedeutung zu: Man gebraucht sie zur Aufbewahrung, als Gedächtnisstütze, sie steht also primär im Dienst des gesprochenen Wortes.

Mündlichkeit

Das Verhältnis zwischen *langue* und *parole* (Saussure) oder *lettre* und *voix* (Zumthor) verändert sich im Mittelalter eindeutig zugunsten der Mündlichkeit. Die Stimme steht im Mittelpunkt der Wissensvermittlung und am Anfang der epischen wie der lyrischen Dichtung. Die Kultur des Mittelalters ist auf Situationen komplexer öffentlicher Performanz ausgerichtet, ob es sich dabei um das religiöse Zeremoniell der Liturgie, um die Symbolik politischer Gesten oder um den Vortrag von Literatur handelt, der Elemente von Gesang und Theater beinhaltet. Der mittelalterlichen Literatur eignet eine spezifische „vocalité" (Zumthor): Sie wird durch die Stimme eines Vortragenden vermittelt, der spricht, singt, psalmodiert und seine Darbietung mit expressiven Gesten begleitet. Die Bedingungen dieses mündlichen Vortrags prägen die Formensprache der mittelalterlichen Literatur. Zugleich stellt der Vorrang der Mündlichkeit unser modernes Konzept von Literatur in Frage.

„Literatur"

In Anbetracht ihres oralen Charakters ist es nahezu paradox, von mittelalterlicher „Literatur" zu sprechen, impliziert dieser Begriff doch eine Schriftlichkeit, die für sie gerade nicht konstitutiv ist. Deshalb spricht man auch von einer semi-literarischen Dichtung. Bis in die Mitte des 12. Jhs., d. h. bis zur Entstehung des Romans, werden Lyrik und Epik nämlich singend vorgetragen, und bis ins 14. Jh. bleibt die Rezeption von Literatur überwiegend an die Stimme gebunden, in Rezitation oder lautem Lesen. Im übrigen kennt das Mittelalter den Begriff *littérature* im heutigen Sinne nicht; die damit gemeinte „schöne Literatur" wird mit Fiktionalität, Zwecklosigkeit und Irrelevanz assoziiert.

„Text"

Angesichts der untergeordneten Bedeutung von Schriftlichkeit und der Priorität des Vortrags, der darauf abzielt, das jeweilige Publikum zu beeindrucken, stellt der Text einen eher marginalen Aspekt des Werks dar. Der mittelalterliche Text wird daher nicht

 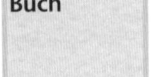

in einer wortgetreuen, definitiven Gestalt tradiert, sondern zeichnet sich durch eine wesenhafte Instabilität aus, die Paul Zumthor als „mouvance" bezeichnet. Hinzu kommt, dass die volkssprachliche Literatur, im Unterschied etwa zu theologischen oder lateinischen Texten anderen Inhalts, einer schriftlichen Tradierung für weitaus weniger würdig befunden wurde. Erst einem Umbruch im 12. Jh., als der Klerus nicht mehr alleiniger Träger der Schriftlichkeit ist und ein genereller „Verschriftlichungsschub" einsetzt, verdanken wir, dass auch die Volkssprache und ihre Literatur allmählich fixiert und überliefert werden.

Anonymität, Mündlichkeit und „mouvance" werfen die Frage nach der Autorschaft auf, die wir am Beispiel der *chanson de geste* diskutieren (s. S. 28–31). Grundsätzlich jedoch sind die überlieferten Texte als individuelle Schöpfungen zu betrachten, in denen die mündliche Tradition durch Elemente der klerikalen Schriftkultur umgestaltet wird. Dennoch ist der Autor bis zur Mitte des 13. Jh. oft nur ein Name, dessen Lebensumstände allenfalls aus den wenigen Informationen zu erschließen sind. Diese werden uns neben gelegentlichen zeitkritischen Anspielungen vor allem durch Prologe vermittelt, in denen der Autor seinem Mäzen huldigt.

„Autor"

Die „Arbeitsgemeinschaft zwischen Klerikern und Jongleurs" (Köhler) verkörpert die mittelalterliche Literatur als Zusammenwirken von „la lettre et la voix" (Zumthor). Der Kleriker (s. S. 12) ist für die Schriftlichkeit zuständig, sei es als Autor oder als Kopist. Der Jongleur fungiert als professioneller Vortragender, obschon er auch gelegentlich selbst dichtet. Der Jongleur (< *joculator*) agiert zugleich als Sänger, Musiker und Schauspieler, Akrobat und Tänzer. Je nach literarischer Gattung begleitet er seinen Vortrag mit der entsprechenden Musik: Streichinstrumente für Epik, Gitarren und Lauten für Lyrik, Schlaginstrumente und Flöten für Tanzlieder. Er verfügt in der Regel über ein breites Repertoire: Heldenepik, lyrische Gedichte und biblische Stoffe, die Abenteuer der Artusritter wie die der antiken Helden. Als vagabundierende Gesellen sind die Jongleurs gesellschaftliche Außenseiter, denen ein schlechter Ruf anhaftet. Zahlreiche Texte enthalten Hinweise auf ihre ökonomische Lage, ihre Abhängigkeit vom Publikum, das sie finanziell erfolgreich zu unterhalten suchen. Mit der Verbreitung der Schriftkultur und der individuellen Lektüre werden die Vortragenden entbehrlich, teils erhalten sie eine feste Anstellung bei adligen Herrn, wo sie als *ménestrels* am unteren Ende der Hofgesellschaft rangieren.

Clercs und Jongleurs

In Anbetracht des in mehrfacher Hinsicht prekären Status der schriftlichen Überlieferung ist die Notwendigkeit einer zuverlässigen Erschließung mittelalterlicher Werke offensichtlich. Damit

Textkritik

befasst sich die Textkritik, deren Grundlagen die Humanisten etabliert hatten und die im 19. Jh. von Karl Lachmann zu einer wissenschaftlichen Methodik weiterentwickelt und von Friedrich Diez erstmals auf die Edition romanischer Texte angewandt wurde. Die in verschiedenen Handschriften überlieferten Varianten eines Textes werden einer vergleichenden Betrachtung (Kollation) unterzogen, um so seine Entwicklungsgeschichte zu verfolgen, Überlieferungswege zu ermitteln, einen Stammbaum der Manuskripte (Stemma) aufzuzeichnen und zu einer konstruierten Urfassung (Archetyp, Original) vorzudringen (vgl. das Stemma zur Textüberlieferung des *Rolandslieds*, S. 31). Ziel ist es, einen von Kopistenirrtümern, späteren Hinzufügungen und anderen „Entstellungen" gereinigten, verbindlichen Text zu rekonstruieren, wie ihn das Mittelalter eben nicht kannte.

Textausgaben

Die auf der Grundlage dieser historisch-genealogischen Methode edierten Texte sind insofern problematisch, als sie eine Mixtur aus den jeweiligen optimalen Lesarten verschiedener Handschriften bilden. Gegen das Prinzip dieser sog. kontaminierten Textausgaben hat sich im Verlauf des 20. Jhs. die Meinung durchgesetzt, Texte getreu dem Wortlaut eines einzigen qualitativ herausragenden Manuskripts zu edieren (eklektische Textausgabe), wobei andere Handschriftenvarianten in Anmerkungen bzw. Fußnoten (kritischer Apparat) erfasst werden.

Literatur

Faral (1910a), Grosse (1994), Hausmann (1996), Vitz (1999), Zumthor (1983 und 1987)

5 Erste literarische Zeugnisse

Anfänge

Die ersten Zeugnisse der altfranzösischen Literatur sind allesamt in einem religiösen Kontext entstanden und orientieren sich an lateinischen Vorbildern. Das Textkorpus umfasst ein halbes Dutzend Texte, die sich aus dem 9.–11. Jh. erhalten haben.

Eulaliasequenz

Das erste altfranzösische Sprachdenkmal sind bekanntlich die *Straßburger Eide* aus dem Jahr 842. Das erste Dokument der altfranzösischen Literatur ist die etwa 40 Jahre später, um 880, entstandene *Eulaliasequenz* (*Séquence* bzw. *Cantilène de Sainte Eulalie*) in pikardisch-wallonischem Dialekt. HOFFMANN VON FALLERSLEBEN hat das aus dem Kloster Saint Amand stammende Manuskript 1837 in Valenciennes entdeckt. Eine Sequenz hatte zunächst die Funktion, die Modulationen des „Halleluja" zu memorieren. In 14 Doppelversen mit paarweiser Assonanz und einem Abschlussvers versucht die *Eulaliasequenz*, durch einen daktylischen Rhythmus die Metrik der lateinischen Sequenzen in die Volkssprache umzusetzen. Dem spätantiken Vorbild des Prudentius folgend, besingt die Kantilene das Martyrium der spanischen Heiligen, deren Fürbitte am Ende erfleht wird.

10. Jahr-hundert

Bereits 813 beschließt das Konzil von Tours, Predigten künftig zum besseren Verständnis der Gläubigen in der Volkssprache zu halten – „in rusticam Romanam linguam aut Thiotiscam". Das auf etwa 950 datierte *Jonasfragment*, Notate zu einer Predigt über Jonas, spiegelt die lateinisch-französische Zweisprachigkeit in einem permanenten Code-switching. Aus der zweiten Hälfte des 10. Jhs. stammen zwei Texte, die in einer Handschrift des 11. Jhs. aus Clermont-Ferrand überliefert sind. Dabei handelt es sich zum einen um eine Heiligenvita, die *Vie de Saint Léger*, die 240 assonierende Achtsilber in Strophen zu sechs Versen umfasst, während der zweite Text, die *Passion de Clermont* (kurz vor 1000) 516 Achtsilber in assonierenden Quartetten zählt. Beide literarischen Dokumente sind ursprünglich im Norden entstanden, dessen Dialekte durch das Kopieren in südlichen Skriptorien mit altokzitanischen bzw. provenzalischen oder poitevinischen Einsprengseln durchsetzt wurde.

Sainte Foy

Neben der soeben erwähnten Leidensgeschichte ist die *Chanson de Sainte Foy d'Agen* (2. Drittel des 11. Jhs.) eines der ältesten Zeugnisse der okzitanischen Literatur. Zwei Neuheiten sind in dieser 593 Achtsilber umfassenden Vita der heiligen Fides festzustellen, der zwei lateinische Berichte ihres Martyriums zugrunde liegen. Die in Strophen unregelmäßiger Länge verteilten Verse sind gereimt (statt zu assonieren), und als Ich-Erzähler tritt uns erstmals die Figur des Jongleurs (s. S. 15) entgegen, der sich an sein Publikum richtet und eine gewisse Emanzipation des frommen Stoffes vom liturgischen Kontext signalisiert.

Alexiuslied

Einen neuen Grad an Literarizität repräsentiert die *Vie de Saint Alexis* (um 1040), ein Text, der bereits als Vorstufe der *chanson de geste* angesehen werden kann. Die 625 Verse sind, ähnlich den „laisses" der Heldenepik (s. S. 29–31), in Strophen zu je fünf assonierenden Zehnsilbern organisiert. Das Werk besitzt eine sorgfältig komponierte Metrik und Erzählstruktur, durch gefühlsbetonte Monologe und flotte Dialoge setzt es dramatische Akzente. Der spektakuläre Inhalt, eine Mischung aus Heiligenlegende und Abenteuerroman, veranlasst Köhler, dieses außergewöhnliche Dokument als „hagiographische(n) Bestseller für die Spielleute" zu bezeichnen.

Curtius (1993), Duby (1976/1977), Le Goff (1955/1960/1989)

Literatur

2

Das 12. Jahrhundert

❶ Gesellschaft und Kultur

	Ernennung/ persönliche Herrschaft	
Philipp I.	1059/60–1108	1. Kreuzzug 1096–1099
Ludwig VI.	1098/1108–1137	
Ludwig VII.	1131/1137–1180	2. Kreuzzug 1147–1149 Scheidung von Eleonore 1152
Philipp II. August	1179/1180–1223	3. Kreuzzug 1189–1192

Grundzüge

Das 12. Jh. steht außenpolitisch unter dem Zeichen der Kreuzzüge, während es innenpolitisch von Umstrukturierungen der Feudalgesellschaft im Interesse einer Stärkung der Königsmacht geprägt ist. Die intellektuelle Blüte gibt Anlass, von der „Renaissance des 12. Jhs." zu sprechen, und im künstlerischen Bereich ist das Aufkommen der Gotik zu beobachten. Da zahlreiche Entwicklungen des 12. Jhs. bereits früher angelegt sind, muss die folgende Darstellung etwas weiter ausholen.

Ordo

Die Idee einer alles durchwaltenden göttlichen Ordnung (*ordo*) bestimmte das Weltbild des Mittelalters sowohl in intellektueller als auch in materieller Hinsicht. Auf der gesellschaftlichen Ebene spiegelt sich dieser *ordo*-Gedanke in der mittelalterlichen Ständelehre.

Ständelehre

Die Opposition von Geistlichkeit und Laien differenziert sich während der ersten Hälfte des 11. Jhs. zu dem bekannten dreiteiligen Ständemodell.

oratores	Beter, Klerus	clerc, provoire
bellatores	Kämpfer, Ritter	chevalier
laboratores	Arbeiter, Bauern	laborier, vilain

Ende des 11. Jhs. tritt außerdem der Begriff des *bourgeois* auf, der sich von den *vilains* einerseits und den *chevaliers* andererseits abgrenzt. Eine weitere Unterscheidung sozioprofessioneller Kategorien ist mit der Entwicklung von Handwerken und Gewerben im Verlauf des 12. Jhs. zu beobachten.

Die Schicht der Krieger, d. h. des Adels, ist keineswegs homogen. Sie umfasst den hohen Adel (*barons*), den niederen Adel (*chevaliers*) bis hin zu den Aftervasallen (*vavasseurs*). Angesichts eines bereits früh relativ starken Königtums ist die klassische Lehnspyramide in Frankreich nicht so deutlich ausgeprägt. Ab 1145 nivelliert LUDWIG VII. die feinen Unterschiede des Hochadels, indem er die Gesamtheit seiner Vasallen als Barone bezeichnet. Zudem geht Königstreue unbedingt über Herrentreue. Gegenüber der personalen Lehnsbindung an den Herrn (*consilium* und *auxilium*) hat die Objektbindung an das Lehen (*feudum*) stärkeres Gewicht.

Diese Tendenz begünstigt die ständische Partikularisierung des Adels mit eigenen Rechten und Privilegien, die innerhalb der Familie vererbt werden. Aufgrund des Erstgeburtsrechts (Primogenitur) kommt es allerdings zu einer Benachteiligung der Nachgeborenen, die sich nach dem Ritterschlag bzw. der Schwertleite als sog. *juvenes* durch Bewährung im Krieg oder auf Turnieren eine eigene sozioökonomische Existenz erkämpfen müssen.

Diese ständische Abgrenzung war die Voraussetzung dafür, dass der Adel eine entsprechende Kultur herausbilden konnte. Im Kontext des höfischen Lebens werden Ritterlichkeit (*chevalerie*) und Höfischkeit (*courtoisie*) zu einem modellhaften Wertesystem, das auch der Frau einen bedeutenden Platz einräumt. Ritterliche Tugenden und sittlich veredelnder Frauendienst ergänzen sich zu einem Erziehungsideal, das im höfischen Roman seinen literarischen Niederschlag findet (s. S. 38 ff.). Die Umgangsformen werden kodifiziert – sei es nun in der Liebeskunst des ANDREAS CAPELLANUS (*Tractatus de Amore*, um 1184) oder im *Livre des manières* des ETIENNE DE FOUGÈRES (vor 1178).

Duby (1981/1988), Joris/Toubert/Dufournet (1992)

Das kulturelle Selbstbewusstsein des höfischen Adels artikuliert sich in dem bei CHRÉTIEN DE TROYES (s. S. 44 ff.) formulierten *translatio*-Gedanken. Im Deutschen Reich hatte sich die Vorstellung einer *translatio imperii* herausgebildet, wonach die Herrschaft (*imperium*) von Osten nach Westen weitergegeben wurde (*translatio*). In Konkurrenz zu dieser Legitimation politischer Vorherrschaft akzentuiert Frankreich seinen kulturellen Führungsanspruch, indem es die Idee der *translatio studii* betont. Ritterlichkeit (*chevalerie*) und Bildung (*clergie*) seien von Athen über Rom an Frankreich überliefert worden, so CHRÉTIEN im Prolog zu seinem Roman *Cligès*, dessen Handlung eben diese Idee illustriert.

Freeman (1979), Goez (1958), Krämer (1996), Lyons (1980–81)

Bevor der „wilde" Feudaladel früherer Zeiten zu diesem Status gelangte, durchlief er allerdings selbst zunächst eine Etappe im

„Prozess der Zivilisation" (Elias). Im Verlauf des 11. Jhs. machte die Kirche ihren Einfluss geltend, um die brutalen Adelsfehden im Kampf um Ehre und Territorien, die als legitimes Rechtsmittel betrachtet wurden, einzudämmen. Unter Androhung kirchlicher Strafen wurden zunächst bestimmte Güter (Kirchen und Häuser, Vieh und Feldfrüchte) und Personen (Bauern und Kleriker) unter besonderen Schutz gestellt. Sodann galt die Waffenruhe, die sog. *Treuga Dei*, an bestimmten Tagen: erst von Samstag abend bis Montag morgen, dann bereits ab Mittwoch abend, einschließlich Advent, Fastentage und anderer kirchlicher Feiertage. Diese Gottesfriedenbewegung, eine Weiterwirkung der Cluniazensischen Reform, bedeutete eindeutig ein stabilisierendes Moment in der Herausbildung eines christlichen Rittertums.

Miles Christi

Das „Manifest" dieses neuen ritterlichen Ideals verfasste BONIZO VON SUTRI um 1090 mit seinem *Liber de vita christiana*, in dem er das Konzept des *miles christianus* entwarf, der seinem Herrn rückhaltlos ergeben ist und sich zudem im Kampf gegen die Ketzer für das Gemeinwohl, für die Armen, Witwen und Waisen engagiert. Der Bezug zu den Kreuzzügen ist offensichtlich, und auch in der Literatur, in den antikisierenden wie den Artusromanen, werden die Tugenden dieses Helden – Tapferkeit, Gerechtigkeit, Weisheit, Maßhalten – immer wieder heraufbeschworen (s. S. 39 ff. und 42 ff.). Noch 50 Jahre später wird auch BERNHARD VON CLAIRVAUX mit seinem Traktat *De laude novae militiae* einen Beitrag zum Wandel des Ritterbildes leisten, zu jener Umwandlung der *militia saecularis* zur *militia Christi*, die sich auch in der zunehmenden Vergeistigung der Artusepik beobachten lässt.

Zeremonien

Ein solches christlich verstandenes Rittertum kleidet sich mehr und mehr in religiöse Zeremonien wie den Ritterschlag und die Schwertleite, die ihm die entsprechende geistliche Aura verleihen.

Kreuzzüge

Vor diesem Hintergrund stellen die Kreuzzüge ein äußerst komplexes Phänomen dar, in dem sich machtpolitische und ideologische Begründungszusammenhänge miteinander verbinden.

Vorgeschichte

Konkret hatten die Seldschuken den ägyptischen Fatimiden die Oberhoheit über Syrien und Jerusalem entrissen und das byzantinische Heer bei Manzikert geschlagen, so dass bereits GREGOR VII. seit 1074 einen militärischen Gegenschlag in Erwägung zog. Die westliche Christenheit, die sich 1054 im Großen Schisma von Byzanz getrennt hatte, verfolgte bereits im Osten (Polen, Böhmen, Ungarn) und im Südwesten (spanische *Reconquista*) eine antiheidnische bzw. antimuslimische Expansionspolitik.

Kontext

Dieses Interesse gehorchte nicht zuletzt dem Druck des Bevölkerungswachstums, das auch für den Adel neue Entfaltungsbereiche außerhalb der bestehenden territorialen Grenzen begehrenswert machte. Der Aufschwung monastischer Erneuerungsbewegungen, die dem *chevaliers* gerne ein kriegerisches Ziel wiesen, solange der innere Friede gewahrt wurde, taten ein Übriges, um die christliche Ritterschaft beim Konzil von Clermont im Jahre 1095 unter dem französischen Papst URBAN II. zum ersten Kreuzzug zu mobilisieren.

Die Idee eines Heiligen Krieges gegen die Ungläubigen paart sich mit dem Gedanken der Pilgerschaft, als die Ritter unter Gottes Befehl – „Deus lo volt" – und dem Losungswort „Jerusalem" 1096 das Kreuz nehmen, ein weißes Kreuz auf dunklem Grund, um unter der Führung GOTTFRIEDS VON BOUILLON und dreier weiterer Angehöriger des französischen Hochadels 1099 ihr Ziel zu erreichen: die Eroberung Jerusalems, das sie zu einem christlichen Königreich erheben.

1. Kreuzzug

Als Edessa von den Muslimen erobert wird, nehmen die christlichen Könige, dem Aufruf BERNHARDS VON CLAIRVAUX folgend, wiederum das Kreuz, darunter der Staufer KONRAD II. und der französische Herrscher LUDWIG VII. Der 2. Kreuzzug (1147–1149) scheitert jedoch an rivalisierenden Allianzen.

2. Kreuzzug

Als Jerusalem im Jahre 1187 von Sultan SALADIN erobert wird, sammelt sich die Christenheit unter der Führung des Kaisers FRIEDRICH BARBAROSSA zu einem neuerlichen Kreuzzug (1189–1192). Neben PHILIPP II. AUGUST zeichnet sich vor allem RICHARD LÖWENHERZ als Feldherr aus. Nach der Eroberung von Akkon (1191) schließt er Frieden mit SALADIN und verleiht Zypern als Lehen an GUIDO VON LUSIGNAN.

3. Kreuzzug

Unberührt von den Kreuzzügen, doch im Kampf gegen den englischen König und den deutschen Kaiser, gelingt LUDWIG VI. (1108–1137) eine gewisse Vergrößerung der Krondomäne. Vor allem jedoch leistet er einen wichtigen Beitrag zur Stärkung des französischen Königtums und der „nationalen" Identität. In engem Kontakt mit ABT SUGER, seinem Jugendfreund, verleiht er der Abtei von Saint-Denis, Grablege der französischen Könige, zentrale Bedeutung. Dort lässt er die lateinischen Reichschroniken schreiben, dort weiht er dem Hl. Dionysius die Oriflamme (*Auri Flamma*), die Fahne des französischen Königreichs. Mit dieser demonstrativen Geste macht er sich zum Lehnsmann des Heiligen, der damit neben Martin (Tours) und Remigius (Reims) zum Schutzheiligen Frankreichs avancierte. In der Fülle sakraler Symbole manifestiert sich die einzigartige Verbindung von Krone und Kirche, die Legitimation und Identität bewirkt. Die Bischöfe waren übrigens stets in das französische Lehnswesen eingebunden, so dass es nie zu einem Investiturstreit deutschen Ausmaßes kam.

Königtum

| **Dynastie** | Die Kapetinger regieren Frankreich bzw. Franzien seit der Wahl des „dux Francorum" HUGO CAPET zum König im Jahre 987. Früh schon haben sie sich bemüht, eine Kontinuität zwischen ihrem Haus und den Karolingern herzustellen und dabei insbesondere im 12. Jh. die Figur KARLS DES GROSSEN als „französischer" König hervorgehoben, wozu auch die *chansons de geste* ihren Teil beitragen (s. S. 29 ff.). Um der Dynastie den Machterhalt und dem Reich eine gewisse Kontinuität zu sichern, hat bereits HUGO CAPET seinen Sohn noch vor dessen Wahl zum Mitregenten erklärt. Indem sich diese Praxis unangefochten fortsetzt, wandelt sich Frankreich vom Wahlkönigtum zum Erbkönigtum. Das dynastische Prinzip hat sich endgültig durchgesetzt, als LUDWIG VIII. im Jahre 1223 in direkter Erbfolge, ohne Königswahl, den Thron besteigt. |

| **Verwaltung** | Nach der symbolischen Aufwertung der Monarchie durch LUDWIG VI. unternimmt LUDWIG VII. (1137–1180) eine Verwaltungsreform, die eine Stabilisierung des monarchischen Herrschaftsanspruchs und zugleich eine Schwächung des Feudaladels bedeutet. Während große Hofämter nur noch als Ehrenämter an die Feudalaristokratie verliehen werden, liegt die Verwaltung de facto in den Händen loyaler Dienstleute aus kleineren Verhältnissen, die sich allmählich zu einer homogenen Gruppe entwickeln. Die Warnungen vor den falschen Beratern aus den Reihen der Unfreien (*serfs*) an die Adresse des Herrschers, wie wir sie etwa im *Alexanderroman* gehäuft finden (s. S. 41), sind als literarische Reaktion des alten Adels auf diese neue Beamtenschicht zu verstehen. Die Epenzyklen (s. S. 34) spielen dagegen immer wieder auf die eher schwache Herrscherpersönlichkeit LUDWIGS VII. an. |

| **Institutionen** | PHILIPP II. AUGUST, der seinen Beinamen „Mehrer des Reiches" zu recht erhalten hat, setzt die Bemühungen seines Vaters fort. Indem er weitere Institutionen wie den Königlichen Rat, das Hofgericht (*parlement*) oder die Rechnungskammer (*chambre des comptes*) schafft, trägt er wesentlich zu einer effizienten Krone bei, die auch unabhängig vom jeweiligen Herrscher funktionsfähig bleibt. Unter LUDWIG IX. (1226–1270) wird diese Entwicklung zu einem Königsstaat vorläufig zum Abschluss gelangen. |

| **ELEONORE** | Als eine der wenigen Frauen, die in der Politik des Mittelalters eine Rolle gespielt haben, verdient ELEONORE VON AQUITANIEN (1122–1204) besondere Erwähnung. Im Alter von 15 Jahren wird sie mit LUDWIG VII. verheiratet, dem sie die Töchter ALIX (künftige Gräfin von Blois) und MARIE (künftige Gräfin der Champagne) schenkt. Als ihr Mann sie im Jahre 1152 verstößt, heiratet sie HEINRICH II. PLANTAGENET (1133–1189), den späteren König von England, mit dem sie acht Kinder haben wird. Indem ihre süd- |

 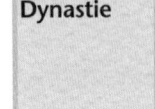

französischen Besitzungen dadurch an die englische Krone fallen, erhält der Konflikt neue Nahrung, der bereits seit der Eroberung Englands durch den Herzog der Normandie schwelt (1066) und bis zum Hundertjährigen Krieg eskalieren wird (1339–1453). Zum Ruhme ihrer Dynastie betätigt sie sich zunächst gemeinsam mit ihrem Gatten, dann an ihrem eigenen Hof zu Poitiers als Mäzenin bedeutender Literaten. Gegen ihren Mann unterstützt sie die von PHILIPP II. AUGUST geschürten Ambitionen ihrer Söhne JOHANN OHNELAND und RICHARD LÖWENHERZ. Ihre Grabstätte befindet sich in der Abtei von Fontevraud.

Duby (1995), Pernoud (1997)

Literatur

BERNHARD

Eine herausragende Persönlichkeit der ersten Jahrhunderthälfte ist BERNHARD VON CLAIRVAUX (1091–1153). Der streitbare Abt von Clairvaux, einem der ersten Filialklöster von Cîteaux, spielt in allen theologischen und politischen Debatten seiner Zeit eine führende Rolle. So figuriert er u. a. als ELEONORES Gegenspieler bei LUDWIG VII., den er drängt, sich von ihr scheiden zu lassen. Besonderes Engagement beweist er im Kampf um das Heilige Land: Er redigiert die Statuten des Templerordens (1128) und ruft durch seine Predigten im Jahre 1146 (in Vézelay und Speyer) zum 2. Kreuzzug auf. In geistlichen Auseinandersetzungen legt er große Strenge an den Tag: Er erwirkt ein Lehrverbot für den rationalistischen Philosophen PETRUS ABAELARDUS (1140), polemisiert gegen den Luxus von Cluny (ABT PETRUS VENERABILIS) und die künstlerische Prachtentfaltung der Abtei von Saint-Denis (ABT SUGER).

Bernhard ist Erbe jener geistigen Aufbruchstimmung, die am Ende des 11. Jhs. zu zahlreichen Ordensgründungen geführt hat. In Abkehr von der traditionellen Frömmigkeit gründeten Eremiten und Wanderprediger Klöster, wo sie unter strenger Beachtung des Armutsgebots den Außenseitern der Gesellschaft nahe waren. Daher unterstützten sie insbesondere Arme, Aussätzige und Prostituierte. Die wichtigsten Gründungen sind:

Ordensgründungen

1084 Chartreuse	BRUNO VON KÖLN
1098 Cîteaux	ROBERT DE MOLESME
1101 Fontevraud	ROBERT D'ARBRISSEL
1120 Prémontré	NORBERT VON XANTEN

Außerdem entwickelten Kanoniker, die sich über Predigt und Pfründe hinaus dem Dienst an Armen und Kranken widmen wollten, eine flexible Variante der Benediktinerregel und konstituierten sich als Augustinerchorherren.

Wie Cluny untersteht auch der Orden von Cîteaux unmittelbar dem Papst, was ihn von Abhängigkeitsverhältnissen befreit. Die

Zisterzienser

Zisterzienser gehorchen einer strengen Benediktinerregel – *ora et labora* –, wobei sie sich die Arbeit mit Laien, den sog. Konversen, teilen. Die zahlreichen Filialklöster sind stets auch Pioniere in der landwirtschaftlichen Erschließung ihres Umlands. Zunächst aus dem Gedanken der Selbstversorgung entstanden, entwickeln sich die sog. *granges* zu wahren Mustergütern, die neue Methoden in Ackerbau und Viehzucht einführen. In der Nutzung natürlicher Ressourcen sind die Zisterzienser äußerst fortschrittlich: Sie widmen sich dem Weinbau, verbessern das genetische Material der Schafe durch Kreuzung und entwickeln hydraulische Maschinen zur Arbeitserleichterung. Schon bald jedoch verkehren die profitablen Landgüter das ursprüngliche Armutsgebot in sein Gegenteil: Reichtum und Üppigkeit machen die Mönche von Cîteaux angreifbar für die Kritik einer „Kirche von unten".

Ketzer

Mitte des 12. Jh. verbreiten sich zwei Sekten, die sich gegen die irdischen Interessen der Kirche wenden und von dieser zunächst ideologisch, später auch blutig bekämpft werden.

Katharer

Die Bewegung der Katharer („die Reinen"), Abkömmlinge der Bogomilen, verbreitet sich vor allem in der Languedoc mit dem Zentrum Albi. Die Albigenser haben ein manichäisches Weltbild: Dem radikal bösen Diesseits stellen sie das Jenseits als Reich des absoluten Guten gegenüber. Sie lehnen die Amtskirche ab und haben ihre eigene Hierarchie von Geistlichen. Zunächst werden Ortsbischöfe und Zisterzienser mit der Aufgabe betraut, diese Irrgläubigen zur Orthodoxie zurückzuleiten.

Waldenser

Die Waldenser gehen auf den reichen Lyoner Kaufmann PIERRE VALDO zurück (um 1140–1206), der nicht nur sein Hab und Gut den Armen gibt, sondern die Evangelien und Auszüge aus den Kirchenvätern in die Volkssprache übersetzen lässt. Für die Amtskirche ist es unannehmbar, den Laien die Heilige Schrift auf diese Weise verfügbar zu machen. Sie verurteilt diese ketzerische Initiative deshalb auf dem 3. Laterankonzil 1179. Der Verfolgung zum Trotz überleben die Waldenser, die sich später mit protestantischen Gruppen verbünden werden, und bestehen bis heute in einer kleinen Gemeinde.

Pilgerfahrten

Einen wesentlichen Aspekt mittelalterlicher Frömmigkeit bilden die Pilgerfahrten, zu deren wichtigstem Ziel, nicht zuletzt dank der Zisterzienser, Santiago de Compostela im äußersten Nordwesten Spaniens wird. Die fromme Reise zum Grab des heiligen Jakobus, die Sündenerlass verspricht und später auch als Kirchenstrafe verhängt wird, bildet eine halb religiöse, halb profane Form der Welterfahrung, wie nicht zuletzt CHAUCERS *Canterbury Tales* (1386–1400) anschaulich belegen. Quer durch Frankreich und Europa führen die verschiedenen Routen des Jakobswegs (*Chemin de Saint Jacques*), die, gesäumt von Klöstern und Hospizen, Wege des Heils darstellen. Zugleich dienen sie aber auch als Straßen des Handels und zeugen generell von einer erhöhten Mobilität. Rund um die Pilgerfahrt entsteht eine reichhaltige Schriftlichkeit, die, wie das *Liber Sancti Jacobi* aus dem 12. Jh., vom Reiseführer bis zur erbaulichen Mirakelsammlung alles zu bieten hat.

Handel

Der Handel blüht vor allem in der Champagne mit ihren großen Märkten in Troyes, Provins, Lagny und Bar-sur-Aube. Obschon es zu keinem Zusammenschluss nach dem Muster der deutschen Hanse kommt, herrschen rege Beziehungen vor allem im flandrisch-niederrheinischen Raum. Neben Fertigungsgütern spielen auch landwirtschaftliche Produkte eine zunehmende Rolle auf dem Markt. Der Handelskreislauf beschleunigt und die international in Umlauf befindliche Geldmenge vermehrt sich, wozu die wirtschaftliche Prosperität der italienischen Kommunen und die Erschließung neuer Silberminen beiträgt.

Landwirtschaft

Die Landwirtschaft verzeichnet einen rasanten Aufschwung, der sich auf folgende Faktoren zurückführen lässt: große Erschließungs- und Siedlungsprogramme, Vorbildfunktion der zisterziensischen Landgüter, technische Neuerungen. Zu den Innovationen gehört etwa die Dreifelderwirtschaft, die vermehrte Verwendung von Eisenwerkzeug, die Verstärkung der Zugkraft durch neue Gespanne. Die Viehwirtschaft nimmt zu und der Fleischkonsum erhöht sich. Es werden neue Gemüse angepflanzt, und der Speisezettel bereichert sich: Zum Brot treten Hülsenfrüchte und Kohl, Speck, Eier, Geflügel, Heringe, Salz und Käse hinzu. Quantität und Qualität der Ernährung verbessern sich, was zur Grundlage für das zu beobachtende Bevölkerungswachstum wird.

Bauern

Die Lage der Bauern verbessert sich dementsprechend, denn indem sie Überschüsse produzieren, haben auch sie Anteil am Agrarmarkt und an der Geldwirtschaft. Voraussetzung war allerdings die Auflösung der traditionellen Grundherrschaft. Statt Frondienste haben die Bauern nunmehr Abgaben zu leisten, was sie zur Produktionssteigerung motiviert. Doch wenngleich er aus der drückendsten Abhängigkeit entlassen ist, steht der *vilain* am unteren Ende der Gesellschaft, verachtet von der wachsenden Zahl der Städter.

Städte

Bereits seit Ende des 11. Jhs. organisieren sich die Kaufleute nordfranzösischer Städte zu Interessensgemeinschaften, um dem jeweiligen Herrn mehr politische Teilhabe abzuringen. In der Tat erhalten die Kommunen Privilegien, und die Stadt konstituiert sich als Entität bürgerlichen Rechts mit eigenen Institutionen der Bürgerschaft. Der neue Sozialtypus des Bürgers differenziert sich wiederum soziologisch in Händler, Handwerker und weitere

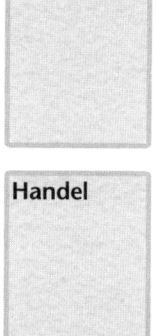

Berufsgruppen. Die gesicherten, wirtschaftlich prosperierenden Städte ziehen eine wachsende Bevölkerung an und gewinnen an politischem Gewicht. PHILIPP II. AUGUST, der im reichen Bürgertum einen Verbündeten gegen den Hochadel findet, versieht Paris mit neuen Befestigungsmauern. Ein lebendiges Bild des zeitgenössischen Paris zeichnet JOHANN VON SALISBURY (s. S. 27) im Jahre 1164 in einem Brief an THOMAS BECKET (vgl. Gimpel (1975), S. 171)

Technik

In Stadt und Land wird der englische Gast auch die neuesten Errungenschaften der Technik bewundert haben, die Jean Gimpel dazu veranlassen, von einer wahrhaften „révolution industrielle" zu sprechen. Unzählige Mühlen, die nicht mehr nur zum Kornmahlen, sondern auch zum Walken und Hämmern genutzt werden, künden vom wirtschaftlichen Aufschwung. An dem verdienen vor allem die Herren, da Mühlen teure Investitionen verlangen, die aber auch entsprechenden Gewinn abwerfen. In jedem Dorf ist jetzt ein Schmied zu finden, und in den Wäldern dampfen die Meiler.

Gotik

Vor allem die Bau- und Steinmetzkunst bringt neue Meisterleistungen hervor: den Spitzbogen, die Wendeltreppe und die Rosette, die zu prägenden Bestandteilen der Gotik werden. Deren erste Bauwerke entstehen in der Mitte des 12. Jhs. (Kathedrale von Sens 1140, Laon 1150, Paris 1163, Chartres 1194). Wandmalerei, Glasmalerei wie in Chartres und Saint-Denis und schließlich die feinziselierte Metallkunst von Schreinen und Altaraufsätzen dienen dem Schmuck der Gotteshäuser.

„Renaissance"

Durch vermehrte Übersetzungstätigkeit werden im „Jahrhundert der Intellektuellen" immer mehr philosophische und literarische Texte des klassischen Altertums erschlossen (s. S. 19). Das von Tradition und Fortschritt geprägte Verhältnis, das die „Renaissance des 12. Jhs." zu den antiken *auctoritates* unterhält, wird treffend in einem Bild zum Ausdruck gebracht. Und zwar betrachtet BERNHARD VON CHARTRES (gestorben um 1125) sich und seine Zeitgenossen als Zwerge auf den Schultern von Riesen, so berichtet es JOHANN VON SALISBURY in seinem *Metalogicon*.

Scholastik

Paris verdankt seinen Ruf schließlich auch den renommierten Schulen und Intellektuellen, die das zentrale Denkgebäude der mittelalterlichen Theologie hervorgebracht haben: die Scholastik. Debatten über die Abendmahlslehre (BERENGAR VON TOURS) und die menschliche Willensfreiheit (ANSELM VON CANTERBURY) haben Ende des 11. Jhs. wesentliche Inhalte der Glaubenslehre hinterfragt. Auch der sog. Universalienstreit über den Status allgemeiner Begriffe, der die Philosophen in zwei Lager spaltet – Realisten vs. Nominalisten –, hat produktive Unruhe in die Kathedralschulen gebracht. Schließlich wird dank der Übersetzerschulen von Palermo und Toledo das in Arabisch überlieferte Werk des ARISTOTELES der lateinisch gebildeten Welt zugänglich. Dabei fällt der Logik besondere Bedeutung zu, insofern sie die Kriterien einer rationalen Beweisführung an die Theologie heranträgt.

PETRUS ABAELARDUS (1079–1142) ist einem breiteren Publikum vor **ABAELARDUS** allem durch die tragische Liebesbeziehung zu seiner Schülerin HÉLOÏSE bekannt, die in seiner Autobiographie *Historia calamitatum* und in dem Briefwechsel mit seiner Geliebten dokumentiert ist, an dessen Echtheit jedoch Zweifel bestehen. Hier soll er als Philosoph gewürdigt werden, der abgesehen von einem Beitrag zur Ethik und zum Universalienstreit insofern Epoche gemacht hat, als er durch seine Abhandlung zur Logik, *Sic et non*, die Scholastik begründet hat. Der Primat der Vernunft artikuliert sich in seinem Prinzip: „Erkennen, um zu glauben" (*Intelligo ut credam*). Sein Rationalismus und sein ausgeprägter Individualismus haben ihm die Feindschaft des heiligen BERNHARD VON CLAIRVAUX zugezogen, vor dem er in Cluny Zuflucht fand.

Der oben genannte JOHANN V. SALISBURY (1120–1180), Sekretär **SALISBURY** von THOMAS BECKET und späterer Bischof von Chartres, soll hier als politischer Theologe erwähnt werden. In seinem *Policraticus* entwirft er unter dem Einfluß von ARISTOTELES und CICERO das Bild vom Staatskörper, dessen Haupt der König ist, während die Gliedmaßen die Großen des Reiches darstellen. Der König ist Stellvertreter Gottes auf Erden, so dass die Ritter zugleich Dienst an Gott und am Staat leisten. Konzept und Bildlichkeit des *Policraticus* haben das politische Denken bis über das Spätmittelalter hinaus nachhaltig beeinflusst.

ALANUS AB INSULIS (um 1120–1203), mit dem Beinamen *doctor* **ALANUS** *universalis* geehrt, war Theologieprofessor in Paris. Indem er die Glaubenslehre vor allem in ihrem Verhältnis zu Dialektik und Grammatik betrachtete, leistete er einen wichtigen Beitrag zur Verknüpfung der Theologie mit den *artes* des Triviums (s. S. 11). Seine Schrift *Contra Gentes* ist ein Pamphlet gegen alle Ungläubigen, seien es nun Katharer und Waldenser oder Juden und Muslime. Literarische Bedeutung erringt er durch eine in Prosa und Versen verfasste Klage über den Sittenverfall, *De planctu naturae*. Die Allegorie der Natur, die hier als lebensspendendes Grundprinzip der Schöpfung auftritt, lässt sich im zweiten Teil des *Rosenromans* (s. S. 98) wiederfinden.

Eine zentrale Denkfigur der mittelalterlichen Textauslegung (Hermeneutik) ist die Lehre vom vierfachen Schriftsinn, die sog. Allegorese. Ausgehend von dem Gedanken, dass die Natur ein von Gott geschriebenes Buch darstellt, deren Geschöpfe ebenso deut- **Allegorese** lich wie Worte, aber um vieles sinnfälliger als diese, Aufschluss über Glaubenswahrheiten geben, besitzt ein jedes Ding eine theologische Bedeutung. Der Wortsinn (*sensus litteralis*) verweist auf einen geistigen Sinn (*sensus spiritualis*), der sich wiederum ausdifferenziert in:

- allegorische Bedeutung, die Heilsgeschichte betreffend,
- tropologisch-moralische Bedeutung, das Leben der Einzelseele in der Welt betreffend,
- anagogisch-eschatologische Bedeutung, die letzten Dinge und die im Jenseits sich erfüllenden Verheißungen betreffend.

Typologie

Einer der bedeutendsten Aspekte der Allegorie ist die Typologie, welche zwischen zwei Geschehnissen eine Beziehung der Präfiguration und Erfüllung herstellt. Ein solches Verhältnis besteht z. B. grundsätzlich zwischen Altem und Neuem Testament, wenn etwa die Opferung des Isaak den Opfertod Jesu präfiguriert. Auch wird die Antike als Vorausweis auf das Christentum verstanden, wenn etwa eine berühmte Stelle in VERGILS 4. Ekloge als Prophezeiung der Geburt Christi interpretiert wird. Ein solches Denkmuster liegt im übrigen auch dem historischen *translatio*-Gedanken zugrunde.

Literatur

Baldwin (1986), Bautier (1982), M. Bloch (1982), Delort (1982), Duby (1973b), Ehlers (1987), Favier (1989), Fossier (1984), Gauvard (1997), Gimpel (1975), Le Goff (1962), Martin (1996), Merdrignac (1994), *Nouvelle histoire de la France médiévale* (1990), Pernoud (1997) Vauchez (1975)

2 Literatur

Neubeginn

An der Wende vom 11. zum 12. Jh. vollzieht sich in der Literatur ein radikaler Neubeginn. Orientierte sich die altfranzösische Literatur zunächst an lateinischen Vorbildern, so entstehen nun unabhängig von derlei Modellen zwei neue volkssprachliche Gattungen: die *chanson de geste* in der *langue d'oïl* mit dem um 1098 zu datierenden Oxforder Rolandslied und die Lyrik der Trobadors in der *langue d'oc* mit dem Werk des ersten Trobadors, WILHELM IX. VON AQUITANIEN (1071–1127). Während sich die Heldenlieder eher an ein breites Publikum richten, wendet sich die Lyrik primär an höfische Kreise. Diesen beiden Ausprägungen der Epik und Lyrik ist im Verlauf des Mittelalters ein langanhaltender Erfolg beschieden.

Literatur

Boutet/Strubel (1978 und 1979)

1 Epik

In seinem Epos über die Sachsenkriege, die *Chanson des Saisnes*, unterscheidet JEAN BODEL zu Beginn des 13. Jhs. drei epische Stoffkreise:

Stoffkreise

N'en sont que trois materes a nul home vivant:
De France et de Bretaigne et de Ronme la grant;
Ne de ces trois materes n'i a nule samblant.
Li conte de Bretaigne si sont vain et plaisant,
Et cil de Ronme sage et de sens aprendant,
Cil de France sont voir chascun jour aparant.
(Version A, vv. 6–11)

Die *matière de France* umfasst das Korpus der *chansons de geste*, die lehrreiche *matière de Rome* meint den antikisierenden Roman, während die unterhaltsame *matière de Bretagne* die Artusepik bezeichnet. Sie sollen im folgenden in der Reihenfolge ihres Entstehens besprochen werden.

Stoffkreise	narrative Gattungen	Werke / Autoren
matière de France	*chanson de geste/* Heldenepik	*Chanson de Roland* Epenzyklen Kreuzzugsepik
matière de Rome	*roman antique/* *roman antiquisant/* antikisierender Roman	*Theben-, Troja-, Eneasroman, Alexanderroman*
matière de Bretagne	*roman arthurien/* Artusepik	CHRÉTIEN DE TROYES, BÉROUL, THOMAS

Matière de France, chanson de geste, Heldenepik

Der Begriff leitet sich ab vom Partizip Perfekt des lateinischen Verbs „gerere", wobei es sich vom Neutrum Plural („gesta") zum Nominativ Feminin Singular wandelt. Meint der Begriff zunächst vollbrachte Taten bzw. Heldentaten, so weitet er sich zur Bedeutung „Geschichte" bzw. historische Ereignisse und deren Bericht. Die *chanson de geste* ist mithin ein gesungenes episches Gedicht, das von den Taten der Helden früherer Zeiten der fränkischen bzw. französischen Geschichte berichtet und, in fiktionalisierter Form, Leben und kriegerische Auseinandersetzungen der großen Feudalherren und ihrer Dynastien schildert.

Begriff

Entstehung	Zwischen dem historischen Ereignis und dem Aufkommen der diesbezüglichen *chansons de geste* liegen, nimmt man z. B. den Fall der Karlsepik, circa dreihundert Jahre. An die in diesem Zeitraum anzusiedelnden Ursprünge der Heldenepik knüpfen sich zahlreiche Hypothesen, deren Verfechter sich in Traditionalisten und Individualisten spalten.
Traditionalisten	Gaston Paris (1865) vertritt eine Position, die an HERDER und die deutsche Romantik anschließt. Derzufolge bringt der Volksgeist anonyme Dichtungen hervor, die eine historische Begebenheit zunächst in Form kurzer Gesänge (Kantilenen) aufgreifen, welche dann zu umfangreicheren Epen anwachsen. Als Frucht des „génie du peuple" entstehen die *chansons de geste* also anonym, im ungebildeten Volk.
Individualisten	Philipp August Becker (1907) geht zwar auch zunächst von anonymen Sagen aus, die aber letztlich von einem einzelnen Autor in eine bleibende künstlerische Form gebracht wurden. Noch dezidierter geht Joseph Bédier (1907–1914) von einer individuellen Entstehung der *chansons de geste* aus, die ab Ende des 11. Jhs. in konkreter Absicht im Rückgriff auf mündliches Sagenmaterial geschaffen wurden. Seine sog. Pilgerstraßenthese besagt, dass die Klöster Heldenepen in Auftrag gegeben haben, um die Pilger auf örtliche Reliquien, Heiligen- und Heldengräber hinzuweisen. Individualistischen Charakter tragen auch jene Thesen, welche die *chansons de geste* in eine gelehrte lateinische Tradition einzureihen suchen.
Synthese	Eine Verbindung traditionalistischer und individualistischer Aspekte lässt sich bei Ramón Menéndez Pidal beobachten, der eine Entwicklung vom hypothetischen Nachrichtenlied über das historische Epos (verkörpert im spanischen *Cantar de mio Cid*) bis hin zu romanhafteren Ausgestaltungen (*Chanson de Roland*) annimmt. Pierre Le Gentil hingegen will die These einer anonymen, kollektiven Hervorbringung bis ins 11. Jh. gelten lassen, während er für den folgenden Zeitraum von individuellen Werken ausgeht, die aus der Tradition schöpfen.
Form	Die afrz. Heldenlieder bestehen aus assonierenden *laisses* (laissier < laxare), d. h. Strophen von unregelmäßiger Länge mit jeweils gleicher Assonanz. Das Metrum ist zunächst der Zehnsilber mit einer Zäsur 4/6 (gelegentlich 6/4), ab Ende des 12. Jhs. kommt konkurrierend der Alexandriner hinzu. Variationen entstehen durch melodische Kadenzen oder kürzere Verse am Strophenende bzw. das aus dem Rolandslied bekannte „Aio". Die Melodien der Heldenlieder sind nicht überliefert, dennoch eignet den Strophen eine eigene Musikalität. Zahlreiche Strukturelemente der *chansons de geste* verweisen auf deren orale Tradierung und die Erfordernisse

der Mnemotechnik, so etwa die Wiederholung von Versen und Strophen, der symmetrische Aufbau, formelhafte Wendungen, stereotype Beschreibungen etc., was aber Spannungseffekte und andere Kunstgriffe nicht ausschließt.

Das *Rolandslied* ist erstes Beispiel und Inbegriff der afrz. Heldenepik. Inhalt sind Begebenheiten im Umfeld der historischen Schlacht von Roncevaux (oder Ronceval; span. Form Roncesvalles) am 15. August 778. Ob es sich dabei um einen Kampf gegen Mauren oder Basken, um ein Scharmützel oder eine verlustreiche Schlacht gehandelt hat, lassen die widersprüchlichen Quellen im Dunkeln. Was den Protagonisten der *chanson* betrifft, der dort als Neffe KARLS D. GROSSEN figuriert, weiß EINHARD in seiner *Vita Karoli Magni* (830) lediglich zu berichten, dass in Roncevaux u. a. ein gewisser Hruodland, Befehlshaber der britannischen Mark, gefallen sei. Im Hinblick auf die literarische Darstellung der historischen Ereignisse stellt sich die Frage nach der zeitlichen Distanz: Was geschah in den drei Jahrhunderten zwischen 778 und der ältesten Aufzeichnung des *Rolandsliedes* im späten 11. Jh.?

Chanson de Roland

Das *Rolandslied* ist in neun verschiedenen Fassungen überliefert. Die älteste und besterhaltene dieser Handschriften ist Ms. Digby 23 der Bodleian Library in Oxford, der sog. Oxforder *Roland*, abgekürzt O. Dieses Manuskript, das sich in vielem von den restlichen Varianten unterscheidet, wurde zwischen 1150 und 1170 in anglonormannischer Mundart niedergeschrieben, umfasst 290 Laissen bzw. 4002 Verse und erwähnt im letzten Vers einen Autor Turold. Für sämtliche neun Handschriften hat Cesare Segre einen Stammbaum (Stemma) wie auf S. 32 abgebildet, erstellt, der die teils vollständigen, teils fragmentarischen Dokumente aufgrund ihrer textuellen Ähnlichkeiten und Divergenzen zu Familien gruppiert und sie von einer hypothetischen Urform herleitet, dem Archetypus. Neben dem isolierten Oxforder *Roland* (O) bilden das kymrische, mhd., altnordische und holländische Ms. eine Gruppe (*w*, K, *n*, *h*), neben der sich eine jüngere französische Textentwicklung (y, δ) herausbildet. Für sämtliche komplexeren Überlieferungssituationen (vgl. z. B. *Alexanderroman, Isopets, Roman de Renart*) lässt sich auf der Grundlage handschriftlicher Relikte durch sorgfältigen Textvergleich die vermutliche Textgenealogie durch derlei Stemmata veranschaulichen.

Überlieferung

Stemma

Köhler (1985), S. 41

Datierung

Neben der Erschließung der Textfiliationen und der Ermittlung des maßgeblichen Manuskripts ist die detektivische Ermittlung des Entstehungszeitpunkts des Textes (nicht des Manuskripts) ein weiteres wesentliches Problem im Umgang mit mittelalterlichen Texten. So hat die Datierung des Oxforder *Roland* zu heftigen Kontroversen geführt. Während Martín de Riquer aufgrund von im Text erwähnten Münzen und muslimischem Schlachtgetöse die Abfassung des *Rolandsliedes* auf die Zeit 1087–1090 festsetzte, schlugen Ernst Robert Curtius und Pierre Le Gentil aufgrund anderer historischer Anhaltspunkte eine spätere Datierung zwischen 1096 und 1110 vor. Die damit verbundene Frage, ob das Werk vor oder nach dem Ersten Kreuzzug entstand, beeinflusst seine Deutung ganz entscheidend.

Inhalt

Die Handlung gliedert sich in vier Episoden: Verrat, Schlacht, Vergeltung, Bestrafung. Der separatistische Baron Ganelon, Stiefvater Rolands, verbündet sich insgeheim mit dem Maurenkönig Marsilie von Zaragoza gegen Kaiser Karl. Nach mehreren Gesandtschaften und Beratschlagungen kommt es zum Krieg. Erzbischof Turpin segnet die fränkischen Truppen im Kampf gegen die Mauren. Karls Ritter Roland und Olivier geraten in einen Hinterhalt und fallen. In einer Schlacht gegen Baligant, den Emir von Babylon, übt Karl Vergeltung an den Sarazenen, bevor er den Verräter Ganelon und dessen Sippe bestraft. Indem er auf diese Weise die Ordnung wiederherstellt, festigt er seine eigene Macht.

Das *Rolandslied* enthält mehrere, zeitgeschichtlich äußerst beziehungsreiche Bedeutungsebenen.

Bedeutung

Im Kampf der Franken gegen die Sarazenen gerinnt der Kreuzzugsgeist (s. S. 20 f.) zu einprägsamen Formeln: *Paien unt tort et crestiens unt dreit.* (v. 1015) Den Muslimen der eroberten Stadt Córdoba bleibt nur die Wahl zwischen Tod und Taufe: *En la citét nen ad remés paien / Ne seit ocis u devient crestien.* (v. 101 f.) Den im Glaubenskrieg gefallenen Christen dagegen wird von Erzbischof Turpin das Paradies versprochen: *Se vos murez, esterez seinz martirs, / Sieges avrez el greignor pareis.* (v. 1134 f.) Im Kampf gegen die Ungläubigen erfüllen Karl und seine Mannen einen heilsgeschichtlichen Auftrag. Diese religiöse Dimension wird etwa darin sinnfällig, dass in Träumen des Kaisers Gott zu ihm spricht und für ihn die Sonne stillstehen lässt. Bei Rolands Tod erbebt die Erde, und sein Hifthorn Olifant sowie sein Schwert Durendal werden als Reliquien aufbewahrt.

Kreuzzug

Zugleich vermittelt das Epos eine relativ genaue Vorstellung von bestimmten Aspekten der Feudalgesellschaft. Die Inszenierungen von Beratungen zwischen Kaiser und Vasallen verdeutlichen Rechtsvorstellungen und Abhängigkeitsstrukturen, die der Text im Interesse einer Stärkung der Zentralmacht darstellt. Diesem Anliegen dienen auch die ersten Anzeichen eines „Nationalbewusstseins" (vgl. *dulce France*, vv. 109, 702, 1927 sowie *France dulce, la bele*, v. 1695). Schließlich impliziert der Gegensatz zwischen Roland und Olivier eine deutliche Kritik am maßlosen Wagemut, aus der sich die Synthese von Heidenmut und Weisheit, *prouesse* und *sagesse*, als ethisches Ideal des Ritters ergibt (vgl. *laisses* 83–89, 128–139).

Feudalgesellschaft

Das *Rolandslied* weist eine einfache, parataktische Erzählweise auf, wobei jedoch die weitgehende Entsprechung zwischen Vers und syntaktischer Einheit bemerkenswert ist. Die meisten Sätze umfassen zwei oder drei Verse (Distichon, Tristichon) und bilden daher eine rhythmische Einheit. Der nüchterne, wenig anschauliche Stil reduziert Gefühlsäußerungen auf eine einzige Geste, schätzt aber doch gelegentliches Pathos. Die Dialoge reduzieren sich auf das Wesentliche, die Personen erscheinen als holzschnittartige Repräsentanten eines Prinzips. In Ermangelung komplexer erzähllogischer Verknüpfungen stützt sich die Handlung auf Symmetrien und Kontraste.

Stil

Der Oxforder *Roland* endet mit dem Vers *Ci falt la geste que Turoldus declinet.* (v. 4002) An diesen Hinweis knüpfen sich zahlreiche Überlegungen. Zum einen hat man den Versuch unternommen, Turoldus als historische Persönlichkeit zu identifizieren; am aussichtsreichsten erscheint dabei der gleichnamige Mönch eines

Autor

Klosters bei Fécamp, der an der Schlacht von Hastings teilnahm und im Jahre 1098 als Abt von Peterborough starb. Zum anderen stellen sich dagegen ganz grundsätzliche Verständnisfragen: Ist mit „geste" die Dichtung oder deren Quelle gemeint? Heißt „declinet" vortragen, erzählen, übersetzen, überarbeiten oder dichten? D. h., ist Turold überhaupt der Dichter oder vielmehr ein Kopist, Bearbeiter oder Spielmann? Damit erhebt sich einmal mehr die Frage nach dem Stellenwert der Autorschaft in der mittelalterlichen Literatur. Deshalb soll abschließend die These von Jean Rychner erwähnt werden, welche die Bedeutung der Mündlichkeit im Verhältnis zwischen Spielmann und Publikum betont. Im Zusammenspiel zwischen beiden kristallisieren sich Strukturen heraus, die sich zum Epos verfestigen.

Literatur Adler (1975), Aebischer (1972), Ph. A. Becker (1967), Bedier (1926–29), Bender (1967), Boutet (1993), Burger (1977), Combarieu du Grès (1979), Cook (1987), Delbouille (1954), Dufournet (1972), Duggan (1976), Emden (1995), Faral (1933), Haidu (1993), Hecht (1988), Jones (1963), Keller (1989), Krauss (1978), Kullmann (1992), Lejeune (1948), Lejeune/Stiennon (1971), Lot (1958), Mandach (1993), Menéndez Pidal (1960), Mickel (1989), Paris (1905), Pensom (1982), Riquer de (1952), Rychner (1977), Siciliano (1981), Suard (1993), Tavernier (1967), Waltz (1965), Wilmotte (1939)

Epenzyklen Seit der Mitte des 12. Jhs. häufen sich die *chansons de geste*, verknüpfen und gruppieren sich um eine bestimmte historische Figur oder Dynastie, ohne eine chronologische Ordnung oder Kontinuität zu beachten, zu größeren Zyklen (*gestes*). Zu Beginn des 13. Jhs. wird BERTRAND DE BAR-SUR-AUBE in seinem Heldenlied über *Girart de Vienne* folgende drei Epenzyklen unterscheiden: die Karls- oder Königsgeste (*Geste du Roi*), die Empörergeste (*Cycle des vassaux révoltés*) und die Wilhelmsgeste (*Cycle de Guillaume d'Orange*). Zu ergänzen sind die beiden kleineren, nur vier bis fünf Epen umfassenden Zyklen *Geste de Nanteuil* und *Cycle des Lorrains* sowie schließlich der einzige zeitgenössischen Ereignissen gewidmete Epenzyklus, der *Cycle de la Croisade*. Derlei „Fortsetzungsromane" um altbekannte Personen und deren Jahrhunderte zurückliegende Heldentaten besitzen aktuelle Brisanz, wenn man sie vor dem Hintergrund der Auseinandersetzung zwischen Feudaladel und erstarkender Zentralmacht des Königs betrachtet.

Enfances Bei der Entstehung der Epenzyklen spielen die *Enfances*, die Berichte von Kindheit, erster Bewährung und Herkunft der Helden, eine bedeutende Rolle, so dass ein retrospektiver Erzählmodus vorherrscht. Diese Verlagerung des Interesses steht in einem komplexen sozial- und literaturgeschichtlichen Zusammenhang: In dem Maße wie die kollektive Verpflichtung auf den

christlichen Kampf schwindet und sich die feudalhöfische Gesellschaft festigt, wächst der Stellenwert des Individuums und seines dynastischen Familienverbunds (*lignage*). Diese Ausrichtung auf die individuelle Entwicklungsgeschichte ist gleichermaßen im höfischen Roman wie in den Heiligenviten zu beobachten.

Besamusca (1994), Combarieu du Grès (1979), Wolfzettel (1973)  **Literatur**

Kern und Ausgangspunkt der etwa 20 Chansons umfassenden Karlsgeste ist die *Chanson de Roland.* Ebenfalls mit der Spanienexpedition gegen die Mauren befassen sich die Epen *Otinel, Anseis de Carthage* und *Gaydon*, während *Aquin* die Bekämpfung der Normanneninvasion und JEAN BODELS *Chanson des Saisnes* die Sachsenkriege zum Thema hat. Neben den diversen Kriegszügen bietet vor allem auch die Vorgeschichte des Helden Anlass zu neuen Liedern, so etwa das Fragment *Mainet* und die erst um 1270 entstandene Chanson über die Mutter des Kaisers, *Berte aus grans piès*, von ADENET LE ROI. Diese umfassende „histoire poétique de Charlemagne" (G. Paris) reproduziert jedoch nicht bruchlos das im Rolandslied angelegte Bild des weisen christlichen Herrschers. Dies beweist die parodistische Karlsreise, *Voyage de Charlemagne à Jérusalem et à Constantinople*, die wahrscheinlich als französischer Protest gegen die Kanonisierung KARLS DES GROSSEN durch FRIEDRICH BARBAROSSA im Jahre 1166 zu lesen ist. Ein Ehestreit ist das auslösende Moment dieser burlesken Pilgerreise, die Karl und seine Paladine als Trunkenbolde und rauflustige Prahlhänse (*gab*, *gaber*) zeigt, während Konstantinopel als Inbegriff einer orientalischen Hochkultur in idealisiertem Licht erscheint.

Bancourt (1982), Horrent (1961), Neuschäfer (1959), Paris (1905), Szogs (1931)  **Literatur**

Geste du Roi

Im Mittelpunkt dieses Zyklus steht GRAF WILHELM VON TOULOUSE, ein Enkel KARL MARTELLS und Cousin KARLS DES GROSSEN, der von diesem 789 mit der Grafschaft Toulouse belehnt wird. 793 erleidet er eine Niederlage gegen die Sarazenen, doch 803 gelingt ihm die Eroberung von Barcelona, drei Jahre später zieht er sich in das Kloster Gellone (Saint-Guilhem-le-Désert) zurück, dessen Mönche ihm 1130 eine *Vita Sancti Wilhelmi* widmen. Angefangen beim Stammvater Garin de Monglane umfassen die 24 Chansons der *Wilhelmsgeste* insgesamt fünf Generationen und bilden als hochmittelalterliche „Familiensaga" ein „ensemble narratif gigantesque et touffu, mais assez cohérent" (Zink). Im Unterschied zur *Geste du Roi* geht es bei der *Wilhelmsgeste* weniger um die Verteidigung christlicher Ideale gegen die Sarazenen, sondern vielmehr um Aufstieg und Ehre einer Familie des hohen Feudaladels angesichts einer zum Entstehungszeitpunkt der Epen schwachen Krone.

Wilhelmsgeste

Beispiele	Ausgangspunkt der Wilhelmsepik ist die in der ersten Hälfte des 12. Jhs. entstandene und erst 1903 entdeckte *Chanson de Guillaume*. Mit ihren 3553 assonierenden Zehnsilbern und ihrem martialischen Realismus steht sie in deutlicher Nähe zum *Rolandslied*. Anders als der Titel vermuten lässt, ist die Hauptfigur Vivien, der Neffe Wilhelms, den dieser zum Ritter schlägt. Wilhelmsepen im engeren Sinn bilden dessen *Enfances* sowie zwei *Chansons, Couronnement Louis* und *Le charroi de Nîmes*, die vor dem Deutungshintergrund der Entstehungszeit das problematische Verhältnis zwischen einem treuen Vasallen und seinem schwachen König (gemeint ist LUDWIG VII., 1120–1180) thematisieren. Das höfisch gefärbte Epos *La prise d'Orange* parallelisiert die Eroberung einer Stadt und die einer schönen Sarazenin, die zu guter letzt gemeinsam mit ihrem Bruder zum Christentum konvertieren wird. *Le moniage Guillaume* schließlich schildert das erbauliche Ende des Grafen, indem es gegen das klösterliche Lotterleben die Zurückgezogenheit des Einsiedlers als die dem einstigen Ritter gemäße geistliche Lebensform propagiert.
Literatur	Emden (1984), Frappier (1955/1967), Guidot (1986a), Lachet (1986), Régnier (1966), Suard (1979), Waltz (1965), Wathelet-Willem (1975)
Empörergeste	Der Zyklus der aufständischen Vasallen entsteht in der zweiten Hälfte des 12. Jhs. bis zum Beginn des 13. Jhs. Das Interesse an der Revolte mächtiger Feudalherren gegen einen als pflichtvergessen und unmoralisch dargestellten Kaiser Karl erklärt sich aus der zeitgenössischen Aktualität. Als 1180 der schwache König LUDWIG VII. stirbt, kommt es zum Machtkampf zwischen dessen Nachfolger und den Großvasallen. In der Schlacht von Bouvines 1214 entscheidet PHILIPP II. AUGUST, der sich mit dem städtischen Bürgertum verbündet hatte, den Konflikt zu seinen Gunsten. Die Empörergeste erscheint in dieser Perspektive als literarische Reaktion des entmachteten alten Feudaladels auf die erstarkte Autorität der Krone. Obschon in den Epen Karl den politischen Sieg davonträgt, so liegt der moralische Sieg doch bei den aufständischen Großvasallen, die als Märtyrer und Heilige enden.
Textkorpus	Der früheste, bereits um 1130 entstandene und später der Rebellenepik zugerechnete Text ist das 661 Verse umfassende Fragment *Gormont et Isembart*. Historischer Kern dieses Epos um einen Sarazenen und einen christlichen Renegaten sind die Normanneneinfälle des 9. Jhs. *Enfances Ogier, Chevalerie Ogier* und *Raoul de Cambrai* sind weitere Heldenlieder auf Empörergestalten. *Girart de Roussillon* weist eine sprachliche Besonderheit auf, denn er ist in einer Mischform zwischen *Oc* und *Oïl* verfasst. Der späte *Doon de Mayence* (13. Jh.) führt schließlich alle Protagonisten der Epenzyk-

len – Karl, Garin und Doon – zusammen, um sie vor dem Vergessen zu bewahren.

Calin (1962)

Literatur

Der mit Abstand populärste Stoff der Empörergeste ist das Epos *Renaut de Montauban ou Les quatre fils Aymon*, das in verschiedenen Fassungen vorliegt. An Pfingsten kommt Aymon mit seinen Söhnen Renaut, Alard, Richard und Guichard zum Hoftag Karls des Großen. Im Anschluss an eine hitzige Schachpartie erschlägt Renaud den Neffen des Königs. Die vier Brüder fliehen zunächst in die Ardennen, wobei ihnen der Magier Maugis und das Zauberpferd Bayard zur Seite stehen. Sodann eilen sie Yon, dem König der Gaskogne, im Kampf gegen die Sarazenen zu Hilfe. Zum Dank gibt er Renaut seine Tochter zur Frau und schenkt den Gebrüdern einen Felsen, auf dem sie ihre Trutzburg Montauban errichten. Doch auch dort verfolgt sie die Rache Karls, dem sie durch einen Verrat Yons ausgeliefert werden. Nach einigen Verwicklungen kommt es zu einer friedlichen Lösung, und Renaut zieht zur Buße ins Heilige Land. Nach seiner Rückkehr und der Schwertleite seiner Söhne reist er nach Köln, um als einfacher Arbeiter am Dombau mitzuwirken. Eifersüchtige Kollegen ermorden ihn und versenken ihn im Rhein, wo jedoch eine Wundererscheinung seinen Leichnam signalisiert. Der Karren, auf dem das fromme Opfer aufgebahrt ist, setzt sich in Bewegung und kommt in Dortmund zum Stillstand, wo Reinold seitdem als Heiliger verehrt wird.

Renaut

Die Popularität des *Renaut de Montauban*, der als Volksbuch bis weit in die Neuzeit hinein rezipiert wird, erklärt sich aus der Vielfalt seiner thematischen Aspekte, die ein breites Publikum ansprechen. Da ist zum einen der für die bedrohte Feudalgesellschaft typische Konflikt zwischen den rebellischen Vasallen und dem ungerechten König sowie der Kampf zwischen rivalisierenden Adelsgeschlechtern. Daneben wird erneut das Schlachtengetümmel zwischen Christen und Muslimen geschildert, und ein exotischer Orient ist das Ziel einer Pilgerreise. Magisches *merveilleux* und erbauliche Heiligenlegende entsprechen ebenfalls dem gängigen Publikumsgeschmack.

Popularität

Adler (1963), Bédier (1913), Buschinger (1992a), Weifenbach (1999)

Literatur

Das Besondere der Kreuzzugsepik ist ihr unmittelbarer Gegenwartsbezug. Die *chanson de geste* erweist sich hier als äußerst lebendige und flexible Gattung, indem sie ihre Techniken der Literarisierung von Zeitgeschichte und der Historisierung ihrer Akteure dienstbar macht. Die Kreuzzugsepik gliedert sich in zwei Zyklen, deren erster der Eroberung des Heiligen Landes behandelt,

Kreuzzugsepik

während der zweite der historischen Figur GOTTFRIEDS VON BOUILLON gewidmet ist.

Eroberung

Der Kreuzzugszyklus nimmt seinen Beginn mit der *Chanson d'Antioche*, deren Urfassung Anfang des 12. Jhs. von RICHARD LE PÈLERIN verfasst wurde, einem *trouvère*, der selbst am Ersten Kreuzzug teilgenommen hatte. Dessen Version überarbeitet später GRAINDOR DE DOUAI, der sie mit der *Chanson des chétifs* (= *captifs*) verbindet. Durch diesen Mitte des 12. Jhs. in Syrien entstandenen Text findet eine exotische Komponente (*merveilleux oriental*) Eingang in die kriegerische Kreuzzugsthematik. *La Prise de Jérusalem* schließlich behandelt die Eroberung Jerusalems im Jahre 1099.

Literatur

Bender/Kleber (1987), Cook (1980), Cook/Crist (1972), Daniel (1984), Dijkstra (1995), Duparc-Quioc (1955), Mickel/Nelson (1977), Sumberg (1968), Trotter (1988)

Godefroi

Das Epos *Godefroi de Bouillon* enthält die Biographie von GOTTFRIED VON BOUILLON, dem Eroberer und ersten König von Jerusalem. *Le chevalier au cygne*, mit zahlreichen folkloristischen Märchenelementen durchsetzt, verleiht ihm einen mythischen Ahnvater, den Schwanenritter Elyas (später Lohengrin).

Literatur

Barron (1968 und 1969)

Ausblick

Das ungemein erfolgreiche Modell der *chanson de geste*, das mehr als ein Jahrhundert lang seine außergewöhnliche Vitalität und Anpassungsfähigkeit bewiesen hat, entwickelt sich im 13. Jh. in zwei Richtungen, die es dann doch als obsolet kennzeichnen: Zum einen entsteht die Parodie der *chanson de geste*, zum anderen deren Kontaminierung mit romanhaften Elementen wie dem Wunderbaren (*merveilleux*) und der Liebesthematik. Die *Chanson de la croisade albigoise* (1208–1219) ist eines der letzten ernsthaften Beispiele von *chansons de geste* über zeitgenössische Ereignisse (siehe Kap. 2.2.1).

Literatur

Zerner-Chardavoine (1979)

Höfischer Roman

Grundzüge

Neben dem „Marktartikel" der *chanson de geste* entwickelt sich Mitte des 12. Jhs. der „Hofartikel" Roman (Rychner). Der Begriff meint zunächst nichts anderes als die Übersetzung aus dem Lateinischen in die romanische Volkssprache, wobei zumeist eine antike Quelle als Vorlage und *auctoritas* dient. Neu ist im Vergleich zur *chanson de geste* die Präsentation, Rezeption und Struktur des Romans. Er wird primär gelesen, bedarf daher nicht mehr jener repetitiven und mnemotechnischen Strukturmerkmale mündlicher Dichtung. In paarweise gereimten Achtsilbern wird eine lineare, teils kunstvoll verflochtene Handlung präsentiert, die durch psychologische Reflexion in Erzählerkommentaren, Dialogen oder Monologen motiviert wird.

Entstehung

Hintergrund für die Entstehung des höfischen Romans ist der Übergang von der ersten zur zweiten feudalen Epoche (Marc Bloch). Im Zuge der kapetingischen Zentralisierungspolitik verbündet sich die Krone mit den aufstrebenden Städten, während die alte Kriegerkaste entmachtet wird. Die Ritterschaft sinkt von einer *classe de fait* zu einer *classe de droit* ab und sucht den Verlust an soziopolitischem Einfluss durch ein neues Klassenbewusstsein zu kompensieren, in dem Religion und Kultur eine Schlüsselstellung einnehmen. Das zum Orden erhöhte Rittertum pflegt einen Lebensstil, der auf der Verbindung von *chevalerie* und *clergie*, Adel und Bildung, beruht. *Courtoisie* und das an Ovid geschulte Konzept der höfischen Liebe bilden den sittlichen Bezugsrahmen der ritterlichen Existenz, so dass es bei WACE programmatisch heißt: *Por amisitiez et par amies / Font chevaliers chevaleries* (*Roman de Brut*, vv. 10771–72). Der höfische Roman steht im Dienst dieses Wertesystems und lotet das Spannungsfeld zwischen Ideal und Wirklichkeit der höfischen Gesellschaft aus.

Literatur

Bezzola (1944–1963), Faral (1913), Grosse (1994), Jauss (1977), Köhler (1963 und 1978), Micha (1976), Rychner (1977)

Matière de Rome, roman antique/antiquisant, antikisierender Roman

Entstehung

Der antikisierende Roman ist privilegierter Ausdruck der sog. Renaissance des 12. Jhs. Sein Aufkommen zur Jahrhundertmitte steht des Weiteren in historischem Zusammenhang mit der Entstehung des anglonormannischen Königreichs nach 1066. Insbesondere HEINRICH II. PLANTAGENET besaß ein politisches Interesse an chronikalischer und fiktionaler Geschichtsschreibung. Dies belegt u. a. das im Umfeld seines Hofs entstandene Werk des WACE, der außer dem *Brutusroman* eine *Chronique des ducs de Normandie* schrieb, oder des BENOÎT DE SAINTE-MAURE, der neben dem *Trojaroman* auch den *Roman de Rou* oder *Rollon* verfasste, welcher auf die Gründung des ersten normannischen Lehens hinausläuft. Die Epik des 12. Jhs. steht sogar konkret im Dienste der historischen Legitimation und Nobilitierung herrschender Geschlechter. In dieser genealogischen Perspektive leiten sich die Plantagenets vom trojanischen Fürsten Aeneas her, die französische Monarchie von KARL DEM GROSSEN und das englische Herrscherhaus von König

Artus, womit die geschichtliche Funktion der drei *matières* klar zutage tritt.

Bedeutung

Der antikisierende Roman stellt in mehrfacher Hinsicht ein besonders bedeutsames Phänomen dar: als Übergangsform zwischen Epos und Roman, als Zeugnis der intensiven Antike-Rezeption des Mittelalters und als Reflex auf die soziale Aktualität. Die Projektion lebensweltlicher, moralischer und juristischer Probleme der zeitgenössischen Feudalgesellschaft in eine imaginierte Antike führt zwangsläufig zu Anachronismen, die der heutige Leser allerdings stärker empfinden dürfte als der mittelalterliche. In Verbindung mit dem *translatio*-Gedanken (s. S. 19) dient der antikisierende Roman schließlich als Instrument der Herrschaftslegitimation, zumal der Theben- und der Aeneasroman in den für Heinrich II. arbeitenden Literaturwerkstätten entstanden sind.

Form

Als Übergangsphänomen bewahrt der antikisierende Roman zahlreiche archaische Elemente der *chanson de geste*, darunter die Dominanz epischer Handlungsmotive wie Zweikampf, Schlacht, Gesandtschaften, Ratszenen, etc. Die Beschreibung solcher Episoden erfolgt häufig nach den stereotypen Formulierungen der *chansons de geste*. Dem stehen viele innovative Verfahren gegenüber, wie etwa die komplexere Dialogstruktur, die der Erzählung größere Dynamik verleiht, die rhetorische Ausschmückung einzelner Episoden oder die verstärkte Einbeziehung des Publikums. Der narrative Text erhält eine reflexive Komponente, und die handelnden Figuren gewinnen an psychologischer Komplexität, nicht zuletzt dank der zunehmenden Präsenz der Frauengestalten und der Liebesthematik.

Literatur

Buschinger (1992b), Croizy-Naquet (1994), Gaullier-Bougassas (1998), Jauss (1977), Köhler (1963), Mora-Lebrun (1994), Petit (1985), Schöning (1991)

Textkorpus

Den Kernbestand des *roman antique* machen drei Romane aus, die als Werke gebildeter Kleriker in den 1150er bis 60er Jahren für ein aristokratisches Publikum im Herrschaftsbereich der Plantagenets entstanden sind und unterschiedliche Grade der Vermischung von archaischen und höfischen Elementen aufweisen.

Theben-roman

Der *Roman de Thèbes*, etwa auf die Jahre 1152–54 zu datieren, umfasst 10.562 Verse. Auf der *Thebaïde* des Statius beruhend, schildert er die Geschichte der Söhne des Oedipus, wobei deren Bruderzwist um das Erbrecht eine aktuelle Problematik der *juvenes* darstellte.

Literatur

Blume (1996), Donovan (1975), Schöning (1991)

Aeneas-roman

Der *Roman d'Enéas* (ca. 1155–60, mehr als 10.000 Verse) bietet eine recht freie Bearbeitung der *Aeneis* Vergils mit einem starken

Akzent auf der Liebesproblematik, die in inneren Monologen erörtert wird. Das Spektrum der Frauengestalten reicht von der Verführerin Dido über die androgyne Kriegerin Camille bis zum höfischen Idealbild Lavines (oder Lavinia), die der Protagonist nach einem Zweikampf zur Gattin gewinnt. Darin erkennt man wiederum ein Echo auf die gesellschaftlichen Verhältnisse, da die Verehelichung und die Gründung eines eigenen *lignage* für die *juvenes* einen Weg zu Macht- und Statusgewinn darstellte.

Angeli (1971), Blask (1984), Blume (1996), Dufournet (1985), Huchet (1984 und 1991), Logié (1997), Mora-Lebrun (1994), Poirion (1976), Schöning (1991)

Literatur

BENOÎT DE SAINTE-MAURE, der Verfasser des *Roman de Troie* (ca. 1160–1165, 30.316 Verse) gelingt es, zwei relativ frugale antike Quellen, mit denen er sich eingangs kritisch auseinandersetzt (vv. 1–144), zu einem äußerst erfolgreichen, in 55 Manuskripten überlieferten Roman auszuarbeiten. Neben der Thematik von Liebe und Krieg, gewürzt mit Magie und *merveilleux*, mag zu diesem Erfolg auch ein offizielles Interesse beigetragen haben, lässt sich doch in Priamus und Hekuba das Herrscherpaar HEINRICH II. und ELEONORE erkennen.

Trojaroman

Baumgartner/Harf-Lancner (1997), Beckmann (1965), Brockstedt (1923), Hansen (1971), Jung (1996), Rollo (1995), *Troie au Moyen Âge* (1992)

Literatur

Neben diesen drei Hauptwerken des antikisierenden Romans besitzt der *Roman d'Apollonius de Tyr*, der auf eine lateinische Vorlage des 6. bzw. 3. Jhs. zurückgeht, als kurzes Fragment aus den 1160er Jahren nur eine geringe Bedeutung für den altfranzösischen Roman. Im europäischen Mittelalter erfreut sich der abenteuerliche Stoff mit so spektakulären Motiven wie Entführungen, Schiffbrüchen, Scheintoten und Inzest jedoch generell enormer Beliebtheit.

Apollonius

Delbouille (1969)

Literatur

Besondere Erwähnung verdient der *Roman d'Alexandre*, der auf einer reich verzweigten historiographischen und literarischen Überlieferung der (Spät-)Antike beruht, die im Verlauf des 12. Jhs. mehrfach bearbeitet wurde, darunter von ALBÉRIC DE PISANÇON (105 Verse, Fragment in Achtsilbern, erstes Drittel 12. Jh.) neben u. a. einer anonymen Version in Zehnsilbern (um 1160). Die maßgebliche Fassung, entstanden aus der nicht bruchlosen Fusion von vier Traditionssträngen (*branches*) diverser Vorgänger, schafft um 1180 ALEXANDRE DE PARIS in seinem ca. 16.000 Verse umfassenden Werk, dessen Metrum, die gereimten Zwölfsilber mit mittiger Zäsur, hier erstmals belegt und daher als Alexandriner bezeichnet wird.

Alexander

Bedeutung	Der *Alexanderroman* bewegt sich auf der Grenze zwischen traditioneller *chanson de geste* und höfischem Roman. Innovative Züge sind z.b., dass ein namentlich bekannter, seines Metiers bewusster Autor das Abenteuer eines Individuums schildert. Als Schüler des Aristoteles verkörpert Alexander die angestrebte Synthese von *clergie* und *chevalerie*, seine Vorbildfunktion steht im Kontext der *translatio studii et imperii*. Im Spätmittelalter wird er zu den *neuf preux*, den exemplarischen Herrscherfiguren aus Bibel, Antike und Mittelalter, zählen. Durch die Fehler (Hybris) und Tugenden seines Helden ist der *Alexanderroman* auch als Fürstenspiegel zu verstehen. Dass dabei die Tugend der *largesse* (Freigebigkeit) besonders betont wird, verweist einmal mehr auf die Interessen der *juvenes*. Ein Faszinosum des Romans liegt in der Figur des jungen Helden, der über Raum und Zeit zu herrschen trachtet und mit wissenschaftlicher Neugier die Lüfte und den Meeresboden zu ergründen sucht. Auch die zahlreichen Wunder des Orients, die auf einem apokryphen Brief Alexanders an Aristoteles beruhen, mögen das mittelalterliche Publikum gefesselt haben.
Literatur	Abel (1955), Cary (1956), Frappier (1978), Gaullier-Bougassas (1998), Gosman (1994)

Matière de Bretagne, roman arthurien, Artusepik

Innovation	Die Erschließung des märchenhaften keltisch-bretonischen Sagenkreises bedeutet einen entscheidenden Schritt in der literarischen Entwicklung. Insofern sie die Dissoziierung von *facta* und *ficta* markiert, eröffnet sie den Weg zu einem eigenen Status des Romans.
Quelle	Den Geschehnissen, die im antikisierenden Roman berichtet werden, eignet ein historischer Wahrheitsgehalt, der durch die antiken Quellen abgesichert war. Was die *matière de Bretagne* betrifft, so liefert Geoffroy of Monmouth mit seiner *Historia regum Britanniae* aus dem Jahre 1137 historisches Material aus einer Distanz von fünf Jahrhunderten. Er berichtet darin u. a. von einem König Artus, der zu Beginn des 6. Jhs. gegen die sächsischen Eroberer gekämpft haben soll, dessen Historizität jedoch von vielen Gelehrten am Hofe Heinrichs II. bezweifelt wird. Davon abstrahierend, nutzt Wace gerade die Ungewissheit dieser Figur und ihrer Epoche, um im *Roman de Brut* (1155) diese phantastische Welt auszumalen: *Ne tut mençunge, ne tut veir, / Tut folie ne tut saveir* (vv. 9793–9794).
Literatur	Alamichel (1995), Arnold/Pelan (1962), Keller (1953), Pelan (1974)

Mit seiner „Übersetzung" der *Historia regum Britanniae* schafft WACE die stoffliche Ausprägung der *matière de Bretagne* und überliefert darin seinen Nachfolgern ein fiktionales Universum, das in halb realen, halb phantastischen Räumen (der magische Wald von Broceliande, die Insel Avalon) die *faits et gestes* des Zauberers Merlin und der Fee Morgane, des Königs Artus und seiner Tafelrunde inszeniert. Damit ereignet sich jene ambivalente, für die Gattung des Romans konstitutive Substitution, bei der Wahrheit durch Fiktion, *historia* durch *fabula* abgelöst wird. An die Stelle der historisch-referentiellen Wahrheit des antikisierenden Romans tritt damit die Kunstwahrheit des künftigen Romans. Die Wahrheit dieser *estoire* beruht auf strukturellen Merkmalen, wie z. B. der erzählerischen Darbietung des *plot* zu einer *mout bele conjointure*, und verlagert sich von der historischen auf die sittliche Ebene des *bien dire et bien aprandre* (vgl. CHRÉTIEN, *Erec*, vv. 9–18).

Kunstwahrheit

Ihre „klassische" Gestalt erhalten die bretonischen Sagenstoffe in literarischen Texten aus der zweiten Hälfte des 12. Jhs. Neben dem Werk des CHRÉTIEN DE TROYES gehören dazu die beiden Varianten der Tristansage sowie die Verserzählungen der MARIE DE FRANCE (*Lais*), die jeweils in einem gesonderten Kapitel behandelt werden.

Korpus

Brogsitter (1965), Chênerie (1986), Faral (1929), Köhler (1978), Loomis (1959 und 1963), Marx (1965 und 1996)

Literatur

Zum keltischen Stoffkreis gehörig, aber nicht über GEOFFROY, sondern über einen gewissen BRERI übermittelt, ist die tragische Liebesgeschichte von Tristan und Isolde, der wohl eine irische Entführungslegende des 9. Jhs. zugrunde liegt. Tristan soll als Brautwerber des Königs Marke um die Hand der schönen Yseut la Blonde anhalten, entbrennt aber selbst in Liebe zu ihr, die seine Gefühle erwidert. Im Gegensatz zum herrschenden Modell einer kirchlich geprägten, gesellschaftlich verbindlichen Ehe entwirft der Tristanstoff das Bild einer schicksalhaften Leidenschaft (versinnbildlicht im Zaubertrank), welche sich über soziale Regeln hinwegsetzt und sich im Liebestod als Verbindung von Eros und Thanatos vollendet. Die altfranzösischen Zeugnisse liefern nur äußerst unvollständige Versionen des Geschehens. Abgesehen von zwei verlorenen Texten und zwei kürzeren Episoden (*Folie Tristan, Lai du chèvrefeuille*) existieren zwei fragmentarische Fassungen unterschiedlichen Charakters.

Tristan

Barteau (1972), Chocheyras (1996), Delbouille (1962), Luhmann (1982), Rougemont (1956)

Literatur

Von BÉROUL stammt die sog. *version commune* (um 1170), die von kompositorischen und inhaltlichen Inkohärenzen geprägt ist. Der Liebestrank wirkt hier nur für begrenzte Dauer, operiert aber den-

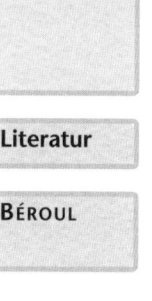

BÉROUL

noch als Agent eines Schicksals, dem man nicht zu entrinnen vermag (vgl. vv. 1696, 2302). Das Waldleben, in dem die beiden Liebenden den sozialen Zwängen entfliehen, wird nicht als Idylle, sondern als entbehrungsreiche Außenseiterexistenz dargestellt. Folkloristische, groteske und spektakuläre Szenen (Isolde soll den Aussätzigen als Lustobjekt überlassen werden) sowie das emotionale Engagement des Erzählers verleihen dem Roman eine dramatische Note.

| Literatur | Pensom (1995), Reid (1972) |

THOMAS

THOMAS verdanken wir dagegen die sog. höfische Fassung (ca. 1172–75), die den erotischen Konflikt in zwei Dreierkonstellationen entfaltet: Während Yseut la Blonde zwischen Marke und Tristan steht, vermählt sich Tristan, aus Verzweiflung über seine Liebe zu Yseut la Blonde, mit Yseut aux blanches mains, ohne allerdings die Ehe zu vollziehen. Die „estrange amur", symbolisiert in der lebenslangen Wirkung des Zaubertranks, veranlasst zu einer vertieften psychologischen Analyse der Gefühle. Den Liebenden ist der Konflikt mit den Werten der höfischen Gesellschaft schmerzlich bewusst, die Leidenschaft, eine von selbstquälerischer Eifersucht gepeinigte körperliche Sehnsucht, wird als wahrhafte *passio* bzw. „angoise" dargestellt. Die in acht Fragmenten unterschiedlicher Länge erhaltene Version des THOMAS diente GOTTFRIED VON STRASSBURG als Vorlage für seinen mittelhochdeutschen Tristan.

🔖 Autorenporträt CHRÉTIEN DE TROYES

Würdigung

Der bedeutendste Vertreter des höfischen Romans ist zweifelsohne CHRÉTIEN DE TROYES, dessen biographische Daten im Wesentlichen nur aus seinem Werk erschlossen werden können, sieht man von dem Nachweis eines Kanonikus CHRISTIANUS an der Abtei Saint-Loup zu Troyes im Jahre 1173 einmal ab. Im Prolog zu *Erec et Enide* bezeichnet er sich als *Chrestiens de Troies* (v. 9), als Mäzene nennt er MARIE DE CHAMPAGNE – *ma dame de Chanpaigne* (*Lancelot*, v. 1) – und *li quens Phelipes de Flandres* (*Perceval*, v. 13). Aus der Tatsache, dass der *Perceval* unvollendet geblieben und der Adressat, GRAF PHILIPP, im Juni 1191 verstorben ist, lässt sich das Lebensende Chrétiens, der ab ca. 1160 tätig ist, auf etwa 1190 datieren. Im Prolog zu seinem Roman *Cligès* liefert er einen Werkkatalog, der neben *Erec et Enide* einige verschollene Texte nennt, und zwar eine Version des Tristanstoffes sowie mehrere Ovidübersetzungen: *Remedia amoris, Ars amatoria* und vier Episoden aus den *Metamorphosen* (eine davon identifiziert als *Philomena* des späteren *Ovide moralisé*). Von seinen poetischen Werken, die zu den frühesten

Zeugnissen der Trouvères zählen (s. S. 58), sind zwei erhalten, auch wird ihm der erbauliche Roman *Guillaume d'Angleterre* zugeschrieben.

Bednar (1974), Brand (1972), Busby (1993a), Carasso-Bulow (1976), Faral (1929), Frappier (1968a), Guiette (1978), Hofer (1954), D. Kelly (1976), Lacy (1987), Loomis (1949), Maddox (1991), Micha (1966), Nykrog (1996), Schmolke-Hasselmann (1980)

Literatur

Roman-theorie

Chrétiens Romanprologe bieten außer biographischen Hinweisen auch einen wesentlichen Beitrag zur mittelalterlichen Romantheorie. Deren zentrale Kategorien sind der Stoff (*matière*), dessen Sinngehalt (*sens*) und seine erzähltechnische Aufbereitung (*conjointure*). Die *matiere* oder *estoire* seiner Romane entnimmt Chrétien einer Quelle, einem *livre* (*Cligès*, v. 20; *Perceval*, v. 67) oder einer sonstigen Vorlage, wie im Falle des *Lancelot*, für den ihm seine Mäzenin sowohl *matiere* als auch *san* vorgibt (vv. 24–29), was seine schöpferische Freiheit in der Gestaltung der *conjointure* nicht unerheblich einschränkt. Auf dem Zusammenwirken dieser drei Elemente – *sens*, *matière* und *conjointure* – beruht die eigene ästhetische Wertigkeit der neuen Gattung, deren Bezeichnung bei Chrétien nicht mehr nur die Übersetzung ins Romanische bedeutet, sondern ein eigenständiges Erzählwerk, den Roman eben. In dem Spannungsverhältnis zwischen einem realitätsbezogenen Sujet (*matière*) und einer idealen These (*sens*) liegt nach Köhler der dialektische Wirklichkeitsbezug und die dichterische Wahrheit des höfischen Romans.

Freeman (1979), Gertz (1996), Rohr (1978)

Literatur

Struktur-merkmale

Neben diesem theoretischen Beitrag liegt eine inhaltliche Neuheit Chrétiens darin, dass seine Romane auf die Entwicklung eines Protagonisten zentriert sind, der dem Typus des fahrenden Ritters (*chevalier errant*) entspricht, in dem sich wiederum das Los der *juvenes* spiegelt. Die Abenteuer, die der Ritter zu bestehen hat, besitzen gesellschaftliche, moralische und individuelle Relevanz, die *quête* (Suche) wird zum Grundmuster eines Entwicklungsromans *avant la lettre*. Im Hinblick auf den persönlichen Werdegang des Helden weist der Handlungsverlauf zumeist eine Zweiphasenstruktur auf: Zunächst absolviert der jugendliche Protagonist die Abenteuer naiv und unreflektiert, verzeichnet Erfolge, die seinem Ego schmeicheln. Der sich anschließende Verlust dieses Errungenen zwingt ihn jedoch zu einer zweiten *quête*, die ihm durch große Mühen, ja Grenzsituationen, seinen Platz im Leben bewusst macht und mit einer Versöhnung zwischen Individuum und Gesellschaft endet, nicht selten in der symbolträchtigen Form einer Vermählung am Artushof, welche individuelles und gesellschaftliches Glück in der *Joie de la Cour* besiegelt.

Literatur	Bezzola (1968)

Erec et Enide	Die genannte Struktur wird in Chrétiens erstem Roman, *Erec et Enide*, sowie in *Yvain le chevalier au lion* besonders sinnfällig. In beiden Fällen ereignet sich der Bruch jeweils dort, wo sich zwischen Liebe und *chevalerie*, die einander idealerweise bestärken sollen, ein Konflikt abzeichnet. Die Wende wird dadurch herbeigeführt, dass man ein Liebesidyll beendet, um den ehrlosen Müßiggang, die sog. *recréance*, zu vermeiden, damit aber äußerst dramatische Geschehnisse auslöst. Enide, die selbst ihren Gatten vor dem „verliegen" gewarnt hatte, muss mit ihm auf *aventure* ziehen, indem er sie gewissermaßen als Köder vor sich herreiten lässt und ihr obendrein Sprechverbot erteilt. Trotz dieser Erniedrigung hält Enide zu ihrem Gatten, gemeinsam gelingt es ihnen, die verschiedenen Abenteuer zu bestehen, bis Liebes- und Mutprobe glücklich bestanden sind und mit dem Erringen der *Joie de la Cour* belohnt werden.

Yvain	Yvain gerät bei seiner zweiten *quête* in eine Grenzerfahrung: Als er von seiner Geliebten Laudine verstoßen wird, da er die Jahresfrist, die sie ihm für seine ritterlichen Abenteuerzüge gewährt hatte, überzogen hat, verlässt er die menschliche Zivilisation. Von Sinnen vegetiert er im Wald, bis ihn dort drei Damen erkennen und in die Gesellschaft zurückgeleiten. Nun erhält er Gelegenheit zu Bewährungsproben im Dienste der Armen und Schwachen, wodurch er zum Inbegriff des christlichen Ritters wird, versinnbildlicht in dem Löwen, der ihn begleitet, seit er ihn vor einer Schlange errettet hat. Im unerkannten Zweikampf gegen Gauvain, den edelsten aller Artusritter, bestätigt Yvain schließlich seinen ritterlichen Rang. Seine Reintegration in die höfische Gesellschaft und die Wiederherstellung seiner Ehe besiegeln die glückliche Wendung der Ereignisse.

Literatur	Dirscherl (1991), Frappier (1969), Quéruel (1998)

Cligès	Der Roman *Cligès ou la Fausse Morte* zerfällt in zwei Teile, die jeweils einen thematischen Schwerpunkt besitzen: zum einen den *translatio*-Gedanken, zum anderen die Liebeskonzeption. Im Mittelpunkt des ersten Teils steht der Vater des Protagonisten, Alexander, der älteste Sohn des Kaisers von Byzanz. Als Verkörperung der im Prolog artikulierten Vorstellung einer *translatio studii et imperii* (s. S. 19) zieht der griechische Königssohn nach Norden, an den Hof des berühmten Königs Artus, um von ihm den Ritterschlag zu empfangen. Mit ihm bekämpft er einen abtrünnigen Vasallen und wird zum Dank mit der Herrschaft über Wales belehnt. Aus seiner Verbindung mit Soredamor, einer Hofdame der Königin Guenièvre, geht Cligès hervor, der die Nachfolge seines Vaters in Byzanz antritt.

Im Gefolge von Alis, der um Fénice wirbt, verliebt sich Cligès in diese. Fénice erwidert seine Zuneigung, heiratet jedoch Alis, um nicht das Schicksal von Tristan und Isolde zu erleiden. Allerdings lässt sie sich von der Hexe Thessala einen Zaubertrank bereiten, der sie für ihren Gatten unberührbar macht. Um zu vergessen, kehrt Cligès vorübergehend zu Artus zurück, bis ihn die Sehnsucht nach Konstantinopel zurücktreibt. Ein neuerlicher Zaubertrank lässt Fénice wie tot erscheinen (hier erklärt sich der Untertitel des Romans) und erlaubt ihr nach dem fingierten Begräbnis ein heimliches Zusammenleben mit Cligès. Obwohl sie entdeckt werden, wendet sich das Geschick der Liebenden zum Guten. In ihrer Ehe verbinden sich Liebe, Freundschaft und Respekt auf ideale Weise, ist doch Fénice für Cligès zugleich *dame* und *amie*.

Lancelot

In all seinen Romanen, insbesondere dem als „Anti-*Tristan*" bezeichneten *Cligès*, tritt Chrétien de Troyes als Verfechter der ehelichen Liebe auf. Daher wird er nur widerstrebend den Auftrag der Gräfin MARIE DE CHAMPAGNE angenommen haben, der außerehelichen Affäre zwischen Lancelot und Guenièvre, der Gattin des Königs Artus, einen Roman zu widmen, *Le chevalier de la charrete*. Auf der Suche nach der entführten Guenièvre ist Lancelot bereit, auf einen Schindkarren zu steigen, der ihn zu ihr bringen soll, während sich der edle Gauvain weigert, in einen solch symbolischen Ehrverlust einzuwilligen. Der Preis gebührt Lancelot: Da er die unausgesprochene Liebesprobe bestanden hat, wird er es sein, der nach mancherlei Abenteuern Guenièvre befreien und den Liebeslohn erhalten wird, obschon sie ihm vorwirft, die Entehrung nur zögernd in Kauf genommen zu haben. Dem Kern der Romanhandlung liegt ganz offensichtlich eine Frage der Liebeskasuistik zugrunde, wie sie am Hofe der MARIE DE CHAMPAGNE in provenzalischer Tradition gepflegt wurde. In eben diesem Umkreis ist auch der Traktat *De Amore* des ANDREAS CAPELLANUS entstanden, der den Code des *amour courtois* in Regeln fasst.

Quéruel (1998), Ribard (1972)

Literatur

Die christliche Wendung, die das Bild des Ritters bereits in *Yvain* genommen hatte, wird sich in Chrétiens letztem Roman noch verstärken, wobei allerdings dessen unvollendeter Charakter keine abschließende Bewertung zulässt, vielmehr Raum zu allerlei Spekulationen gibt. Deutlicher als bisher ist dies eine Art Bildungsroman. Perceval, der bei seiner verwitweten Mutter im Wald fernab aller ritterlichen Zivilisation aufwächst, begegnet eines Tages einer Rittertruppe, die er in seiner Unwissenheit zunächst für Teufel oder Engel hält. Der Wunsch, ihnen zu gleichen und deshalb jenen König aufzusuchen, „der die Ritter macht" (Artus), lässt ihn brüsk von seiner Mutter Abschied nehmen, die ihm noch letzte

Perceval

Ratschläge mit auf den Weg gibt, bevor sie zusammenbricht. Ein kurzer Auftritt am Artushof und eine denkbar unhöfische Begegnung mit einem Fräulein belegen im weiteren Percevals Ungeschliffenheit, bis ihm Gornemanz eine ritterlich Erziehung angedeihen lässt. Danach gelangt er in ein Schloss, wo er einer seltsamen Prozession beiwohnt, nach deren Sinn er jedoch nicht zu fragen wagt. Als er am nächsten Morgen weiterzieht, begegnet er einem hässlichen Fräulein, das ihn erstmals beim Namen nennt, ihn verflucht und ihm sein Schweigen im Schloss sowie den Tod seiner Mutter vorwirft. Er gelangt an den Artushof, der nach dem bekannten Handlungsmuster zum Ausgangspunkt einer zweiten Abenteuerfahrt wird, zu der Gauvain und Perceval auf getrennten Wegen aufbrechen. Während Gauvain im Schloss der Mütter am Ufer ohne Wiederkehr endet, geht Perceval zunächst in die Irre. Ähnlich wie Yvain lebt er fünf Jahre lang gottvergessen im wilden Forst, bis er am Karfreitag mitleidigen Pilgern begegnet, die ihn in die christliche Zeit- und Heilsordnung zurückbringen, indem sie ihn zu einem Einsiedler geleiten, der sich als sein Onkel erweist. Dieser versöhnt ihn mit Gott und offenbart ihm zugleich einige familiäre Zusammenhänge und Aspekte der geheimnisvollen Schlossepisode. Danach bricht der Perceval betreffende Handlungsstrang ab.

Literatur

Blons-Pierre (1998), Busby (1993b), Cazelles (1996), Frappier (1959 und 1979), Gallais (1972), Nitze (1949), Quéruel (1998)

Rittertum

Von Anfang an ist in diesem Roman das Rittertum negativ konnotiert: Ritterliche Auseinandersetzungen haben Percevals Vater das Leben gekostet, der exemplarische König Artus zeigt sich zunächst als ehrloser Schwächling, und Gauvain, der edle Ritter, vermag auf seinem Weg zu den toten Müttern keinesfalls als Vorbild zu dienen. Der Titel des Werkes lautet *Le Roman de Perceval ou le Conte du Graal.*

Gral

Dieser Gral, der im Mittelpunkt der rätselhaften Prozession im Schloss des Fischer- oder Sünderkönigs steht, verspricht den Schlüssel zum Werk zu liefern und hat daher die unterschiedlichsten Hypothesen auf den Plan gerufen. Der Gral (< *gradalis*), den ein zeitgenössisches Glossar als flaches Essgeschirr definiert (*scutella larga et aliquantulum profunda*), wurde entsprechend der keltischen These als eine Art Füllhorn und Fruchtbarkeitssymbol gedeutet, während ihn die christliche These als Symbol des Messopfers interpretiert, das den Kontrast zwischen *Synagoga* und *Ecclesia* veranschaulicht, bzw. als Kelch des Letzten Abendmahls, in dem Joseph von Arimathäa das Blut des Erlösers aufgefangen hat. Eine orientalische These schließlich bringt den Gral mit der über das maurische Spanien vermittelten islamischen Sufi-Mystik in Verbindung.

Busby (1984), Dragonetti (1980), Frappier (1977), Holmes/Klenke (1959), Loomis (1933), Méla (1984), Quéruel (1998)

Literatur

Unabhängig von der geistig-kulturellen Herkunft des Grals liegt seine erzählerische Funktion unbestreitbar darin, das höfische Modell der Artuswelt in Richtung auf ein neues Ideal zu transzendieren. Und die intensive Rezeptionsgeschichte – von den verschiedenen Fortsetzungen des 13. Jhs. über Wolframs von Eschenbach mittelhochdeutschen *Parzival* bis hin zu Richard Wagner – bezeugt das utopische Potential des Symbols wie auch des naiven Helden, während die Moderne (T.S. Eliot, Tankred Dorst) vor allem an das „wüste Land", den vom Rittertum zerstörten Lebensraum der Mutter, anknüpft.

Utopie

Köhler (1970), Loomis (1949), Marx (1996), Nitze (1949)

Literatur

Abenteuerroman, Schicksalsroman, byzantinischer Roman

Außerhalb des von Jean Bodel genannten „Kanons" der drei Stoffkreise steht der Typus des Abenteurromans, der jedoch auch als „Publikumsliebling" gelten darf, besonders im Hinblick auf sein Weiterwirken. Bei diesen teils realistischen, teils phantastischen Lebensgeschichten von Liebe und Trennung, großen Gefühlen und unerhörten Begebenheiten handelt es sich um eine recht hybride Form, in die Diskurse unterschiedlicher Herkunft Eingang finden. Als Begründer dieses Romantypus, der von der breit gefächerten Entfaltung der narrativen Gattungen in der zweiten Hälfte des 12. Jhs. zeugt, gilt Gautier d'Arras, Zeitgenosse und Konkurrent Chrétiens an den Höfen der Champagne.

Neue Tendenzen

In dem Roman *Ille et Galeron* greift Gautier, obschon er sich ausdrücklich vom *merveilleux* der *Lais* distanziert (s. S. 51 f.), eine aus *Eliduc* bekannte Personenkonstellation auf, gerät doch auch Ille, Sohn des Eliduc, im Laufe seines Lebens zwischen zwei Frauen. Verheiratet mit Galeron, der Schwester des Herzogs von Bretagne, verlässt Ille seine Gattin, als er im Turnier ein Auge verliert und sich ihrer Liebe nicht mehr würdig fühlt, eine aus der Liebeskasuistik bekannte Thematik. Er flieht nach Rom, kämpft gegen Konstantinopel und erringt die Liebe der römischen Kaisertochter Ganor. Da taucht die verschollen geglaubte Galeron wieder auf, mit der Ille in die Bretagne zurückkehrt. Bei der schweren Geburt ihres dritten Kindes gelobt sie, in ein Kloster einzutreten (eine Lösung, die an den Verzicht von Eliducs Gattin erinnert), so dass Ille frei ist, in Rom Ganor zu ehelichen und den Kampf gegen die Griechen fortzusetzen. Die auf Liebe und ritterlichen Kampf zentrierte Handlung, die gegensätzlichen Schauplätze Bretagne und

Ille et Galeron

Rom signalisieren die Wurzeln, aus denen sich dieser Romantypus nährt.

Eracle

Noch stärker ausgeprägt ist diese Heterogenität in *Eracle*, wo GAUTIER unter Hintanstellung einer kohärenten *conjointure* Elemente aus Heiligenlegende und Kreuzzugsepik, Liebesroman und orientalischem Märchen miteinander verknüpft. Der Roman, dem die Lebensgeschichte des griechischen Kaisers Heraklius zugrunde liegt, zerfällt in drei Teile. In seiner Kindheit als Sklave an den Seneschall des Kaisers verkauft, profitiert Eracle von der wunderbaren Gabe, den wahren Wert von Edelsteinen, Pferden und Frauen zu erkennen. Der zweite Teil schildert die Liebe zwischen der Kaiserin Athanais und Paridès: Obschon Eracle dem Kaiser die tugendhafteste Gattin ausgewählt hat, wird diese ihm untreu, als er sie während längerer Abwesenheit unter Bewachung stellt und einsperrt. Er sieht jedoch sein Fehlverhalten in dieser ebenfalls aus der Liebeskasuistik bekannten Frage ein (Bewahrt man die Treue seiner Gattin eher durch Eifersucht oder durch Vertrauen?) und überlässt sie dem glücklichen Rivalen. Der letzte und kürzeste Teil ist den Kämpfen zwischen Griechen und Persern um eine von Helena in Jerusalem zurückgelassene Kreuzesreliquie gewidmet. Nach der Ermordung des Kaisers von Konstantinopel an dessen Stelle getreten, gelingt es Eracle, das Heilige Kreuz zurückzugewinnen und es auf Anweisung eines Engels im Heiligen Grab niederzulegen. Fromm beschließt er sein Leben in Konstantinopel.

Literatur

Nykrog (1973a), Wolfzettel (1990)

Partenopeus

Ein letztes Beispiel für den Abenteuerroman ist der anonyme, in den 1180er Jahren verfasste *Partenopeus de Blois* (ca 11.000 Verse, Achtsilber, um zwei Fortsetzungen ergänzt). Protagonist ist der Neffe Chlodwigs, dessen Genealogie hier auf Priamus von Troja zurückgeführt wird. Bei einer Jagd in den Ardennen verirrt er sich und gerät ans Meer, wo ihn ein Schiff zu einem Zauberschloss bringt. Dort begegnet er der Fee Mélior, Erbin des Throns von Konstantinopel, die ihm ihre Liebe schenkt und ihm verspricht, ihn nach Ablauf von drei Jahren zum Ritter zu schlagen und zu ehelichen, unter der Bedingung, dass er sie solange nicht bei Tageslicht sieht (vgl. *Amor und Psyche*). Der weitere Handlungsverlauf, der dem eines Entwicklungsromans ähnelt, lebt aus der Spannung zwischen den Anfechtungen der profanen Welt und dem erotischen Zauberreich. Nach zahllosen Wechselfällen, darunter selbstverständlich der Bruch des Tabus, gelingt es ihm dank des Beistands einiger Helferfiguren, Mélior und den Thron von Byzanz zu erobern. Elemente der antiken Überlieferung, der Artuswelt und eines exotischen Orients verbinden sich mit dem Wertesystem der Ritterlichkeit und der höfischen Liebe. In zahlreichen Manuskripten überliefert, war der

Partenopeus im Mittelalter überaus populär und stilbildend, wie seine Übersetzungen und sein Einfluss auf spätere Romane, z. B. *Le Bel Inconnu* (1200) von RENAUT DE BEAUJEU, belegen.

Erzählerische Kurzprosa: Die *Lais* der Marie de France

Die *matière de Bretagne* wurde nicht nur in umfangreichen Romanen, sondern auch in narrativen Kurzgattungen wie den *Lais* der MARIE DE FRANCE bearbeitet, die zu den Frühformen der Novelle gehören. Der *Lai* (< irisch *laid*, Vogelgesang) ist formal eine Erzählung in paarweise gereimten Achtsilbern, inhaltlich ist er eine Versnovelle mit den für die keltische Vorstellungswelt typischen Märchenelementen (Fee, Werwolf, Liebhaber in Vogelgestalt, Zauberobjekte). Von Marie de France sind zwölf Lais mit einem Prolog in einer anglonormannischen Handschrift aus der Mitte des 13. Jhs. überliefert.

Definition

Sie hat außerdem eine Fabelsammlung und den erbaulichen Text *Espurgatoire Saint Patrice* hinterlassen, mit dem sie einen Beitrag zur „Erfindung des Fegefeuers" geleistet hat (Le Goff). Im Epilog ihres *Esope* nennt sich die Autorin: *Marie ai num, si sui de France.* Daraus wurde gefolgert, dass sie aus der Ile de France stammte, aber in England lebte, wobei die Widmung der *Lais* an einen *noble rei* wiederum auf HEINRICH II., die Zueignung der Fabeln an einen Graf Wilhelm auf WILHELM VON MANDEVILLE, Graf von Essex verweist, was eine Datierung vor 1189, dem Todesjahr der beiden Fürsten, impliziert. Ein zeitlicher Rahmen zwischen ca. 1160 und 1178 wird außerdem durch intertextuelle Bezüge gesteckt, denn Marie hat den *Aeneasroman* rezipiert, während GAUTIER D'ARRAS in *Ille et Galeron* auf den Lai *Eliduc* anspielt.

Autorin

Aufschlussreich ist der Prolog, den Marie ihren *Lais* voranstellt. Neben dem Topos, wonach Wissen zur Weitergabe verpflichtet, findet sich darin der für das geistige Klima des 12. Jhs. charakteristische Gedanke eines progressiven Erkenntnisfortschritts in der Auslegung von Texten, wie er auch in dem Bild von den Zwergen auf den Schultern der Riesen zum Ausdruck gekommen ist. Des Weiteren denkt sie bei der Wahl einer angemessen intellektuellen Tätigkeit an eine Übersetzung aus dem Lateinischen, was ihr aber, da wenig originell, kaum Ehre einbrächte. Daher verfällt sie auf die *Lais*, die die alten Bretonen zur Erinnerung an ihre Abenteuer mündlich überliefert haben und die sie nun aus der Oralität in die Schriftlichkeit überführen und so vor dem Vergessen bewahren möchte: *Plusurs en ai oi conter,/Nes voil laissier ne oblier./Rimé en aie fait ditié,/Soventes fiez en ai veillié!* (vv. 39–42)

Prolog

Im Mittelpunkt der *Lais* steht die Liebe in ihren verschiedenen Spielarten, die dem Menschen schicksalhaft, als erotische *aventure* gewissermaßen, zufällt. Häufig thematisiert Marie den Konflikt zwischen ehelicher Liebe und Leidenschaft und lässt ihre Figuren die emotionalen, psychologischen und moralischen Implikationen der höfischen Liebe erörtern, wobei sich allenthalben die Spuren der Liebeskasuistik finden. Die Autorin selbst scheint eine durch *mesure* gebändigte *amour-passion* zu favorisieren. Für die diversen Dreieckskonstellationen bietet sie unterschiedliche Lösungen: Mal tötet der eifersüchtige Ehemann den Liebhaber (*Yonec*) oder die unschuldige Nachtigall, Symbol des außerehelichen Begehrens (*Laüstic*), mal fallen die Liebenden, die den Gatten der Frau im Bad verbrühen wollten, ihrem eigenen Mordkomplott zum Opfer (*Equitan*), ein anderes Mal schließlich verzichtet die Gattin großmütig zugunsten der Geliebten (*Eliduc*). Tristan selbst soll im übrigen, Marie zufolge, den *Lai* namens *Chièvrefoil* gedichtet haben, in dem das mit dem Haselstrauch verwachsene Geißblatt seine unverbrüchliche Liebe zu Isolde symbolisiert: *Ne vus sanz mei, ne jeo sanz vus*. Ein relativ komplex strukturierter *Lai* aus dem Artuskreis präsentiert den jungen Ritter Lanval, der als heimlicher Geliebter einer Fee durch das eifersüchtige Begehren Guenièvres bei Hof verleumdet wird (vgl. das Motiv von Putiphars Weib). Bei dem Gerichtsverfahren gerät er in Beweisnot, schuldet er doch der Fee Diskretion, die ihn letztlich in ein magisches Jenseits entführt. Erwähnt werden soll schließlich die eindrucksvolle anthropologische und moralische Reflexion, die sich am Schicksal des Werwolfs festmacht (*Bisclavret*). Zwischen Instinktnatur und Zivilisation dominiert die kulturelle Leistung der höfischen Gesellschaft dank ihrer Regeln für das menschliche Zusammenleben und ihrer christlichen Werte (*caritas*, *pietas*). Dieses verbindliche System ermöglicht das Wiedererkennen des Ritters in der Gestalt des Werwolfs, seine Erlösung und Reintegration in die höfische Gesellschaft. Dieser kurze Überblick mag zeigen, dass Leo Spitzer die *Lais* der MARIE DE FRANCE sehr zu recht als Problem-Märchen bezeichnet hat.

H. Baader (1966), Baum (1968), Boland (1995), Burgess (1977–1997 und 1988), De Pontefarcy (1995), Dronke (1984), Harf-Lancner (1984), Jenkins (1974), Ménard (1995), Payen/Jodogne (1975), Ringger (1973), Sienaert (1978), Wilson (1984)

2 Lyrik

Die Wiege der französischen Lyrik liegt um 1100 in Okzitanien, wo die Trobadors eine Liebesdichtung entwickeln, die mehr als 50 Jahre später, unter Einbeziehung eigener Traditionen, von den nordfranzösischen Trouvères aufgegriffen wird.

Okzitanien

Trobadors

Ende des 11. Jhs. entsteht in Okzitanien eine Hoflyrik, die ein bestimmtes Lebensideal, die *courtoisie*, und eine bestimmte Liebesvorstellung, den *amour courtois*, mustergültig zum Ausdruck bringt. Die Blütezeit dieser aristokratischen Dichtung erstreckt sich bis zu den Albigenserkriegen (1209–1229), die den Niedergang der okzitanischen Kultur bedeuten (s. S. 62 f.).

Blütezeit

Geographisch umfasst das Terrain dieser Lebensform und ihres dichterischen Ausdrucks die Höfe des *domaine d'oc*, die vom Limousin bis nach Aquitanien, von der Auvergne bis in die Provence reichen und über Ausläufer in Italien und Katalonien verfügen. Die *langue d'oc* fungiert dabei als eine weit verbreitete Verkehrssprache (*koine*).

Die wichtigsten Zentren dieser Kultur sind zunächst Poitiers, wo WILHELM IX. residiert, Großvater der ELEONORE VON AQUITANIEN. Es sind sodann die großen Familien des Limousin und ihre Höfe: Limoges, Ventadorn, Comborn und Turenne, des weiteren die Grafen von Toulouse (RAIMON V. UND VI.), die VICOMTESSE ERMENGARDE VON NARBONNE, GUILLAUME VIII. VON MONTPELLIER und die HERREN VON LES BAUX.

Zentren

Der Gesamtbestand der Trobadorlyrik umfasst etwa 2700 Lieder, wobei zu 260 von ihnen die Melodien erhalten sind. Aus dem 12.–13. Jh. sind etwa 450 Trobadors und weibliche Trobairitz namentlich bekannt, ca. hundert von ihnen sind gar durch Lebensbeschreibungen aus dem 13. und 14. Jh., die sog. *Vidas*, ausführlicher dokumentiert. Knapp hundert Anthologien, sog. *Chansonniers*, haben zwischen 1250 und dem 16. Jh. die Überlieferung der Texte sichergestellt.

Umfang

Der Begriff *Trobador* leitet sich her vom mittellateinischen *tropare* (finden). Etymologisch wie entstehungsgeschichtlich wird er auch mit den Tropen des liturgischen Gesangs in Verbindung gebracht. Während bereits WILHELM IX. in seiner Dichtung *Farai un vers de dreyt rien* das Verb *trobar* verwendet, findet sich der Erstbeleg für *trobador* erst um 1150 in CERCAMONS Sirventes *Puois nostre temps comens' a brunezir*. Trobadors im eigentlichen Sinne sind die Auto-

Begriff

ren der Gedichte, während deren mündlicher Vortrag Aufgabe der Spielleute (*joglars*) war, die außerdem *vidas* und *razos* zu berichten wussten, d. h. Biographien der Dichter und Kommentare zum Inhalt ihrer Verse. Gelegentlich ist der Autor auch zugleich der Sänger, wie im Fall von CERCAMON, während GIRAUT DE BORNELH, wie es in seiner *Vida* heißt, im Winter dichtete und im Sommer mit zwei Sängern auf Tournee ging.

Poetiken

Bereits der Begriff des *Trobador*, den GUIRAUT RIQUIER ausdrücklich als *inventor* im Sinne CICEROS definiert, beinhaltet ein hochentwickeltes Selbstverständnis, das die Dichter in ihren Werken näher erläutern. Das Dichten wird als *mestier, saber* und *art* bezeichnet, d. h. zum einen als ein Handwerk (vgl. die Termini *limar, polir, colorar*, etc.), zum anderen als eine äußerst komplexe Kunst, Worte (*motz*) und Melodien (*so*) zu erfinden und diese dem Gegenstand (*razo*) und der Gattung angemessen miteinander zu kombinieren. Lässt sich den Liedern der Trobadors aufgrund ihrer ausgeprägten Reflexivität bereits eine implizite Poetik entnehmen, so verfasst RAIMÓN VIDAL DE BEZALÚ Ende des 12. Jh. mit seinen *Razos de trobar* die erste Grammatik und Poetik einer romanischen Sprache, der bis Ende des 14. Jhs. etwa zehn Traktate folgen werden, während die erste Dichtungslehre für die *langue d'oïl*, EUSTACHE DESCHAMPS *Art de dictier et de fere chançons*, erst im Jahr 1393 entsteht.

Literatur

Bec (1970 /1984), Cohen (1952), Cropp (1975), Faral (1924), Gruber (1983), Hoepffner (1955), Lejeune (1979), Méjean-Thiolier (1994), Mölk (1968), Nelli (1979), Nelli/Lavaud (1978), Neumeister (1969), Ringger (1987), Roubaud (1986), Sabatier (1975), Vinaver (1970)

Autoren

Die Trobadors stammen aus allen sozialen Schichten. Neben Vertretern des Hochadels wie WILHELM IX. oder RICHARD LÖWENHERZ finden sich Angehörige sämtlicher aristokratischer Rangstufen (JAUFRÉ RUDEL, RAIMBAUT D'AURENGA), aber auch Kleriker (PEIRE D'ALVERNHA), Bürgerliche (PEIRE VIDAL), der Sohn eines Bäckers (BERNARD DE VENTADORN), ja selbst Außenseiter wie der Vagabund CERCAMON oder das Findelkind MARCABRU. Je nach Stand fungiert das Dichten als gelehrter Zeitvertreib, gesellschaftliche Aufstiegsmöglichkeit oder Broterwerb.

Literatur

Appel (1928), Cluzel (1957), Frappier (1963), Gaunt/Harvey (1988), Harvey (1989), Hoepffner (1961), Janik (1987), Kähne (1983), Pattison (1952), Pirot (1965 und 1967), Scherner-Van Ortmerssen (1973)

Trobairitz

Auch Frauen dichten, wobei sich allerdings nicht zwangsläufig von einer „féminité textuelle", d. h. einer weiblichen Sprecherinstanz, auf eine „féminité génétique", d. h. das biologische Geschlecht des Autors schließen lässt (Bec). Frauenstimmen vernimmt man nicht nur in Dialoggedichten berühmter Trobadors, sondern auch in zornigen Strophen gegen frauenfeindliche Kollegen oder gegen das Verbot luxuriöser Kleidung. Neben FRAU CASTELLOZA ist die COMTESSE DE DIE (Mitte 12. Jh.) die berühmteste Trobairitz. Von ihr sind eine Tenzone und vier teils fragmentarische *cansos* überliefert, deren bekannteste, *A chantar m'èr de sò qu'eu no volria*, wenn man ihrer *Vida* Glauben schenkt, die unglückliche Liebe zu RAIMBAUT D'AURENGA besingt.

A. Rieger (1991)

Literatur

Generationen

Auf die mit der Person WILHELMS IX. verbundenen Anfänge der okzitanischen Lyrik am Ausgang des 11. Jhs. folgt vor 1150 eine von CERCAMON, MARCABRU und JAUFRÉ RUDEL geprägte Generation. Die Blütezeit der Trobadordichtung, verkörpert in Namen wie BERTRAN DE BORN, RIGAUT DE BARBEZIEUX, GAUCELM FAIDIT, BERNART DE VENTADORN, ist auf die beiden Jahrzehnte zwischen 1180 und 1200 zu datieren. Für das 13. Jh. seien GUIRAUT DE BORNHEL (ca. 1190–1240) und der sog. letzte Trobador GUIRAUT RIQUIER (geboren um 1230) genannt.

Entstehung

Um die Entstehung der Trobadorlyrik ranken sich eine Vielzahl von Hypothesen. Gaston Paris vermutete einen volkstümlichen Ursprung aus den Maientanzliedern, was durchaus für einige Gattungen gelten mag, andererseits jedoch dem gelehrten Charakter eines großen Teils der okzitanischen Dichtung widerspricht. Immerhin erklärt er damit die radikale Ablösung vom System der lateinischen Metrik. Die klassisch-antike These ist zu verwerfen, obschon OVID – seine Liebeslehre und seine *Metamorphosen* – vom Mittelalter intensiv rezipiert wurden. Die mittellateinische Hypothese bringt die Trobadorlyrik mit der lateinischen Hofpoesie des 6.–11. Jhs. in Verbindung (VENANTIUS FORTUNATUS, WALAHFRIED STRABO, MARBODE DE RENNES und die Schule von Chartres), die allerdings in Nordfrankreich ihr Zentrum hatte. Eine Beziehung zur Vagantenpoesie (*Carmina burana*) ist aufgrund der konträren Liebeskonzeption auszuschließen. Eine gewisse Nähe zur liturgischen Poesie, die insbesondere in Saint Martial von Limoges gepflegt wurde, kann vermutet werden. Die arabische Theorie wird vor allem von spanischen Forschern verteidigt (Menéndez Pidal), da Liebeskonzeption und Strophenform eine Verwandtschaft zwischen arabischer und altokzitanischer Dichtung suggerieren. Im Anschluss an Marc Bloch, der die höfische Liebe in Analogie zum Dienst des Vasallen gegenüber dem Lehnsherrn betrachtete, sei schließlich die soziologische These Erich Köhlers erwähnt, der die prekäre Situation des *joven* ins Feld führt, des ledigen nachgeborenen Sohns eines Vasallen, der bei akuter Frauen-knappheit am Hof seines Feudalherrn lebt und dort militärisch wie gesellschaftlich erzogen wird, wobei der dichterische Kult des *amour lointain* als sublimierte Projektion der materiellen und sozialen Lage des niederen Adels gedeutet wird. In der Tat beruht die Rhetorik der *fin'amors* ganz wesentlich auf der Analogie zwischen Minnedienst und Lehnsdienst: Der Liebende betrachtet sich als Lehnsmann der Dame (*sos om liges*), der ihr kniefällig, mit gefalteten Händen und rituellem Kuss Dienst und Treue verspricht bzw. ihr seinerseits Herz und Leib als Feudum überlässt. Andere Forscher wiederum verstehen den Code der höfischen Liebe als ästhetisches Regelsystem, das zum spielerischen Umgang herausfordert.

| Liebes-konzeption | Die höfische Liebe wird in der Lyrik der Trobadors mit den Begriffen *fin'amors*, *verai'amors* und *bon'amors* bezeichnet. Das Minneverhältnis zwischen Dichter und Dame (domna < domina) lebt aus der Distanz (*amor de lonh'*), sei diese nun materieller oder psychologisch-ideeller Natur. Ein wesentliches Hindernis ist der eifersüchtige Ehemann (*gelos*), Gefahr droht von neidischen Spitzeln (*lauzengiers*), so dass die diskreten Liebenden häufig Decknamen verwenden (*senhal*). Die unerfüllbare, sublimierte Liebe wirkt veredelnd: Indem die Dame um ihres *pretz* (Wertschätzung) willen die Bitte um *mercé* (Gnade, Erbarmen) nicht erhört, zwingt sie zu Maß und Mäßigung (*mezura*). So bildet sich die Paradoxie des lustvollen Leidens heraus, die Freude der erfüllten Liebe (*joi*) ereignet sich nur im Text bzw. Lied. |

| Literatur | Lazar (1964), Topsfield (1975) |

Gattungen

Höfisch	*canso, salut d'amour, sirventes, planh, partimen, tenso*
Volkstümlich	*pastourelle, aube, romance, ballade*

| *canso* | Abgesehen von dem formell undifferenzierten und eigentlich einen Oberbegriff darstellenden *vers* ist die mit Abstand häufigste Form der altokzitanischen Dichtungen die Kanzone (*canso*), die fünf bis sieben Strophen (*coblas*) mit Refrain (*tornada*) umfasst. Je nach der Wendung der Liebesthematik differenzieren sich Untergattungen wie *bona canso* (körperliche Liebe), *mala canso* (Trennung) heraus, wobei die irdische Liebe in der Marienlyrik des 13. Jhs. eine spirituelle Wende nehmen wird. Auch der in 18 Exemplaren belegte *salut d'amour*, ein in Achtsilbern an die Dame gerichteter Brief mit Bitte um Erhörung, ist formal eine *canso*, ebenso z.T. die Kreuzzugslieder (35 Expl.), in denen Trennungsschmerz und Freude über die Rückkehr in die Heimat zum Ausdruck kommen. |

Einen Aufstieg von der Spielmannslyrik zur höfischen Gattung verzeichnet das *sirventes*, das der Gesellschaftskritik dient. Die Gattung widmet sich aktuellen Themen wie den Kreuzzügen, greift satirisch in politische Auseinandersetzungen ein, beklagt moralisierend den Sittenverfall oder bezieht Stellung in literarischen Debatten. Verwandt mit dem *sirventes* ist der *planh* eine poetische Wehklage über Tod und Krieg.

sirventes

D. Rieger (1976/1990a/1990b)

Literatur

Das *partimen* (auch *joc partit*) und die Tenzone (*tenso*) erfreuen sich großer Beliebtheit, da sie als dialogische Formen, die den Rahmen zu ernsthaftem oder spielerischem Streit liefern, einen wichtigen Bestandteil der höfischen Geselligkeit bilden. Die „Disputationslyrik" (Ringger) dient der Argumentation, Reflexion und Selbsterkenntnis sowie der kasuistischen Erörterung von Liebesfragen.

partimen

Köhler (1990), Neumeister (1969), Ringger (1987)

Literatur

Unter den weniger kodifizierten, populären Gattungen sind neben dem Morgendlied (*alba*) verschiedene Tanzlieder zu erwähnen (*dansa, balada, redondel, retroncha, estampida*), die allerdings, wie auch die *pastorela*, in der die Begegnung zwischen einem Ritter und einem Landmädchen geschildert wird, im Okzitanischen weniger stark entwickelt sind als in der nordfranzösischen Lyrik.

Sonstige

D. Rieger (1976), Ringger (1987)

Literatur

Um 1170 bildet sich die elitär-manieristische Mode des *trobar clus* (auch *trobar escur* bzw. *cobert*) aus, eine artifizielle, nach diffizilen Regeln komponierte, bewusst schwer verständliche Lyrik (RAIMBAUT D'AURENGA), die sich vom *trobar leu* (< *levis*) abgrenzt, während der rhetorisch ausgeschmückte *trobar ric* (ARNAUT DANIEL) eine Mittelform bildet. Dokument des poetischen Richtungsstreits ist die Tenzone *Era'm platz, Giraut de Bornelh*.

Varianten

Mölk (1968), Roubaud (1986)

Literatur

Die Trobadorlyrik wird in zwei bedeutenden Strömen rezipiert: zum einen im Süden, in den kulturellen Zentren von Katalonien, Aragón und Kastilien, zum anderen in Italien, wo sie im 13. und 14. Jh. die Sizilianische Dichterschule, DANTE, PETRARCA und die Entstehung des *dolce stil nuovo* beeinflusst.

In Okzitanien selbst wird zu Beginn des 14. Jhs. die lyrische Dichtung im Stil der Trobadors vom Bürgertum wiederbelebt und im *Consistoire du Gai Savoir* institutionalisiert, das u. a. Wettbewerbe organisiert. Die preisgekrönten Gedichte der Jahre 1324–1484, darunter auch aktualitätsbezogene Werke und Marienlyrik sind unter dem Titel *Joias del Gai Saber* gesammelt. Ende des 19. Jhs. ist als Ausdruck eines neuen Sprach- und Regionalbewusstseins eine

Wirkung

Wiederentdeckung dieser lyrischen Tradition zu verzeichnen; bis heute existiert die *Académie des Jeux floraux de Toulouse.*

Trouvères

Eleonore

Bei der Vermittlung der okzitanischen Dichtung nach Norden spielt ELEONORE VON AQUITANIEN (s. S. 22), die Enkelin des ersten Trobadors WILHELM IX., eine entscheidende Rolle. Als Mittlerin wirkt sie durch ihre erste Ehe mit LUDWIG VII., auch während ihrer zweiten Ehe mit HEINRICH II. PLANTAGENET, als sie BERNART DE VENTADORN an den Hof holt, sowie durch zwei ihrer Töchter, ALIX VON BLOIS und MARIE DE CHAMPAGNE, die als Mäzeninnen literarhistorische Bedeutung gewinnen sollten. Der Enkel MARIES wiederum, THIBAUT IV. DE CHAMPAGNE, wird selbst ein renommierter Trouvère sein.

Entwicklung

Die Ausbreitung der nordfranzösischen Lyrik erfolgt in drei Schüben: Ab etwa 1160 bildet der Hof der Champagne ein erstes Zentrum, an dem zunächst HUON D'OISY, CHRÉTIEN DE TROYES und GUIOT DE PROVINS, eine Generation später GACE BRULÉ und GILLES DE VIEUX-MAISONS tätig sein werden. Ab ca. 1180 sind die ersten Dichter im Artois und in der Picardie zu verzeichnen, darunter CONON DE BÉTHUNE, BLONDEL DE NESLE, LE CHÂTELAIN DE COUCY und GONTIER DE SOIGNIES. Anfang des 13. Jhs. erhält die Tradition der Champagne durch THIBAUT IV. (1201–1253) einen neuen Impuls, in den reichen Handelsstädten des Nordens gewinnt das Bürgertum Zugang zur Dichtkunst mit Autoren wie PIERRE DE CORBIE, ANDRIEU CONTREDIT, JEAN DE NEUVILLE, JEAN ERART, MONIOT D'ARRAS und JEAN BODEL, und auch die Ile de France, Burgund und Lothringen tauchen auf der literarischen Landkarte auf.

Literatur

Aubry (1910), Dinaux (1969–1970), Dragonetti (1960), Marrou (1971), Zai (1974), Zink (1987)

Autoren

Wenngleich dichtende Fürsten (THIBAUT IV.) weniger stark vertreten sind als im Süden, ist das soziologische Spektrum der Trouvères dem der Trobadors vergleichbar. Neben hohem (CONON DE BÉTHUNE, GACE BRULÉ) und niederem Adel (CHÂTELAIN DE COUCY) finden sich Vertreter des Klerus (RICHARD DE FOURNIVAL) und des Bürgertums (JEAN BRETEL) sowie hauptberufliche Jongleure (COLIN MUSET).

CONON DE BÉTHUNE

Mitte des 12. Jhs. geboren, stammt CONON aus der Familie der GRAFEN VON ARTOIS und ist als Cousin des HUON D'OISI zugleich Schüler eines der ersten Trouvères. Von ihm sind zehn Gedichte erhalten. 1189–1193 beteiligt er sich am Dritten Kreuzzug unter

König PHILIPP II. AUGUST, wovon zwei *Chansons de croisade* zeugen. Beim Vierten Kreuzzug erfüllt er bedeutende politische Missionen und wird schließlich zum Seneschall von Konstantinopel ernannt, wo er 1219 stirbt. CONON, der in einem *Joc partit* als Gesprächspartner von RAIMBAUT DE VAQUEIRAS figuriert, erfüllt eine wichtige Mittlerfunktion zwischen der okzitanischen und der nordfranzösischen Lyrik. Eine originelle Note verleiht er der traditionellen Liebestopik, wenn er in einer Kanzone der spröden Angebeteten zur Unterstützung des *Carpe diem*-Arguments ihr vom Alter entstelltes Antlitz ausmalt. Von der Problematik der Dialekte im Bereich der *langue d'oïl*, konkret vom Führungsanspruch des Französischen bzw. Champenois und der Abwertung des Pikardischen, zeugt ein um 1182 entstandenes Poem, in dem er sich heftig gegen die Verspottung seines Dialekts bei Hof zur Wehr setzt und darauf beharrt: *Encoir ne soit ma parole franchoise,/Si la puet on bien entendre en franchois* (vv. 10–11).

Von GACE BRULÉ, einem Ritter, der am Hofe der MARIE DE CHAMPAGNE nachgewiesen ist und Kontakte nach Blois und in die Bretagne besitzt, sind etwa 50 Gedichte tradiert. Bei ihm findet sich erstmals das Bild des durch einen Kuss geraubten Herzens. Er zelebriert die Liebe als irrationale *folie* und pointiert das Paradoxon des süßen Liebesleids zur Selbststilisierung eines *amant-martyr*: *Quant plus m'ocit, plus m'agree*. Die sublimierte Dauersehnsucht der Provenzalen gerät zu einer pathologischen Aporie: *Que ne puis, sanz merci trover,/Ne loinz guerir, ne pres durer.*

Bécam (1998)

GACE BRULÉ

Literatur

Der CHÂTELAIN DE COUCY ist weniger durch sein Werk als vielmehr durch die mit seinem Namen verknüpfte Herzmäre bekannt, die im Ende des 13. Jhs. entstandenen pikardischen *Roman du Chastelain de Couci et de la Dame de Fayel* niedergelegt wurde; die gleiche Geschichte verbindet sich im übrigen mit dem Trobador GUILHEM DE CABESTANH. Diese Legende besagt, dass der Dichter nach einer Verletzung während der Rückreise vom Kreuzzug stirbt. Der eifersüchtige Ehemann seiner Geliebten fängt das Herz des Verblichenen ab, reicht es ihr unerkannt als Speise, woraufhin sie stirbt. Obschon diese Legende einer historischen Grundlage entbehrt, ergibt sich aus den 15 überlieferten Gedichten des CHÂTELAIN DE COUCY eine Liebesgeschichte, in deren Kulminationspunkt die Erhörung des Liebenden mit dessen Aufbruch nach Palästina zusammenfällt. Daran knüpft sich der Konflikt, ob eher Gott oder der Dame zu dienen ist. Die Lyrik des HERRN VON COUCY zeichnet sich aus durch den zärtlichen Ton, in dem er die Geliebte als *ma bele folie* anredet, sowie durch eine innovative Metaphorik: Das Herz gleicht einem Schiff, das ohne Segel im stürmischen Meer

CHÂTELAIN DE COUCY

der Liebe treibt, und der Liebende gleicht in seinem ausweglosen Streben jenem, der die Sterne vom Himmel holen will.

Literatur Baum (1970)

Vergleich Obschon die Trouvères wichtige Anregungen aus dem Werk der Trobadors beziehen, dürfen sie doch nicht als deren servile Imitatoren betrachtet werden. Ein Vergleich verdeutlicht zahlreiche Spezifika der nordfranzösischen Dichtung. Zunächst stehen den ca. 450 Trobadors nur etwa 200 namentlich bekannte Trouvères für die Zeit zwischen 1160 und 1280 gegenüber. Da jedoch eine Vielzahl anonymer Lieder überliefert wurde, ist der Textumfang etwa gleich. Während man in den nördlichen Handschriften *razos* und *vidas* vermisst, enthalten sie dagegen mehr Melodien, wie denn auch der Norden ab Ende des 13. Jhs. entscheidende Fortschritte in der Entwicklung der Polyphonie leisten wird. Mit der wachsenden Bedeutung der Städte trägt die Dichtung der Trouvères ein eindeutig bürgerliches Gepräge mit einer klaren Präferenz für die nichthöfischen Gattungen, wodurch extreme Tendenzen wie der *trobar clus* vermieden werden.

Literatur Gruber (1983), Zink (1972/1978a und b/1987)

Frauen-lieder Eine Besonderheit der nordfranzösischen Dichtung sind die zunächst recht altertümlich wirkenden Frauenlieder. In assonierenden Zehnsilbern evozieren sie die unerfüllte Liebessehnsucht junger Mädchen, die sich nach einem fernen oder abweisenden Geliebten verzehren und das Warten mit Handarbeiten verbringen. Doch diese sog. *chansons de toile*, die z.T. auch in Erzählprosa integriert werden, sind trügerisch, denn die männlichen Autoren huldigen damit lediglich einem modischen Wunschbild von archaischer Einfachheit.

Erotik Im Gegensatz zum Ideal höfischer Liebe, das sich sowohl in den Romanen CHRÉTIENS als auch im *grand chant courtois* entfaltet, haben sich manche lyrische Gattungen auf eine äußerst derbe Erotik spezialisiert. Ganz bewusst brechen so die *pastourelles* das Paradigma sublimierter Leidenschaft, um in der Begegnung zwischen Ritter und Schäferin vor natürlicher Kulisse eine rohe Instinkthaftigkeit zu inszenieren und darüber hinaus das komische Potential des sozialen Kontrasts auszuspielen. Männerphantasien werden ebenfalls in den *chansons de mal mariée* mobilisiert. Im Mittelpunkt dieser narrativen und dialogischen Gedichte steht die in jeder Hinsicht unbefriedigte Ehefrau eines *vilain*, die dem Erzähler eindrücklich ihr Leid klagt, um schließlich von ihm getröstet zu werden. Varianten dieses Schemas präsentieren den Helden zunächst als Voyeur, der dem vertraulichen Dialog zweier Freundinnen lauscht. Formal kleidet sich die erotische Thematik

zumeist in die Gattung des *rondeaus* mit dem typischen Wechsel zwischen den vom Solisten gesungenen Couplets und dem vom Tanzchor gesungenen Refrain.

Köhler (1985), Zink (1972)

Literatur

KAPITEL Das 13. Jahrhundert

❶ Gesellschaft und Kultur

1179/80–1223	PHILIPP II. AUGUST	
1223–1226	LUDWIG VIII.	
1226–1270 1248–1254 1270	LUDWIG IX. (Saint Louis)	6. Kreuzzug 7. Kreuzzug
1270–1285	PHILIPP III.	
1285–1314	PHILIPP IV. (der Schöne)	

Bouvines

Neben der institutionellen Festigung der Zentralmacht auf Kosten des Feudaladels (s. S. 22) hat PHILIPP II. AUGUST die Position der französischen Monarchie auch territorial und damit international gestärkt. Nach der Eroberung der Normandie und des Poitou (1204) markiert die Schlacht von Bouvines am 27. Juli 1214 den wohl größten außenpolitischen Erfolg des französischen Königs. Mit Unterstützung städtischer Truppen besiegt er die vereinigten Armeen des englischen Königs JOHANN OHNELAND und des deutschen Kaisers OTTO IV. Dadurch erlangt PHILIPP II. alle englischen Territorien nördlich der Loire sowie die europäische Vorherrschaft und den Beinamen „Augustus".

Literatur

Duby (1973b)

Albigenser-kreuzzug

Die kurze Regierungszeit LUDWIGS VIII. steht unter dem Zeichen des Albigenserkreuzzugs, dessen Ende allerdings erst seine Witwe, BLANCA VON KASTILIEN, im Frieden von Paris (1229) besiegeln wird.

Vor-geschichte

Nachdem die Katharer zu Ketzern erklärt worden waren, wurden sie zunächst mit innerkirchlichen Missionierungsmaßnahmen bekämpft, deren Höhepunkt, nach dem Scheitern der Zisterzienser, die Aussendung des HL. DOMINIKUS ist (1205, s. S. 66). Die Eskalation der Problematik wurzelt darin, dass die gegen den etablierten Klerus gerichtete religiöse Sekte auch sozial- und machtpolitische Brisanz besitzt. Ihre Anhänger sind vor allem Frauen und Unterprivilegierte, die den Rückhalt des südfranzösischen Feudaladels gewinnen.

Anlass

Auslösendes Moment der kriegerischen Auseinandersetzungen ist die Ermordung des päpstlichen Legaten PIERRE DE CASTELNAU durch einen Knappen des Grafen RAIMUND VI. VON TOULOUSE, der kurz zuvor wegen Duldung der katharischen Häresie vom Papst exkommuniziert worden war. INNOZENZ III. ruft daraufhin zum Kreuzzug auf, an dem sich nordfranzösische Truppen unter der Führung von SIMON DE MONFORT beteiligen. Der zunächst unterlegene GRAF VON TOULOUSE kehrt zurück, ein Volksaufstand vertreibt die Kreuzfahrer, wobei SIMON DE MONFORT den Tod findet.

Noch als Thronfolger unternimmt der spätere LUDWIG VIII. im Jahre 1219 einen Kreuzzug nach Südfrankreich, dem 1226 ein neuerlicher Vorstoß folgt. Militärisch und politisch geschwächt wird sich RAIMUND VII. im Jahre 1229 ergeben. Nach dessen Tod (1249) fällt das Land an die französische Krone, was den Beginn der nordfranzösischen Fremdherrschaft und den Untergang der okzitanischen Kultur bedeutet. Literarisches Zeugnis der Ereignisse ist die *canso de la crozada* (s. S. 70).

LUDWIG VIII.

Wie ihre Großmutter ELEONORE VON AQUITANIEN ist auch BLANCA VON KASTILIEN (1188–1252) eine herausragende Frauengestalt des französischen Mittelalters. Als Witwe LUDWIGS VIII. übernimmt sie die Regentschaft für ihren minderjährigen Sohn LUDWIG IX. Sie nimmt nicht nur die Unterwerfung des GRAFEN VON TOULOUSE entgegen, sondern schlägt auch einen Aufstand des nordfranzösischen Feudaladels nieder. Während des Sechsten Kreuzzugs übernimmt sie erneut die Verantwortung für die französische Krone, stirbt jedoch bevor ihr Sohn aus Palästina zurückkehrt.

BLANCA

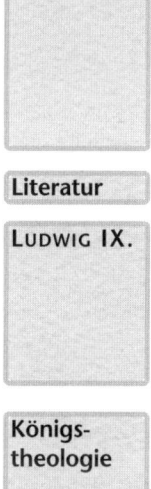

Pernoud (1991)

Literatur

So prägend ist die Gestalt dieses Monarchen, dass das 13. Jh. auch als „siècle de Saint Louis" bezeichnet wird. Nachdem seine Vorgänger die territoriale Einheit des Königreichs hergestellt haben, leistet er einen entscheidenden Beitrag zu dessen institutioneller und ideologischer Konsolidierung. Auf dieser Grundlage gewinnt er auch in Europa eine Führungsposition.

LUDWIG IX.

In der Nachfolge PHILIPPS II. AUGUSTUS verfeinert er das juristische Instrumentarium und stärkt die Verwaltungsorgane der Zentralgewalt. Darüber hinaus verleiht er dem französischen Königtum, das von jeher eine privilegierte Beziehung zum Papst unterhält, eine religiöse Aura. Dazu gehört die Legende, das heilige Salböl zur Königsweihe CHLODWIGS (496) sei von einer Taube als himmlischem Boten gebracht worden. Auch herrscht der Glaube, der französische König vermöge an seinem Krönungstag Skrofeln zu heilen, eine weit verbreitete Hauttuberkulose. Schließlich macht LUDWIG IX. KARL DEN GROSSEN zur französischen Identifikationsfigur und lässt die Königsgräber in der Abtei Saint-Denis so platzieren, dass die dynastische Kontinuität zwischen Merowingern, Karolingern und Kapetingern augenfällig wird.

Königstheologie

Kreuzzüge	Aufgrund persönlicher Frömmigkeit und enger Bindung zum Papsttum führt LUDWIG IX., der bereits im Jahre 1297 heiliggesprochen wird, zwei Kreuzzüge. Nachdem Jerusalem 1244 einmal mehr von den Moslems erobert worden war, wollte LUDWIG IX. Ägypten, die Hauptmacht des Islam, zerstören. Nach einem Sieg (Damiette 1249), gerät er bei der Niederlage von Mansura (1250) in Gefangenschaft. Als er dank eines hohen Lösegeldes freikommt, zieht er nach Palästina, wo er die letzten christlichen Besitzungen betreut und das zerstörte Akkon wiedererrichtet, bevor er 1254 in die Heimat zurückkehrt. Ein neuerlicher Vorstoß gegen die Muslime im Jahre 1270 scheitert daran, dass der französische König mit einem großen Teil seines Heers vor Tunis an einer Seuche stirbt. Diese beiden Unternehmungen des „allerchristlichsten Königs" beenden das Zeitalter der Kreuzzüge, die letzten christlichen Besitzungen fallen im Jahre 1291.
PHILIPP III.	Mit dem Tod des HL. LUDWIG geht in der Tat eine Epoche zu Ende. Ihm folgt sein schwacher Sohn PHILIPP III., der unter dem Einfluss seiner Mutter, MARGARETE VON PROVENCE, seiner Gemahlin, MARIA VON BRABANT, und vor allem seines Onkels, KARL VON ANJOU, steht. Dieser war 1265 mit Neapel und Sizilien belehnt worden und veranlasst seinen Neffen nach dem als „Sizilianische Vesper" bekannten Aufstand, die Interessen Anjous gegen Aragón zu verteidigen. Der Feldzug gegen Aragón im Jahre 1284/85 ist der erste Schritt in einer jahrhundertelangen Fehde beider Dynastien um die Vorherrschaft im westlichen Mittelmeer.
PHILIPP IV.	PHILIPP IV., dessen 30 Jahre während Regierungszeit sich auf das 13. und 14. Jh. verteilt, markiert eine Zäsur in der französischen Geschichte. Ein neuer, von skrupellosen Finanzinteressen bestimmter Geist hält Einzug in die Politik, so dass die Grundzüge seiner Herrschaft in der Einführung zum Spätmittelalter dargestellt werden sollen (s. S. 106).
Gesellschaft	Die Gesellschaft des 13. Jhs. ist von wachsender Differenzierung der bürgerlichen Schichten, von Verstädterung und Mobilität geprägt. Das Wirtschaftswachstum begünstigt steile Karrieren, bringt also *homini novis* hervor. Das Handwerk boomt, und die gesellschaftlichen Bedürfnisse lassen neue Berufe wie z. B. den des Salz- und Gewürzhändlers entstehen. Es ist ein Jahrhundert in Bewegung: Handel und Wandel florieren nicht ohne umherziehende Händler oder Fernreisende, die neue Ressourcen oder Absatzmärkte suchen. Das Prestige der Universitäten veranlasst Studenten zur Wanderschaft. Missionarischer Eifer, verbunden mit wissenschaftlicher Neugier, lässt Franziskaner bis in die Mongolei reisen. Andererseits zieht es immer mehr Menschen in die Mauern der Städte, die Sicherheit und Auskommen versprechen und

damit auch zahlreiche Entwurzelte und Außenseiter beherbergen. Viele dieser aufgeweckten Zeitgenossen finden sich in den *fabliaux* wieder (s. S. 101 ff.).

Ökonomie

Die wirtschaftliche Entwicklung verläuft so günstig, dass die Geldwirtschaft zu Ende des Jahrhunderts fest etabliert ist. Von der Dimension der Gewinne und vom Aufschwung des internationalen Geldverkehrs zeugt z. B. die Tatsache, dass Frankreich neben der Silberwährung auch eine Goldmünze, den *écu d'or*, einführt (1266). Kehrseite dieser Prosperität ist eine allgemeine Teuerung: So etwa verdreifachen sich die Getreidepreise im Verlauf der zweiten Jahrhunderthälfte. Bauern und ihre Grundherren haben Anteil an dieser Entwicklung, indem sie mit jenen Gütern spekulieren, die der gehobene Lebensstandard verlangt, z. B. Wein, Fleisch und Wolle.

Technik

Das 13. Jh. verzeichnet einige elementare technische Neuerungen, die vom wirtschaftlichen Geist des Jahrhunderts zeugen, z. B. die hydraulische Säge, die Verbreitung des Spinnrads oder die Erfindung eines Webstuhls, an dem zwei Arbeiter zugleich tätig sein können. Schleusen optimieren die Nutzung der Wasserenergie, die weit verbreitete Turmuhr revolutioniert die Zeiterfahrung, während die Militärtechnik die Perfektionierung der Armbrust fördert. Die frühe wissenschaftliche Neugier, ein aus dem Aristotelismus hervorgegangenes Interesse an der Naturerkundung, wird durch folgende Innovationen belegt: die Verwendung des Kompasses (z. B. Breitenberechnung von Paris) und die Optimierung des Quadranten, die Herstellung optischer Linsen und die Verwendung von Glas für wissenschaftliches Gerät sowie die Gründung der ersten Papiermühle im Jahre 1276, eine Investition in die Zukunft, deren Stunde um 1445 schlagen wird, als Gutenberg den Buchdruck mit beweglichen Lettern erfindet.

Umwelt

Der Fortschritt hat jedoch seinen Preis. Die Umwelt wird nachhaltig beeinträchtigt durch die stinkenden Abwässer der Gerbereien, die Lärmbelästigung der verschiedenen Mühlen sowie vor allem die Luftverschmutzung durch Eisenverhüttung, an der sich auch die Zisterzienser beteiligen, wobei ganze Wälder in der Champagne und in Burgund abgeholzt werden.

Literatur

Dinzelbacher (1993), Fumagalli (1988 und 1989)

Konzil

Zu Beginn des 13. Jhs., im Jahre 1215, markiert das 4. Laterankonzil unter Papst INNOZENZ III. eine ebenso vielschichtige wie weitreichende Weichenstellung. Debattiert werden nämlich die Bekämpfung der Häresien und das Aufkommen der Bettelorden, der Stellenwert der Universität Paris, das Beichtgebot und der Status der christlichen Ehe. Die Ehe sollte auf der gegenseitigen Einwilligung der Partner beruhen, was die väterliche Autorität eingrenzt, und der Anerkennung durch die Pfarrei bedürfen, wodurch die Familie zum Kern des christlich-sozialen Lebens wird. Das Gebot, einmal jährlich beim Gemeindepfarrer die Beichte abzulegen, stärkt nicht nur die Position der pastoralen Nahversorgung, sondern trägt auch beim einzelnen Gläubigen zur Herausbildung einer kritischen Selbstreflexivität bei.

Bettelorden

Außerhalb der Amtskirche entsteht eine neue Frömmigkeit, welche sich auf die menschlichen Aspekte des Glaubens ausrichtet, die sich insbesondere an der Muttergottes und an der Passion Christi festmachen. Vor allem die wachsende städtische Bevölkerung fordert ein spezifisches Engagement und eine neue Glaubwürdigkeit der Kirche. In diesem Kontext steht das Wirken der Ordensgründer DOMINIKUS (SANTO DOMINGO DE GUZMÁN) und FRANZISKUS (SAN FRANCESCO D' ASSISI).

Dominikaner

Der spanische Kanoniker DOMINIKUS (um 1170–1221) überzeugt die Gläubigen durch Armut und Strenge. Der Papst nutzt das missionarische Talent des Predigers und schickt ihn nach Okzitanien, um die Albigenser zur Orthodoxie zurückzuführen. Zu diesem Zweck gründet er in der Nähe von Carcassonne ein erstes Frauenkloster (Prouille, 1206). 1214 schließen sich die Missionsbrüder zusammen und geben sich 1216 eine eigene Regel. Im gleichen Jahr werden sie von Papst HONORIUS III. als Orden anerkannt. Die Dominikaner widmen sich der Predigt und haben als intellektuell-kontemplativer Orden zahlreiche große Theologen (ALBERTUS MAGNUS, THOMAS VON AQUIN) und Mystiker (MEISTER ECKEHART, SUSO, TAULER) hervorgebracht.

Inquisition

Nachdem der Predigerorden sich im Kampf gegen die Albigenser bewährt hat, wird er im Jahre 1233 vom Papst mit der Inquisition beauftragt, weshalb der Ordensname auch satirisch als „Domini canes" (Hunde des Herrn) gedeutet wird. Wer vor dem Inquisitionsgericht der Dominikaner seinem Irrglauben nicht abschwört, wird der weltlichen Gerichtsbarkeit überantwortet. Wurden Ketzer früher mit Bann oder Klosterhaft belegt, so droht ihnen nun die Todesstrafe.

Franziskaner

Nach der Absage an sein reiches Elternhaus lebt FRANZISKUS VON ASSISI (1181–1226) zunächst als Eremit und zieht dann als Wanderprediger durch die Lande. Unter dem Zeichen der Armut scharen sich Brüder um ihn und konstituieren sich als Bettelorden der Minoriten, der 1210 von INNOZENZ III. mündlich anerkannt wird. In missionarischem Eifer unternimmt FRANZISKUS 1219 eine Ägyptenreise, um den Sultan zum Christentum zu bekehren. 1224 verfasst er den *Cantico di Frate Sole*, eines der frühesten Zeugnisse italienischer (umbrischer) Dichtung, und erhält die Stigmata. CLARA,

Weggefährtin des FRANZISKUS, gründet 1212 den Orden der Clarissen, und 1221 entsteht eine franziskanische Laienorganisation, der sog. Dritte Orden. Schnell gewinnt der Orden in der Öffentlichkeit, an den Universitäten und bei LUDWIG IX. an Einfluss und provoziert damit Anfeindungen, die sich nicht zuletzt auf das fragwürdig gewordene Armutsgebot beziehen. Die Brüder, die es mit diesem wesentlichen Gelübde des Bettelordens ernst meinen, spalten sich ab und gründen die Bewegung der *fraticelli*, die der Papst im Jahre 1323 als häretisch verdammen wird.

Die freie Gemeinschaft der Lehrenden und Lernenden von Paris wird im Jahre 1215 vom päpstlichen Legaten anerkannt, mit der Bulle *Parens scientiarum* (1231) vom Papst bestätigt und erhält 1246 ihr eigenes Siegel als Zeichen der Autonomie der Universität. Der Name Sorbonne leitet sich her vom Kaplan des Königs LUDWIG IX., ROBERT DE SORBON, der im Jahre 1255 ein *collège* stiftet, das etwa 20 bedürftigen Studenten Stipendium, Logis und Bibliothek zur Verfügung stellt. Im intellektuellen Klima der Pariser Universität scheint sich der Gedanke der *translatio studii* (s. S. 19) vollendet zu verwirklichen. So jedenfalls schildert es BARTHOLOMÄUS ANGLICUS, der zur Mitte des 13. Jhs. das kosmopolitische, gebildete Paris als ein zweites Athen beschreibt (vgl. Gimpel (1975)).

Universität

Die Kenntnis des ARISTOTELES wurde vor allem durch den arabischen, in Andalusien und Marokko lebenden Philosophen AVERROËS (1126–1198) vermittelt. Von muslimischen und jüdischen Einflüssen „gereinigt", wird der Aristotelismus von den Denkern der Hochscholastik christianisiert, systematisiert und zum konsensfähigen Dogma erhoben. Für diese Leistung steht vor allem der Name des THOMAS VON AQUIN (1228–1274) und seiner *Summa theologiae*.

Hochscholastik

Doch bereits im 13. Jh. gibt es erste Tendenzen zur Überwindung der scholastischen Orthodoxie, die sich mit dem Namen ROGER BACONS verbinden (um 1214–1294). Der zwischen Oxford und Paris pendelnde Franziskaner plädiert für eine kritische Überprüfung der scholastischen Lehrautoritäten. In Abkehr vom Buchwissen wendet er sich der Mathematik und insbesondere der experimentellen Naturbetrachtung zu. Er verfasst Studien zu Akustik, Optik (Perspektivik, Regenbogen, Spiegelungsphänomene) und Astrologie, die wegen ihrer revolutionären Neuheit verurteilt werden und ihn ins Gefängnis bringen.

Überwindung

In diesem Kontext und vor allem unter dem Einfluss des Aristotelismus entsteht ein verbreitetes Interesse an objektiver Welterkenntnis, die sich in der totalisierenden Darstellung von Sachwissen niederschlägt.

Sachkunde

Bestiarien

Bislang waren die Enzyklopädien – von ISIDOR VON SEVILLA bis HUGO VON ST. VICTOR – der in der Allegorese (s. S. 27) verankerten spirituellen Bedeutung der Schöpfung verpflichtet. Zwar findet sich diese Lesart auch noch, beispielsweise in den zu Jahrhundertbeginn sich häufenden *bestiaires* (GUILLAUME LE CLERC, PIERRE DE BEAUVAIS, GERVAISE). Die Bestiarien, die auf den spätantiken *Physiologus* zurückgehen, erkennen in den Tieren Verkörperungen von Glaubensinhalten, Tugenden und Lastern.

Enzyklopädien

Allerdings beginnen sich die Wissenskompendien des 13. Jhs. von dieser theologischen Weltdeutung allmählich zu emanzipieren, um sich vermehrt der Weltbeschreibung zuzuwenden. So legt etwa BARTHOLOMÄUS ANGLICUS in seinem Werk *De proprietatibus rerum* (um 1250) besonderen Wert auf die Naturwissenschaften, deren neuesten Kenntnisstand er aus griechischen bzw. arabischen Quellen bezieht. Dogmatischer nimmt sich das breit angelegte *Speculum mundi* des VINZENZ VON BEAUVAIS aus, ein Dominikaner, der die Söhne des HL. LUDWIG unterrichtete. Vier Teile umfasst sein großer „Weltspiegel", das *Speculum doctrinale* (1250), *historiale* (1254), *naturale* (vor 1260) und *morale*, postum zu Beginn des 14. Jhs. erschienen. Neben diesen lateinischen Werken kommt dem Florentiner BRUNETTO LATINI (um 1220–1294) das Verdienst zu, die erste volkssprachliche Enzyklopädie verfasst zu haben. Als Anhänger der Welfen aus seiner Vaterstadt vertrieben, verbringt er die Jahre 1260–1266 im französischen Exil und verfasst dort das Kompendium *Li Livres dou Tresor*.

Literatur

Meier-Staubach (1984), Binkley (1997)

Reisen

Welterfahrung und Weltbild beginnen sich im 13. Jh. vor allem auch durch zunehmende Reisetätigkeit zu verändern. Auf Missions- und Handelsreisen gelangen europäische Christen in ferne Länder, über deren Sitten und Gebräuche sie mal mit märchenhaften *mirabilia* ausgeschmückt, mal mit fast ethnographischem Interesse berichten (Topos- vs. Erfahrungswissen). Der italienische Franziskaner GIOVANNI DAL PIANO DEI CARPINI (JEAN DU PLAN CARPIN, 1182–1251) missioniert von 1245–1247 in der Mongolei und berichtet darüber in seiner *Historia Mongolorum*. Zehn Jahre später (1254) wird WILHELM VAN RUBROEK (1220–nach 1293), ein flämischer Franziskaner, der sich auch am Kreuzzug LUDWIGS IX. beteiligt, von diesem auf Missionsreise zum Khan der Mongolen ausgesandt. Auch er legt von seinen Erfahrungen Zeugnis ab in dem völkerkundlich äußerst informativen *Itinerarium Wilhelmi de Rubruk ad partes orientales*. An der Wende vom 13. zum 14. Jh. entsteht schließlich der volkssprachliche Bericht des venezianischen Händlers MARCO POLO (1254–1324) über seine Reisen in den Orient. *Li divisament dou monde*, bekannter unter dem Kurztitel *Il*

Milione, ist in einem frankoitalienischen Dialekt verfasst und orientiert sich am Vorbild BRUNETTO LATINIS. Bemerkenswert ist hier der Versuch, das Fremde aus einer Innenperspektive wahrzunehmen.

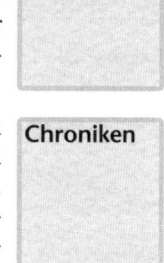

Im Rahmen der Texte, die sich Fragen der Lebenspraxis widmen (pragmatische Schriftlichkeit), kommt schließlich auch den Chroniken ein bedeutender Platz zu, die im Verlauf des 13. Jhs. nicht mehr nur im gelehrten Latein, sondern auch in der Volkssprache abgefasst werden. Bedeutsam ist in dieser Hinsicht die Tatsache, dass die in der Abtei von Saint-Denis verfassten *Grandes chroniques de France* seit 1274 auch ins Französische übersetzt und ab 1350 ausschließlich in der Volkssprache geschrieben werden.

Chroniken

Die ersten französischen Chronisten sind Zeitzeugen bedeutender historischer Ereignisse, angefangen bei ROBERT DE CLARI und GEOFFROY DE VILLEHARDOUIN, die aus unterschiedlicher Perspektive – der eine als einfacher Ritter, der andere als Marschall des lateinischen Reichs von Konstantinopel – die Begebenheiten des Vierten Kreuzzugs (1202–1204) berichten. Als Historiograph des HL. LUDWIG nimmt JEAN DE JOINVILLE (1225–1317), Seneschall der Champagne, eine herausgehobene Stellung ein. JOINVILLE, der den um zehn Jahre älteren Monarchen auf dem 6. Kreuzzug begleitet, überredet seinen Herrn in arabischer Gefangenschaft, so lange im Heiligen Land zu verweilen, bis die letzten christlichen Gefangenen befreit sind. Diese Erfahrungen notiert JOINVILLE im Jahre 1274, nach dem Tod des Herrschers während des 7. Kreuzzugs, an dem er selbst nicht teilnimmt. Nachdem sein Zeugnis wesentlich zur Heiligsprechung des Monarchen beigetragen hat, beauftragt ihn dessen Schwiegertochter, JOHANNA VON NAVARRA, mit der Abfassung einer ausführlichen Vita. Die *Vie de Saint Louis* (1309) gerät zu einem sehr persönlichen, emotional gefärbten Dokument, das über Ereignis- wie Mentalitätsgeschichte des *siècle de Saint Louis* wertvolle Aufschlüsse gibt.

Memoria-listen

Nicht nur im Bereich des „Sachbuchs", sondern auch in der „Belletristik" bedeutet das 13. Jh. den Siegeszug der Prosa. Sie entspricht einem Anspruch auf intellektuelle Transparenz und Kommunikabilität. BRUNETTO LATINI unterscheidet diesbezüglich in seinem *Livres dou Tresor* (III, 10) zwischen dem „Hauptweg" der Prosa und dem schmalen „Nebenweg" der Lyrik

Prosa

M. Bloch (1982), Delort (1982), Ehlers (1987), Favier (1989), Fossier (1984), Le Goff (1962 und 1993), *Nouvelle histoire de la France médiévale* (1990), Sivéry (1983), Vauchez (1975), Verger (1997)

Literatur

2 Literatur

Exkurs: Die Literatur der *langue d'oc*

Niedergang

Die Albigenserkreuzzüge und das nordfranzösische Regiment besiegeln den Untergang der altokzitanischen Kultur und Literatur. Unter dem Zeichen der Glaubenskriege steht die Mehrzahl der letzten bedeutenden Textzeugnisse.

Canso de la crozada

Das Epos über den Albigenserkreuzzug, *Canso de la crozada*, das sich am Vorbild der *Chanson d'Antioche* (s. S. 38) orientiert, stammt von zwei Verfassern, die pikanterweise die beiden gegnerischen Lager vertreten, soweit aus dem Inhalt des Liedes zu schließen ist. Das in nahezu unmittelbarer Zeitgenossenschaft zu den Ereignissen verfasste Epos erfüllt mithin auch propagandistische Funktion. WILHELM VON TUDELA, ein gebürtiger Navarrer und Parteigänger der nordfranzösischen Kreuzritter, beginnt mit dem Bericht der Ereignisse von 1209 bis zum Kriegseintritt PETERS VON ARAGÓN im Jahre 1213. Selbstbewusst tritt der „clerc jongleur" als Historiograph und kommentierender Erzähler in Erscheinung, um die Katharer hart zu verurteilen. Etwa fünf Jahre nach Abbruch des Manuskripts setzt ein anonymer Autor, der dem GRAFEN VON TOULOUSE nahe steht, das Epos fort. Die Darstellung der historischen Geschehnisse endet jeweils, sobald der Zeitpunkt der Erzählgegenwart erreicht ist (1213 bzw. 1219).

Literatur

Baumgartner (1978), Boutet/Strubel (1978 und 1979) Struss (1987)

Trobadors

Der Glaubenskrieg und der Machtkampf zwischen Norden und Süden wirken sich nachhaltig auf die lyrische Produktion aus. Die Verfolgung des mit den Katharern sympathisierenden Adels zerstört das Mäzenatentum und zwingt manchen Trobador, wie z. B. RAIMON DE MIRAVAL, ins Exil. Inhaltlich lässt sich die ideologische Spaltung an zwei gegenläufigen Entwicklungen erkennen: Die „rechtgläubigen" Sieger des Kreuzzugs pflegen unter dem Einfluss der Dominikaner eine Marienlyrik, die sich der rhetorischen Figuren der Liebeslyrik bedient und die Muttergottes an die Stelle der verehrten Dame setzt. Die unterlegenen Anhänger der Albigenser verfassen dagegen eine sehr satirische, politische Dichtung. Ihre Polemik, die sich vor allem des *sirventes* und des *planh* bedient (s. S. 56 f.), beklagt die Zerstörung des Südens durch die Nordfranzosen, richtet sich gegen den entmutigten okzitanischen Adel oder den etablierten Klerus.

Jaufré

Der anonyme, 10.956 Verse umfassende *Roman de Jaufré* ist der einzige Artusroman in okzitanischer Sprache, der sich hinsichtlich der Figuren wie der Handlungsmuster eng an das Vorbild

CHRÉTIENS anlehnt. Die auffälligen Unterschiede zwischen dem unstrukturierten ersten und dem durchkomponierten zweiten Teil legen nahe, dass es sich um zwei verschiedene Autoren handelt, wobei der Einschnitt durch den Lobpreis des KÖNIGS VON ARAGÓN in den Versen 2616–1630 markiert wird, der zusammen mit sprachlichen Merkmalen auf einen katalanischen bzw. südokzitanischen Entstehungshorizont verweist. Die wiederholte Ironisierung von bekannten Stereotypen der Artusepik legt die Vermutung nahe, dass im Spektrum der Datierungsvorschläge (1170–1228) eine Entstehungszeit um 1225 am plausibelsten erscheint. Herzzerreißende Liebesszenen und phantastische Horrorepisoden verleihen dem Roman dramatische Akzente.

Zwischen 1240 und 1250 entsteht der mehr als 8000 Verse umfassende, unvollendete Roman *Flamenca*, der die Bestrafung eines eifersüchtigen Ehemanns zum Thema hat. Der Sieg der außerehelichen Liebe stellt einen letzten Abglanz der früheren höfischen Erotik dar.

Flamenca

Baumgartner (1978), Lejeune (1979)

Literatur

Die Literatur der *langue d'oïl*

In den ersten Jahrzehnten des 13. Jhs. verläuft die literarische Entwicklung weitgehend in traditionellen Bahnen. Um 1225 beginnen sich in Epik und Lyrik neue Tendenzen abzuzeichnen. Die aufs äußerste spiritualisierten Fortsetzungen der Gralsromane versiegen allmählich und neben dem realistischen Abenteuerroman, der sich wachsender Beliebtheit erfreut, entsteht als dessen Gegenteil der allegorische Roman. In Gestalt des *dit*, einer gesprochenen, von persönlichem Erleben geprägten Dichtung, beginnt sich die Lyrik von der Musik zu lösen. Das Theater emanzipiert sich von seinen liturgischen Anfängen und beweist seine Entfaltungsmöglichkeiten durch einen erstaunlichen Formenreichtum, der Mirakel, *farce* und *chantefable* umfasst. Besonders populär sind die *fabliaux*, schwankhaft-derbe Verserzählungen. Grundsätzlich besitzt die Literatur des „siècle de Saint Louis" ein bisher unbekanntes Maß an Individualität und Subjektivität. Neben den Höfen wachsen die Städte zu kulturellen Zentren heran, die der Literatur des 13. Jhs. ihren Stempel aufdrücken.

Hülk (1999), Zink (1985)

Literatur

Im gesellschaftlichen Milieu der nordfranzösischen Stadt Arras entfaltet sich das Werk JEAN BODELS und vieler anderer Autoren. Neben dem Hof der Champagne ist das von ökonomischer Prosperität und bürgerlicher Kulturförderung geprägte Arras das be-

Arras

deutendste literarische Zentrum des 13. Jhs. Zwei Institutionen prägen das literarische Schaffen in der Stadt: Zum einen die sog. *carité* oder auch *Confrérie des Ardents*, die ihren Namen einer wundertätigen Kerze verdankt, welche angeblich das „mal des ardents", das im Mittelalter verbreitete und gefürchtete „Antoniusfeuer", zu heilen vermochte. In diesem den Gilden nachempfundenen Verein sind professionelle „Literaturschaffende", *jongleurs* und *ménestrels*, sowie sonstige Bürger zusammengeschlossen. Abgesehen von einem alljährlichen Gelage organisiert er Rezitationen, Konzerte und Theateraufführungen. Zum anderen existiert der wenig erforschte *puy*, der sich aus vergleichbaren Kreisen rekrutiert, aber doch exklusiveren Charakter besitzt und auch Amateuren sowie zahlreichen korrespondierenden Mitgliedern offen steht. Unter dem Vorsitz eines *prince*, der aus dem Bürgerpatriziat stammt, werden *jeux-partis* und Dichtungswettbewerbe veranstaltet, an denen sich sogar PRINZ EDUARD VON ENGLAND und HERZOG KARL VON ANJOU beteiligen. Das äußerst fruchtbare Zusammenwirken von Geselligkeit und Literatur endet mit dem Niedergang der beiden Vereinigungen im letzten Viertel des 13. Jhs.

Literatur | *Arras au Moyen Âge* (1994), R. Berger (1981), Ungureanu (1955)

 Autorenporträt JEAN BODEL

Würdigung | Die eindrucksvollste und facettenreichste Künstlerpersönlichkeit an der Wende vom 12. zum 13. Jh. ist unzweifelhaft Jean Bodel, der an dieser Stelle vorgestellt werden soll, obgleich die von ihm praktizierten Gattungen erst später im einzelnen erläutert werden. Innerhalb der bürgerlichen Literatur beherrscht Bodel sämtliche Stilregister, pflegt außer dem höfischen Roman alle Gattungen und setzt in ihnen allen neue Maßstäbe. Um 1165 in der Picardie – vermutlich in der Gegend von Amiens – geboren, zog er in seiner Jugend möglicherweise als Lehrling (*serjant*) eines erfahrenen Jongleurs durch die Lande, bevor er sich in Arras niederließ. Dort ist er als Mitglied der *Confrérie des Ardents* im Rang eines Herolds nachgewiesen. In deren Nekrolog ist für das Jahr 1209 auch sein Tod in dem von der Bürgerschaft der Stadt unterhaltenen Leprosorium, d. h. einem Heim für Aussätzige, verzeichnet. Obwohl von einem Studium nichts bekannt ist, lässt sich aus seinem Werk schließen, dass er über eine respektable Bildung verfügte.

Literatur | Brody (1974), Foulon (1958), Jacob-Hugon (1998), Ruelle (1965)

Theater | Mit dem *Jeu de Saint Nicolas*, das am Abend des 5. Dezember 1201 uraufgeführt wurde, hat Bodel das älteste französische Mirakelspiel geschrieben. Es markiert zugleich einen entscheidenden Schritt bei der Emanzipation des Theaters vom Gottesdienst, denn die fromme Thematik erhält durch die Taverne als Nebenschauplatz einen recht profanen Kontext. Generell weist das Heiligenspiel aufgrund seiner epischen, liturgischen und realistischen Elemente ein hohes Maß an Heterogenität auf: Hagiographie, Kreuzzugsepik und burleske Schauspieltradition sind die Quellen, aus denen das Nikolausspiel sich speist, das im übrigen mit lateinischen Schulspielen verwandt ist. Die Handlung entfaltet sich über 1540 Verse, in denen Bodel Achtsilber und Alexandriner mischt. Der einzige christliche Überlebende einer Schlacht gegen die Heiden wird betend vor einer Nikolausstatue gefunden, die die Macht besitzt, Schätze zu hüten bzw. zurückzubringen. Um die Zauberkraft des Heiligen auf die Probe zu stellen, überlässt der heidnische Herrscher ihm den Schutz seines Staatsschatzes, der prompt gestohlen wird. Zum Tode verurteilt, betet der Christ zum Heiligen Nikolaus und wird erhört: Der Heilige bemüht sich selbst in die Taverne, um dort das Diebesgut aufzustöbern, der Christ wird begnadigt, der Heidenkönig und seine Emire lassen sich taufen. Mit einem solch überwältigenden Erfolg für die christliche Sache endet dieses Exempel für das unerschütterliche Vertrauen in Gott und die Heiligen, als das es im Prolog ausgewiesen ist. Daneben gewinnen jedoch die liebevoll ausgestalteten Kneipenszenen mit ihrem Gelichter aus Dieben, Zockern und Huren, die übrigens Argot sprechen (Erstbeleg), ein ganz eigenes Gewicht. Dieses derb-realistische Element und die reichlich zweckorientierte Frömmigkeit ergeben zusammen ein *mixtum compositum*, das nach Erich Köhler das Besitzdenken und den Optimismus des städtischen Bürgertums zum Ausdruck bringt, das Adressat und, über die *Confréries*, auch Träger dieses Theaters ist.

Arens (1986), Vincent (1954)

Literatur

Epik

In *La chanson des Saisnes*, gewidmet den Sachsenkriegen KARLS DES GROSSEN, hat JEAN BODEL nicht nur die bedeutsame Unterscheidung der drei Stoffkreise – *matière de Rome, de Bretagne, de France* – getroffen (s. S. 29), sondern selbst zu letzterer beigetragen und das schon etwas angestaubte Genre der *chanson de geste* erneuert. In zwei Fassungen unterschiedlicher Länge überliefert, beutet das in Alexandrinern verfasste Epos einmal mehr das Unterhaltungspotential von Krieg und Liebe aus. In ideologischer Hinsicht lassen sich einige zeitspezifische Akzentuierungen beobachten. So unterstreicht Bodel die Bedeutung der Städte und ihrer Truppen oder stellt den Verdienstadel über den Geburtsadel. Im Prolog zu seinem Epos (vv. 25–32) polemisiert er, getreu einem gängigen Topos, gegen die inkompetenten Jongleurs, die ihren Gesang noch mit altertümlichen Leiern begleiten, sowie gegen das niedere

Genre der *fabliaux*, zu dem er doch selbst mehrere Texte beigesteuert hat.

Literatur Brasseur (1990)

fabliaux Neben einer Tierfabel im Stil Aesops, *Le loup et l'oie*, verdanken wir BODEL acht *fabliaux*, deren Liste er in *Les deus chevaus* aufzählt: *Le Vilain de Farbu* (bzw. *Le Morteruel*), *Le vilain de Bailluel*, *Gombert et les deus clers*, *Brunain la vache au prestre*, *Le Souhait des Vez* (bzw. *Le songe des vits*), *Le convoiteus et l'envieus* (bzw. *Les deus envieus*), *Barat et Haimet* und schließlich *Les deus chevaus*. Mit Ausnahme des spektakulären erotischen Wunschtraums, der im übrigen einer mittellateinischen Vorlage, der *Alda* des GUILLAUME DE BLOIS (12. Jh.) folgt, sind seine Geschichten eher harmlos, mit gelegentlicher Tendenz zum moralisierenden „Exemplum" über Neid und Begierde. Abgesehen von dem üblichen Frauenschimpf sind in seinen *fabliaux* antiklerikale Akzente sowie eine positivere Darstellung der ländlichen Bevölkerung zu vermerken. Souveränen Umgang mit den Gattungskonventionen beweist er durch seine ironische Distanz gegenüber dem Wahrheitsanspruch der *fabliaux* (*Le vilain de Bailleul*). Zur Gattung des *fabliau* s. S. 101.

Literatur Merl (1972)

Lyrik Von Bodel sind fünf *pastourelles* samt Melodien erhalten, die zu den ersten Beispielen dieser Gattung im Bereich der *langue d'oïl* gehören. Abgesehen von der spezifischen Thematik – der erotischen Begegnung eines Ritters mit einem Bauernmädchen – besitzt eine dieser Dichtungen einen politischen Gehalt, insofern der Bürger von Arras hier gegen Franzosen und Flamen polemisiert (*Contre le douz tans novel*). Sein bedeutendstes lyrisches Werk ist jedoch der um 1202 entstandene *Congé*, in dem Bodel, an Lepra erkrankt, von der Welt Abschied nimmt. Das ernste Gedicht weist eine außergewöhnliche Form auf, die auf die *Vers de la Mort* (1194–1197) des Zisterziensers HÉLINAND zurückgeht, nämlich 45 Strophen zu je 12 Achtsilbern (= 540 Verse) mit dem Reimschema aabaabbbabba, die sog. „Hélinand-Strophe". Als Muse ruft Bodel die allegorische Figur der *Pitié* an, um sich dann von 50 namentlich genannten Freunden zu verabschieden, wobei sich Dankbarkeit und Trauer um die vergangenen gemeinsamen Freuden mit einem materiellen Interesse verbinden, bittet er sie doch, ihm durch eine Kollekte ein Bett im Leprosorium zu finanzieren. Von starken Emotionen geprägt – Scham ob des Aussatzes, den er so lange als möglich verborgen hat, Schmerz und Wut –, weicht die Auflehnung gegen das grausame Schicksal letztlich dem Bewusstsein, dass Gott die Krankheit als Sühne über den Sünder verhängt hat, der abschließend den Beistand der Heiligen Jungfrau und die Gnade Gottes erfleht.

Als Vorlage dieses Abgesangs mögen ihm ein anonymes provenzalisches Gedicht sowie eine Psalmenparaphrase gedient haben, die GAUTIER DE CHÂTILLON ebenfalls beim Eintritt in ein Leprosorium verfasst hat. Jean Bodel hat seinerseits die Gattungstradition der *Congés d'Arras* begründet. In der gleichen Situation wie Bodel schreibt der ansonsten unbekannte Dichter BAUDE FASTOUL um 1272 seine *Congés* (696 Verse), während ADAM DE LA HALLE um 1276 bei guter Gesundheit von der Vaterstadt Arras, die er mit einigem Schimpf bedenkt, Abschied nimmt (156 Verse). Zwei Jahrhunderte später wird FRANÇOIS VILLONS *Testament* die Tradition der *Congés* zum Abschluss bringen (s. S. 127).

Jacob-Hugon (1998), Ruelle (1965), Zink (1985)

Literatur

1 Lyrik

Im Hinblick auf die Lyrik ist das 13. Jh. eine Übergangsepoche. Zu Beginn des Jhs. koexistieren zwei Tendenzen: Neben die höfische Dichtung, die bereits Anzeichen dekadenter Überfeinerung aufweist, tritt eine bürgerliche Dichtkunst, zu deren Vertretern die Arrageois JEAN BODEL und ADAM DE LA HALLE zählen. Liebeslyrik wie religiöse Dichtung bedienen sich gleichermaßen der im *Roman de la Rose* exemplifizierten allegorischen Verfahren (s. S. 97). Die zweite Jahrhunderthälfte wird von der singulären Erscheinung RUTEBEUFS beherrscht, der neben einer äußerst polemischen und zeitkritischen Gelegenheitslyrik realistische Schilderungen seiner eigenen Misere als Auftragsdichter verfasst. Mit seiner unkonventionellen Stimme trägt RUTEBEUF wesentlich zur Erneuerung des Lyrikkonzepts und der lyrischen Formensprache bei. Die Dichtung gewinnt eine persönlichere Prägung und gerät in der zweiten Hälfte des Jhs., bei ADAM DE LA HALLE und RUTEBEUF, zu einem wahrhaften „roman du moi autour de fausses confidences" (Zink). Schließlich behauptet sich im Verlauf des Jhs. eine neue Gattung, der *dit*, der nicht wie die bisherige Lyrik gesungen, sondern gesprochen wird, erstes Anzeichen der Trennung von Dichtkunst und Musik, die am Ende des 14. Jhs. abgeschlossen sein wird.

Tendenzen

Zink (1992a), Zumthor (1972)

Literatur

Zunächst soll das Fortleben der höfischen Tradition am Beispiel eines der letzten und zugleich größten Trouvères veranschaulicht werden, THIBAUT IV. DE CHAMPAGNE (1201–1253), Enkel der CHRÉTIEN-Mäzenin MARIE DE CHAMPAGNE. Trotz nachteiliger Gerüchte um seine Person (er soll LUDWIG VIII. vergiftet und mit dessen Gattin, BLANCA VON KASTILIEN, eine Liaison unterhalten haben), wird er 1239 mit der Leitung des Kreuzzugs betraut, des-

THIBAUT DE CHAMPAGNE

sen Teilnehmer sich bald in Streitigkeiten zerreiben. Die kirchlichen Autoritäten muss er durch eine Bußwallfahrt nach Rom versöhnen (1248), fünf Jahre später stirbt er in Pamplona.

Bedeutung

Der Graf, der das Dichten als Zeitvertreib betrieb, genoss die Achtung der professionellen Poeten, mit denen er Dialoggedichte verfasste. Die Wertschätzung seiner Zeitgenossen kommt auch in der großen Anzahl von Handschriften zum Ausdruck, in denen sein etwa 60 Gedichte umfassendes Œuvre überliefert ist. Größtenteils handelt es sich dabei um *Chansons*, in denen er die vorhandenen Topoi zum Lob der angebeteten Dame virtuos arrangiert. So verwendet er in dem Gedicht *Ausi conme unicorne sui*, wie RICHARD DE FOURNIVAL, das allegorische Potential der Bestiarien. Des weiteren entfaltet er im Anschluss an den *Roman de la Rose* die Allegorie des Liebesgefängnisses, in dem sein Herz eingeschlossen ist, bewacht von *Biau Semblant*, *Biauté* und *Dangier*, die der Liebende jedoch durch *Humilité* und *Patience* zu erweichen hofft. In knapp zehn *jeux-partis* hat THIBAUT die üblichen Fragen der erotischen Kasuistik erörtert, denen er gelegentlich eine ironische Wendung verleiht: Macht eher *courtoisie* oder Schönheit eine Frau liebenswert? Welche Alternative ist vorzuziehen: Die Geliebte küssen zu dürfen, aber nur bei Dunkelheit, oder sie nicht berühren, dafür aber sehen dürfen? Daneben hat er auch religiöse Dichtungen verfasst: ein erbauliches *sirventes*, drei Kreuzzugslieder und vier Marienlieder. In einem seiner Gedichte wendet er sich ausdrücklich von der irdischen Liebe ab, denn ein jedes Ding habe seine Zeit.

Literatur

Bellenger/Quéruel (1987), Grossel (1994), Pensom (1988)

COLIN MUSET

Hinter dem beziehungsreichen Pseudonym, das Assoziationen zur Muse wie zum Dudelsack weckt, verbirgt sich ein ansonsten unbekannter Jongleur, dessen ca. 15 Lieder in sieben Manuskripten erhalten sind. Der um 1230 tätige Autor aus der östlichen Champagne ist insofern bemerkenswert, als er den Rahmen der höfischen Liebeslyrik hin und wieder aufbricht, um den Blick auf die Alltagswelt zu lenken: Essen, Trinken und andere Sinnesfreuden werden bei ihm ebenso thematisiert wie der Geiz des Publikums oder der Streit mit seiner Ehefrau. Aus diesen Elementen konfiguriert sich wenn nicht eine authentische Person, so doch eine sehr persönlich wirkende Rolle, die sich in den zeitgenössischen Trend zu einer individuelleren Lyrik einschreibt.

Le dit

Als große Neuerung tritt im 13. Jh. ein Gegenmodell zum *grand chant courtois* auf den Plan: der *dit*, dem die entscheidende Rolle bei der für das Spätmittelalter relevanten Neuordnung der lyrischen Gattungen zukommen wird. Inhaltlich bevorzugt er das Persönliche gegenüber dem Allgemeinen, formal handelt es sich um eine äußerst flexible bzw. uneinheitliche Gattung von unbestimmtem Versumfang. Der zwischen 1220 und 1250 inflationär gebrauchte, wenig präzise Gattungsbegriff bezeichnet kürzere Dichtungen didaktischer Intention, die vom allegorisch-moralischen über das satirische Poem bis zum *Congé* oder dem dramatischen Monolog (Mimus) reichen. Während Paul Zumthor ein rein formales Kriterium zur Definition heranzieht – „texte uniquement ou principalement lyrique transmis par la voix sans soutien ni accompagnement mélodique" (Zumthor (1972), S. 406) –, stützt sich Michel Zink auf den Inhalt und sieht den *dit* dadurch definiert, „daß hier das Ich sich den anderen Menschen und der Welt gegenüber offen zu erkennen gibt" (Zink, in: Janik (1987), S. 105). Die vorgeblichen Erlebnisse eines persönlich konturierten Ichs werden in narrativem Gestus und unter Rückgriff auf diskursive Elemente der Trouvères-Dichtung mit Realitätspartikeln angereichert.

Der *dit* schildert beispielsweise die konkreten Umstände, die zur Entstehung einer individuellen Liebe beitragen, deren Ausdruck jedoch dem *chant courtois* überlassen bleibt. Gegen die Tyrannei der Melodie und der Strophengliederung setzt der *dit* eine relativ freie Form, die sich auch zu Makrostrukturen ausweiten kann, in denen ein erzählender Rahmen mit lyrischen Gedichten durchsetzt wird und dadurch eine Tendenz zum *recueil*, zur durchkomponierten Lyriksammlung aufweist.

Inhalt

Léonard (1996), Ribémont (1990), Zink (1987), Zumthor (1972) **Literatur**

Charkterisierung von *chant* und *dit*			
chant gesungen	Verallgemeinerung Abstraktion	Liebespsychologie Innenwelt	Idealisierung
dit gesprochen	Individualität Konkretion	Liebesgeschichte Außenwelt	Satire

RUTEBEUF, der um 1250–1280 tätig ist, nimmt mit seinen realistischen Klagegedichten und seiner großen moralistischen Zeitkritik einen einmaligen Platz in der französischen Literatur des 13. Jhs. ein. Das vieldeutige Pseudonym charakterisiert treffend diesen dezidiert antihöfischen Poeten, der die Liebe aus seinem Themenkatalog gestrichen hat.

RUTEBEUF

Ursprünglich aus der Champagne stammend, siedelt sich RUTEBEUF als *ménestrel* in Paris an, d. h. als studierter Auftragsdichter und Unterhaltungskünstler. Er gehört somit dem „akademischen Proletariat" an und führt eine prekäre Existenz, von der die sog. *Poèmes de l'infortune* beredtes Zeugnis ablegen. Neben diesem Textkorpus sind weitere Themengruppen auszumachen, nämlich

Biographie

seine Polemik gegen die Bettelorden, seine Kreuzzugsdichtung und seine moralisch-satirischen Werke.

Kritik an Bettelorden

Im Verlauf des 13. Jhs. gewinnen die Bettelorden (s. S. 66) mit Unterstützung des Papstes INNOZENZ III. und seiner Nachfolger sowie des französischen Königs LUDWIG IX. in den Städten an Terrain, wo sie insbesondere beim Volk Anklang finden und den Gemeindepfarrern Konkurrenz machen. Als Jongleur ist auch RUTEBEUF in zweifacher Hinsicht von der neuen Frömmigkeitsbewegung betroffen, denn einerseits predigen die Mönche moralische Strenge und verderben dem Unterhaltungskünstler mit diesem Austeritätsprogramm das Geschäft, andererseits geraten die Bettelorden zur Konkurrenz um das Wohlwollen potentieller Geldgeber. Grund genug also, bei jeder sich bietenden Gelegenheit gegen die neuen Orden Stellung zu beziehen und – wenn nicht im Auftrag, so doch im Interesse des GUILLAUME DE SAINT-AMOUR – auch in den Pariser Universitätsstreit einzugreifen, der sich an der Besetzung theologischer Lehrstühle mit Dominikanern und Franziskanern entzündet.

Beispiele

Zu nennen sind u. a. der *Dit des cordeliers* anlässlich der Niederlassung der Franziskaner in Troyes (1249) und der *Dit de l'Université* (1250). Auch vor den Autoritäten, die den Mönchen immer mehr Macht verleihen, schreckt RUTEBEUF nicht zurück, sondern richtet satirische *dits* gegen Papst und König. Vom konkreten Motiv weiten sich die kirchenpolitischen *dits* zu einer allgemeinen Sittenkritik aus, so in der *Bataille des Vices contre les Vertus* oder in dem *Dit de l'Hypocrisie*, der die Hauptsünde der Bettelmönche geißelt, die unter dem Anschein von Armut und Demut – „l'habit ne fait pas le moine" – tatsächlich von Machthunger und Geldgier besessen seien. Als sich allerdings die Reformorden definitiv behaupten, schwenkt RUTEBEUF um und verfasst nunmehr religiöse Texte wie das *Miracle de Théophile*. In dem Protagonisten, der mit dem Schicksal hadert, in die Irre geht und sich letztlich bekehrt, wollen manche Kritiker ein Selbstporträt des Autors erkennen.

Aufruf zum Kreuzzug

Mit drei Gedichten aus den Jahren 1266 bis 1269 engagiert sich RUTEBEUF denn auch für die Kreuzzüge und erweist sich dabei als militanter Konservativer, der an die alten ritterlichen Tugenden des Adels appelliert.

Complainte

Dies wird vor allem deutlich in der an den hohen Adel gerichteten *Complainte d'Outre-Mer* (174 Verse), in der er die Verzögerung des Kreuzzugs als sträflichen Verrat am Erlöser beklagt und in der Rolle des strengen Predigers zum Aufbruch mahnt. Könige, Grafen und Fürsten sollen dem Beispiel ihrer Vorfahren folgen, die, wie GOTTFRIED VON BOUILLON, als hehres Exempel namentlich genannt werden und das Heilige Land retten, um sich so einen Platz im Himmlischen Jerusalem zu erobern. Neben den Rittern, die ihren Kampfesmut bei Turnieren verschwenden, greift RUTEBEUF auch Angehörige des geistlichen Standes an – *Ahi! Grant cler, grant provandier* (v. 109) –, die sich auf ihren Pfründen ausruhen. In emphatischer Sprache und unter Verwendung von Bibelzitaten ruft er dazu auf, um Christi, des Heiligen Landes und des eigenen Seelenheils willen alle materiellen Interessen aufzugeben und das Kreuz zu nehmen. Im Exordium (vv. 1–12) bezieht sich RUTEBEUF übrigens auf die Funktion der Literatur, konkret der *Chansons de geste* und der Kreuzzugsepik, die, von den Adligen lediglich zur Unterhaltung konsumiert, als moralisches Vorbild rezipiert werden sollte.

Li diz de la Voie de Tunes (104 Verse) konzentriert sich auf den Appellcharakter, der dem Vorbild des französischen Königs innewohnt, der wiederum auf Christkönig verweist (vv. 77–80). Wenn LUDWIG IX. und mehrere namhafte Angehörige des Hochadels das Kreuz nehmen, so sollen dies auch *vauvaseur* und *bacheleir* tun (v. 22) und ihr körperliches Wohl der ewigen Seligkeit opfern. Die Sprache der Quartette ist konziser, aber nicht weniger aufrüttelnd als die der *Complainte*, wie die Eingangsverse beweisen: *De courroux et d'anui, de pleur et d'amisitié / Est toute la matière dont je tras mon ditié* (vv. 1–2).

La Voie de Tunes

Die direkte Ansprache des Dichters und Predigers weicht in der *Desputizons dou Croisié et dou Descroizié* (236 Verse) einer anderen, rhetorisch womöglich wirksameren Strategie, indem er das Streitgespräch zweier Ritter referiert, das er, der narrativen Einleitung zufolge, hinter einer Hecke verborgen im Garten eines Herrenhauses belauscht zu haben vorgibt. In Rede und Gegenrede, die jeweils zwei Strophen umfassen, werden nach den Regeln scholastischer Disputation Pro und Contra vorgetragen. Der Gegner des Kreuzzugsgedankens verleugnet den Tugendkatalog des Adels und vertritt die bürgerliche Ideologie seiner Zeitgenossen. Für ihn zählen materielle Argumente wie das Wohl seiner Familie, sein Haus und sein Grundbesitz, der friedliche Genuss seiner irdischen Güter und das gesellige Zusammenleben mit seinen Nachbarn. Im übrigen verweist er auf die Trägheit und Heuchelei des geistlichen Standes. RUTEBEUF entlarvt diese Position geschickt als hedonistischen Egoismus, über den das kämpferische christliche Ideal obsiegt. Die spirituellen Werte und die Überlegung, in Anbetracht eines ohnehin sicheren Todes den verheißungsvolleren, weil ewige Seligkeit sichernden Tod im Heiligen Land zu suchen, überzeugen den trägen Ritter schließlich. Um seiner Seele und der himmlischen Freude willen ist er bereit, Gott das zu zahlen, was er ihm schuldet, d. h. seine irdischen Güter zu opfern und umgehend das Kreuz zu nehmen.

Desputizons

Zeitkritik	Auch unabhängig von derlei konkreten Anlässen übt RUTEBEUF in moralisch-satirischen Dichtungen wie *La Voie de Paradis, Dit d'Hypocrisie, L'Etat du monde* und *Renart le Bestourné* (s. S. 100) grundsätzliche Kritik am Stand der Welt, der von der Willkür Fortunas bestimmt wird. Der gesellschaftliche Außenseiter, der er als Jongleur nun einmal ist, erweist sich auch hier angesichts eines von Bürgertum und Kommerz geprägten Gesellschaftswandels als Verfechter altadeliger Werte. Ritterlichkeit und Mut, Ehre und Gerechtigkeit, Freigebigkeit und christliche Nächstenliebe seien zunichte, während die Laster des materiellen Interesses, Neid, Geiz, Egoismus und Aufstiegsdenken, triumphieren. In seiner Bearbeitung des Renart-Stoffes bringt er die Umkehrung aller Werte auf den Punkt, denn der Fuchs hat als Berater des Königs, d. h. des Löwen namens Noble, gemeinsam mit anderen heimtückischen oder dummen Tieren den Herrscher besiegt, *Et Renars regne!* (v. 3) Der Untergang der Feudalordnung spiegelt sich in RUTEBEUFS pessimistischem Weltbild, das apokalyptische Züge aufweist.
Realismus	Der realistische RUTEBEUF zeigt sich vor allem in den sog. *Poèmes de l'infortune*, zu denen *Mariage Rutebeuf, Complainte Rutebeuf* und *Pauvreté Rutebeuf* zählen. Jenseits der geläufigen Topoi vom armen Jongleur manifestiert sich hier eine Misere, die nicht nur materieller Natur ist, sondern auf die Problematik seiner sozialen und ideologischen Position verweist, samt deren psychologischen Implikationen. Die widersprüchlichen Anforderungen seiner Auftraggeber, deren Wertvorstellungen er zur Sprache verhilft, ohne ihnen selbst entsprechen zu wollen oder zu können, bedeuten für den gebildeten Außenseiter die Erfahrung von Entfremdung, wenn nicht gar eine Neurose (vgl. Dufournet 1979).
Selbstporträt	In steter finanzieller Abhängigkeit von Mäzenen und ohne ein Handwerk gelernt zu haben, das ihn ernähren könnte, sind er und seine Familie zur Armut verurteilt. Die täglichen Sorgen, Hunger und Teuerung, seine Spielleidenschaft und seine Krankheit, die zur Erblindung führt, all dieses Unglück summiert sich zu einem Bild persönlichen Elends, in dem sich RUTEBEUF selbst mit Hiob vergleicht (*Complainte Rutebeuf*, v. 20). Diese frühen Zeugnisse literarischer Subjektivität, entstanden an der Peripherie einer im Umbruch befindlichen Gesellschaft, erweisen sich somit als Selbstporträt eines *sot* bzw. *fou* (*Mariage Rutebeuf*, vv. 8, 21) und Dokumente existenzieller Instabilität.
Literatur	Dufournet (1979) Dufournet/ Dragonetti (1993), Ham (1962), Leo (1922), Merl (1976), Regalado (1970), Serper (1969)

2 Theater

Im Vergleich zu den anderen Gattungen entwickelt sich das Drama in Frankreich relativ spät und aus sehr bescheidenen, funktionalen Anfängen. Zwei Faktoren mögen dazu beigetragen haben: einerseits die Tatsache, dass im Unterschied zu der ansonsten recht intensiven Antike-Rezeption das antike Drama dem Mittelalter allenfalls durch Terenz überliefert wurde, andererseits der Umstand, dass der mittelalterlichen Literatur generell aufgrund der mündlichen Vortragsweise ein dramatischer Zug eignete. Nachdem sie ihren Platz zunächst im Gottesdienst hat, entwickelt sich die dramatische Repräsentation später vom Sakralen zum Profanen, vom Lateinischen in die Volkssprache und von der Kirche in die Öffentlichkeit der Stadt. Dieser urbane Raum schlägt sich auch in den Schauplätzen nieder, bei denen es sich neben Palästen zunehmend um Tavernen und Läden handelt. Eine Verbürgerlichung manifestiert sich ebenfalls in den institutionellen und ökonomischen Rahmenbedingungen der Theaterproduktion (*puys, confréries*).

Anfänge

In Ermangelung antiker Kontinuität nimmt das französische Drama seinen Anfang als religiöses Theater im Rahmen der Liturgie, die der Musik seit dem 9. Jh. größeres Gewicht verleiht, darunter insbesondere dem Responsorium, d. h. dem Wechselgesang zwischen Priester und Gemeinde bzw. Chor. Parallel zum quantitativen Anwachsen des Textes wurde der Inhalt der Responsorien auch szenisch veranschaulicht, zunächst als mimische Begleitung des Gesanges, dann von den Sängern selbst dargestellt. Aus dem späten 10. Jh. datiert der erste Beleg für ein rudimentäres Osterspiel: Nachdem am Karfreitag das Kruzifix in einer Nachbildung des Heiligen Grabes deponiert wurde, führt der Geistliche in der Ostermesse, als Engel verkleidet, den Dialog mit den Marien am leeren Grab des Auferstandenen, die dann gemeinsam mit der Gemeinde das Halleluja singen. Ähnliche Inszenierungen galten Christi Geburt und anderen Szenen aus dem Evangelium. Erst ab Anfang des 12. Jhs. zeichnet sich ein sehr allmählicher Übergang vom Lateinischen in die Volkssprache ab. Mischformen bieten etwa die geistlichen Spiele über Lazarus, Daniel, die klugen und törichten Jungfrauen oder den heiligen Nikolaus, wo jeweils die Refrains bzw. besonders dramatische Stellen in altfranzösisch verfasst sind.

Vorformen

Braet (1985), Cohen (1948), Frank (1954), Frappier (1960), Konigson (1975), Mazouer (1998), Revol (1999), Rey-Flaud (1980), Rousse (1978 und 1991)

Literatur

Das erste rein volkssprachliche Schauspiel ist das auf Mitte des 12. Jhs. zu datierende *Mystère d'Adam*. Im Anschluss an die Lesung

Mystère d'Adam

der Schöpfungsgeschichte und den Chorgesang zeigt das Stück den Sündenfall und die Vertreibung aus dem Paradies, die Ermordung Abels sowie den Auftritt der Propheten. Die Trilogie vermittelt eine klare heilsgeschichtliche Botschaft: Die Tilgung der durch den Sündenfall begangenen Schuld wird von den Propheten vorhergesagt, wobei die Tötung Abels als Präfiguration des erlösenden Heilsopfers im Zentrum steht. Nachdem Adam die Teufel abgewiesen hat, machen sie sich mit psychologischem Geschick an Eva heran, die zum Untergang des Menschengeschlechts wird („perdicion"), gleichzeitig jedoch der Hoffnung auf Erlösung Ausdruck gibt.

Verse

Während die Dialoge in achtsilbigen Paarreimen gehalten sind, stehen aufrüttelnde Verkündigungen oder Klagen in Zehnsilbern, die sich über Quartett-Strophen mit gleichem Reim erstrecken.

Bühne

Wie sich aus einer in Latein beigegebenen Regieanweisung ergibt, dem *Ordo representacionis Ade*, entfernt sich das Adamsspiel bereits aus dem liturgischen Kontext. Die Bühne wird vor dem Hauptportal, auf dem sog. „parvis" (< paradis) eingerichtet mit einem rudimentären Bühnenbild, welches links das Paradies, in der Mitte den Baum der Erkenntnis mit mechanischer Schlange und rechts die Hölle in Gestalt eines Kerkerturms vorgibt. Laienschauspieler, die zu einer klaren Aussprache ermahnt werden, übernehmen die zahlreicher gewordenen Rollen, darunter mehrere Teufel, die ins Publikum ausschwärmen und es so integrieren und für die Botschaft von Sündenfall und Erlösung sensibilisieren.

Emanzipation

Eine deutliche Emanzipation des Theaters von klerikalen Funktionszusammenhängen läßt sich im Verlauf des 13. Jhs. beobachten. Nach dem *Jeu de Saint Nicolas* von JEAN BODEL (s. S. 72 ff.) operiert auch der anonyme *Courtois d'Arras* (664 Verse) im Sinne einer progressiven Profanisierung. Das Gleichnis vom verlorenen Sohn gibt Anlass zur ausführlichen Darstellung der weltlichen Ausschweifungen, deren Mittelpunkt, wie bei BODEL, die Taverne ist. Dort wird der Protagonist von Wirt, Dirne und Kupplerin seiner Habe beraubt, was die reumütige Rückkehr ins Elternhaus motiviert, die mit einem erbaulichen *Te Deum* quittiert wird.

Erste Farce

Das erste rein weltliche Schauspiel, die Farce *Le garçon et l'aveugle*, entsteht um 1270 in Tournai. Die grausame Posse, eine Art szenisches *fabliau* (s. S. 101 ff.), erinnert an das *fabliau* über die *Trois aveugles de Compiègne*, denn auch hier ist das Opfer der derben Streiche ein Blinder, der als Heuchler und Geizhals allerdings kaum Mitleid verdient. Von seinem Blindenjungen wird er immer wieder gegen Hindernisse geführt und schließlich auch noch verprügelt, ein offensichtlich populäres Farcenmotiv.

Literatur

Dufournet (1982)

Das von RUTEBEUF in den 1260er Jahren verfasste *Miracle de Théophile* (663 Verse), in dem handlungsbetonte und reflexive Passagen alternieren, verzichtet auf alle profanen Effekte. Das Stück beruht auf einer altbekannten Geschichte, die aus dem 6. Jh. in griechischer, aus dem 9. Jh. in lateinischer Fassung (PAULUS DIACONUS) existiert; unmittelbare Vorlage RUTEBEUFS ist eine Versfassung GAUTIERS DE COINCI. Im Mittelpunkt der Legende, deren Beliebtheit durch eine reichhaltige ikonographische Tradition attestiert wird, steht ein armer Kleriker, der, von seinem Bischof ins Unglück gestürzt, einen Pakt mit dem Teufel schließt. Der Jude Salatin vermittelt den Vertrag, in dem sich Theophil dem Bösen verschreibt und die christlichen Tugenden mit Brief und Siegel widerruft. Der diabolische Handel zeitigt Wirkung, denn alsbald entschuldigt sich der Bischof bei Theophil und erstattet ihm seinen Besitz zurück. Nach Ablauf von sieben Jahren packt ihn die Reue und er fleht die Muttergottes um Hilfe an. Tatsächlich interveniert sie und zerreißt den Vertrag, den Theophil dem Bischof überbringen soll, um die Begebenheit als abschreckendes und frommes Exemplum publik zu machen. So geschieht es, und das Stück endet mit einem dankbaren *Te Deum*.

Mirakel

Abgesehen von biographisch-psychologischen Bezügen und thematischen Berührungspunkten mit seinem lyrischen Werk, zeichnet sich das Stück durch seinen religiösen Gehalt aus. Jenseits aller frommen Leerformeln thematisiert RUTEBEUF in der Bekehrung Theophils moralische und metaphysische Grundfragen seiner Zeit. Eine den Wechselfällen Fortunas unterworfene Existenz (vgl. Rad der Fortuna, Würfelspiel) stellt die Willensfreiheit des Menschen täglich von neuem auf die Probe, doch selbst wenn die Kräfte des Bösen obsiegen, verheißt die Fürbitte der Gottesmutter Rettung. Mit seinem *Miracle de Théophile* leistet RUTEBEUF einen wesentlichen Beitrag zur zeitgenössischen Marienverehrung und begründet die dramatische Gattung der Marienmirakel (*Miracles de Notre-Dame*), deren Blüte ins 14. Jh. fällt (s. S. 138).

Kommentar

Frank (1954)

Literatur

Als dramatischer Monolog, d. h. als Mimus, ist RUTEBEUFS halb in Prosa, halb in Versen verfasster Text *Li diz de l'erberie* einzustufen, der im Gegensatz zu *Aucassin et Nicolette* einen realistisch-burlesken Charakter aufweist. Bei dem in die 1270er Jahre zu datierenden Werk handelt es sich um das satirische Porträt eines Quacksalbers, der Wundermittel gegen allerlei Wehwehchen und den plötzlichen Tod anpreist.

Mimus

Faral (1910b)

Literatur

ADAM DE LA HALLE	ADAM DE LA HALLE, auch ADAM LE BOSSU genannt, in der zweiten Hälfte des 13. Jhs. in Arras ansässig, zählt zu den bedeutendsten Komponisten des Mittelalters und hat als vielseitiger Schriftsteller die reiche Tradition seiner Vorgänger intensiv rezipiert und umzusetzen gewusst. Klammert man biographische Hinweise in seinem Werk aus, so ist über sein Leben wenig bekannt, und auch die Chronologie seiner Werke ist unsicher. Dem *Jeu du pèlerin* ist jedoch sein später gesellschaftlicher Erfolg zu entnehmen: Im Gefolge des GRAFEN VON ARTOIS gelangt er nach Neapel, wo er in die Dienste von KARL VON ANJOU übergeht, den er zum Protagonisten seines unvollendeten Epos *Le Roi de Sicile* erhebt und in dessen Entourage er zwischen 1285 und 1288 stirbt.
Hauptwerke	Neben dem schon erwähnten *Congé* (s. S. 75) hat er ein umfangreiches lyrisches Œuvre hinterlassen, darunter *Jeux partis, rondeaux,* *chansons* und Motetten sowie einen *Dit d'amours*. Mit zwei Stücken, *Le Jeu de Robin et Marion* und *Le Jeu de la Feuillée*, hat er zur Erneuerung des Theaters beigetragen im Sinne einer profanen, in der zeitgenössischen Wirklichkeit verankerten Institution mit Unterhaltungsfunktion.
Le Jeu de Robin et Marion	Das Werk basiert im Grunde auf der Dramatisierung zweier lyrischer Genres, und zwar der *pastourelle* und der *bergerie*, die aus Liedern, Tänzen und Spielen der Schäfer besteht. Die Schäferin wird von einem Ritter umworben, dem sie aber standesbewusst ihren Robin vorzieht, wie diese couragierte Person denn überhaupt ein ausnehmend positives Frauenbild vermittelt. Neben der Liebeshandlung, welche die Rivalität der Männer und die glimpflich verlaufende Entführung Marions darstellt, widmet der Autor den Vergnügungen der Schäfer viel Raum. Was dabei zunächst als Idylle erscheint, nähert sich immer mehr der Realität an, um ein recht brutales Bild der bäuerlichen Wirklichkeit zu zeichnen.
Le Jeu de la Feuillée	Einen wichtigen innovativen Impuls vermittelt ADAM DE LA HALLE jedoch vor allem mit seinem *Jeu de la Feuillée*, das am 3. Juni 1276 uraufgeführt wurde. Neu ist an diesem Auftragswerk für die *Confrérie* insbesondere der dezidierte Realitätsbezug, stellt ADAM doch seine eigene Person auf die Bühne sowie zahlreiche Mitbürger, die er mit bissigen Kommentaren bedenkt.
Inhalt	Das Spiel bietet eine unzusammenhängende Szenenfolge, in der sich satirisch-burleske mit schaurig-übernatürlichen Auftritten abwechseln. Ausgangspunkt ist Adams Absicht, die Stadt Arras zu verlassen, um seine Studien in Paris fortzusetzen. Die Bande der Ehe vermögen ihn nicht zu halten angesichts des wenig schmeichelhaften Porträts seiner gealterten Gattin. Ein stärkerer Hinderungsgrund ist da sein Vater, der ihm die finanzielle Unterstützung verweigert. Es folgt der Auftritt eines Arztes, der beim Vater Geiz,

bei einem stadtbekannten Freudenmädchen eine Schwangerschaft diagnostiziert und auch gleich den Kindsvater ausfindig macht. Danach tritt ein Mönch auf, der wundertätige Reliquien zur Heilung der Narrheit feilbietet, woraufhin sich eine bunte Gruppe von Narren einstellt, darunter ein gewalttätiger Irrer, in dem man ein finsteres Selbstporträt ADAMS erkennen kann, nicht zuletzt aufgrund seiner heftigen Diatribe gegen die konkurrierende Literatenbruderschaft, den *puy*. Die nächsten Szenen werden von Phantasiewesen beherrscht: Drei Feen werden in Erwartung guter Gaben von Adam und seinem Freund Riquier reich bewirtet, während das wilde Heer der *maisnie Hellequin* Schrecken verbreitet. Die Feen statten Adam mit den zum literarischen Erfolg notwenigen Talenten aus, verhindern aber ebenfalls seine Reise nach Paris. Außerdem macht der Autor die Feen zum Medium seiner Abrechnung mit Arras: Sie ziehen gegen den Vorsitzenden des *puy* zu Felde und präsentieren das sich drehende Rad Fortunas, das Aufstieg und Fall realer Patrizier bestimmt. Dann findet man den Mönch in der Taverne wieder, wo man ihn nach einem aus den *fabliaux* vertrauten Muster glauben macht, er habe für eine große Runde die Zeche zu zahlen, die er begleicht, indem er seine Reliquien verpfändet. Ein erneuter Auftritt des wilden Irren beschließt das Spektakel.

Kommentar

Von der Literaturkritik wurde das Stück unterschiedlich beurteilt. Als komisch-satirische Revue, als parodistische Infragestellung gesellschaftlicher Normen, als pessimistische Kritik an Missständen und Lastern, als Parabel auf das blinde Wirken Fortunas, als politische Polemik des niederen Bürgertums gegen das städtische Patriziat, als Auseinandersetzung mit persönlichen Neurosen oder als autobiographisches Eingeständnis eines persönlichen Scheiterns, für das zornig alle im Stück vorgeführten Personen verantwortlich gemacht werden.

Deutungen des Titels

Zur Deutung des Stücks soll schließlich der vieldeutige Titel herangezogen werden. „Feuillée" im Sinne von Laubzweig ist das Aushängeschild der Schänken, verweist mithin auf die Taverne, einen aus dem *Jeu de saint Nicolas* und dem *Courtois d'Arras* bekannten Schauplatz, dessen Bedeutung in einem nunmehr rein profanen Horizont zugespitzt wird zur Weltmetapher: der Ort, wo Gewalt, Verzweiflung und menschlicher Wahnsinn herrschen. Die Schreibung „feullie" könnte auch „folie" meinen, so dass in dem Stück ein tendenzieller Vorläufer des Narrenspiegels zu erkennen wäre, wovon das Spektrum menschlicher Torheiten und die vielfältigen Narrenfiguren zeugen, unter denen der zur Raserei neigende „dervé" eine herausragende Stellung einnimmt. Durch ihn, sein düsteres Double, artikuliert ADAM DE LA HALLE nämlich heftigste Kritik an Literatur und Kirche, an Unfähigkeit, Heuchelei und Habgier. Als parodistische Umkehr gesellschaftlicher Werte ist das *Jeu de la Feuillée* auch mit den traditionellen Narrenfesten verwandt. Schließlich bezeichnet „feuillée" die Laubhütte, in der die Maienkönigin und die Feen geehrt werden, profanes Gegenstück zu den laubgeschmückten Nischen, in denen Statuen der Gottesmutter zur öffentlichen Verehrung aufgestellt werden. Das *Jeu de la Feuillée* gerät so in den Zusammenhang traditioneller, vorchristlicher Frühlingsbräuche, die das subversive Potential des Stücks in neuem Licht erscheinen lassen. Als Keimzelle des komischen Theaters ist es ein farbiges Spektakel, in dem sich die städtische Gesellschaft mit all ihren Eigenheiten feiert und reflektiert.

Literatur

Adler (1956), Cartier (1971), Dufournet (1974 und 1977), Gégou (1973), Maillard (1982), Nelson/Van der Werf (1985), Nicod (1974), Ruelle (1965)

chantefable

Abschließend sei eine hybride, zwischen Lyrik und Prosa angesiedelte Gattung erwähnt, die *chantefable*. Das nur in einem Text belegte Genre ist gekennzeichnet durch den Wechsel zwischen Gesang und Erzählung.

Aucassin et Nicolette

Der anonyme pikardische Text *Aucassin et Nicolette* ist in einem einzigen Manuskript aus der ersten Hälfte des 13. Jhs. überliefert. Außerhalb der dominanten Entwicklung des Dramas angesiedelt, bietet der Text mehrere Anknüpfungspunkte zum zeitgenössischen Roman, insbesondere dem Abenteuer- und Schicksalsroman. Das halbdramatische Stück wird nicht in verteilten Rollen aufgeführt, sondern als Rezitationsmimus von einer oder zwei Personen mit stimmlicher Modulation und gestischer Untermalung vorgetragen, wobei Dialoge, erzählende Passagen und gesungene Gedichte einander abwechseln. Die gesungenen Partien („or se cante") umfassen 21 Strophen in assonierenden Siebensilbern (heptasyllabes), die mit 20 gesprochenen Passagen abwechseln („or dient et content et fablent"). Handlungsmotive unterschiedlichster Provenienz (höfischer Roman, Liebeskasuistik, Folklore, byzantinischer Roman) erschweren eine kohärente Wiedergabe des Inhalts.

Inhalt

Ausgangssituation ist die unstandesgemäße Liebe zwischen Aucassin, dem Sohn des Grafen von Beaucaire, und Nicolette, einer sarazenischen Gefangenen, die als Pflegekind beim Vicomte der Stadt aufwächst. Beide Väter widersetzen sich einer ehelichen Verbindung, die nach schier endlosen Abenteuern, Irrfahrten und Verwirrungen, deren Häufung bereits eine ironische Distanzierung impliziert, doch schließlich zustandekommt.

Kommentar

Unter den heterogenen Bestandteilen der *chantefable* lassen sich u. a. ein *jeu parti* und eine *alba*, Reminiszenzen aus CHRÉTIENS *Lancelot* und *Yvain* sowie Motive der Volkskultur identifizieren, wie die verkehrte Welt im Land Torelore. Die Akkumulation intertextueller Bezüge verortet die *chantefable* im Bezugsrahmen der zeitgenössischen Gattungen und offenbart ihre parodistische Dimension.

Baader (1974), Ménard (1978), Pensom (1999), Roques (1954), Sansone (1950)

Literatur

3 Epik

Artus- und Gralsepik	Abenteuerroman	Allegorischer Roman	Tendenzen im 13. Jh.
Spiritualität	Realitätsbezug	Kunstwahrheit	
Fortsetzungen des *Perceval*	JEAN RENART: *L'Escoufle* (um 1202)	RAOUL DE HOUDENC: *Voie d'Enfer, Voie de Paradis* (Anfang 13. Jh.)	
ROBERT DE BORON: *Roman de L'Estoire del Gral* (1200–1215)	*Roman de la Rose ou Guillaume de Dôle* (um 1228)	HUON DE MÉRY: *Tounoiemenz Antecrist* (um 1234)	
Perlesvaus (1191–1212) Lancelot-Zyklus (1225–1230)	PHILIPPE DE REMI: *La Manekine* (vor 1243), *Jehan et Blonde* (vor 1243) JAKEMES: *Roman du châtelain de Coucy* (Ende 13. Jh.)	GUILLAUME DE LORRIS/JEAN DE MEUNG: *Roman de la Rose* (1225–30/ 1268–82)	
	La Châtelaine de Vergi (2. Hälfte 13. Jh.)	*Roman de Renart* (ca. 1175–1250), *fabliaux*	

Im Bereich des Romans gilt es im 13. Jh. drei Tendenzen zu unterscheiden. Die Artus- und Gralsepik wird zunächst fortgesetzt und immer stärker spiritualisiert, wobei formell ein Übergang von der Versform zur Prosa festzustellen ist. Um 1240 verliert die ritterlich-religiöse Thematik jedoch ihre gesellschaftliche Relevanz, und die matière de Bretagne gerät zum „Auslaufmodell". Die Erzählliteratur entwickelt sich von da an hinsichtlich ihrer Referenzialität in zwei unterschiedliche Richtungen: einerseits, mit dem Abenteuerroman, zu einer größeren Realitätsnähe, andererseits zu einer reinen Kunstwahrheit im Modus der Allegorie. Die volkstümlichen, unterhaltsamen Erzählstoffe des Roman de Renart (um 1175–1250) und der fabliaux entziehen sich einer solchen Klassifikation und werden gesondert behandelt (s. S. 99 ff., 101 f.)

Artus- und Gralsepik

Artusepik

In Form und Geist bleibt die Artusepik bis in die zweite Hälfte des 13. Jhs. eine lebendige Gattung. Das Publikum schätzt diese Romane, die im bretonischen Ambiente des Sagenhaften und Wunderbaren den Bildungsgang eines Helden schildern, der durch Abenteuer und Suche zu einer von Ritterlichkeit und höfischer Liebe getragenen Lebensform findet. Zahllose Werke befriedigen den Publikumsbedarf an dieser Unterhaltungsliteratur, deren Titel meist auf den Protagonisten abzielen (*Meraugis de Portlesguez*, *Le chevalier aux deux épées*), die Liebesthematik akzentuieren (*Claris et Laris, Floriant et Floriete*) oder phantastische Abenteuer suggerieren (*Les merveilles de Rigomer*). GUILLAUME LE CLERC imitiert mit *Fergus* die Figur des Perceval, während RENAUT DE BEAUJEU in seinem erfolgreichen Roman *Le Bel Inconnu* den Sohn Gauvains präsentiert, der ein schlangenähnliches Monstrum durch einen mutigen Kuss erlöst und zur Frau gewinnt. In der zweiten Hälfte des 13. Jhs. geraten derlei Romane jedoch zu einem anachronistischen Phänomen, das nur noch am anglonormannischen Hof gepflegt wird, der für seine konservative Gesinnung bekannt ist. Und erst vom Ende des 14. Jhs. datiert das endgültig letzte Beispiel für den Artusroman in Versen, nämlich FROISSARTS *Méliador*.

Literatur

Acher/Léonard (1996), Dufournet (1996), Guerreau (1982), Wolf-Boivin (1998)

Gralsepik

CHRÉTIENS unvollendeter *Perceval* bedeutet in Anbetracht seines kritischen Potentials gegenüber dem ritterlichen Ideal des Artushofes eine Herausforderung für die nachfolgenden Literaten. Seit Beginn des 13. Jhs. existieren daher zahlreiche, teils fragmentarische Fortsetzungen unterschiedlicher ideologischer Färbung und literarischer Bedeutung.

Fortsetzungen

Der PSEUDO-WAUCHIER DE DENAIN verfolgt ausschließlich das Schicksal Gauvains.

WAUCHIER DE DENAIN verfasst eine unvollendete Fortsetzung des Perceval betreffenden Erzählstrangs.

MANESSIER entwirft zwischen 1233 und 1237 in einem Text für JEANNE DE FLANDRES, Nichte des CHRÉTIEN-Mäzens PHILIPPE D'AL-

SACE, eine religiös geprägte Lösung, wonach Perceval in der Nachfolge des Fischerkönigs über das Gralsschloss herrscht.

Unabhängig von diesen Fassungen unternimmt GERBERT DE MONTREUIL zwischen 1226 und 1230 eine Fortsetzung, die nach 17.000 Versen unvollendet abbricht.

ROBERT DE BORON, ein gebildeter Ritter aus der Franche-Comté, schafft mit seinem zwischen 1200 und 1215 entstandenen *Roman de l'Estoire del Graal* die maßgebliche christliche Variante, wonach der Gral der Kelch des Heiligen Abendmahls war, in dem Joseph von Arimathäa das Blut des Gekreuzigten aufgefangen hat und der, vom Heiligen Land in die Bretagne überführt, unmittelbare heilsgeschichtliche Bedeutung gewinnt. Das Werk BORONS wird zum Ausgangspunkt eines ersten, nunmehr in Prosa gehaltenen Perceval-Grals-Zyklus, der die Prosafassung der *Estoire*, Merlin und den sog. Didot-Perceval umfasst, deren Autorschaft unbekannt bzw. umstritten ist. In dieser Trilogie erhält das Thema definitiv eine spirituelle Wendung. Alle Ambivalenzen des Protagonisten, seine Naivität oder die Frage nach der Schuld am Tod seiner Mutter, werden geglättet, ist er doch von Anbeginn zur mystischen Gralsherrschaft prädestiniert.

Micha (1980)

Daneben ist noch der zwischen 1191 und 1212 in der Pikardie entstandene Prosaroman *Perlesvaus* zu erwähnen, der CHRÉTIENS Vorlage zunächst in aller Breite weiterführt. Er schildert die Gralssuche Gauvains, Lancelots und Perlesvaus, um dann der letztlichen Bestimmung des Protagonisten eine neue Wendung zu verleihen. Unter dem Einfluss von „Cluniazensischem Kreuzzugsgeist" (Köhler) endet Perlesvaus hier nämlich als kämpferischer Missionar auf den britischen Inseln.

Es ist nicht verwunderlich, dass die Prosa just in Verbindung mit dem Gralsstoff in den Roman Eingang findet, ist sie doch die Ausdrucksweise der Kirche, und tatsächlich lassen sich stilistische Parallelen zu Predigt und Bibel finden. Die Prosa ist darüber hinaus dem Roman und der zeitgenössischen Historiographie gemeinsam (VILLEHARDOUIN), was nicht ohne Einfluss auf die Ausbildung komplexerer narrativer Techniken und eines hypotaktischen Stils bleibt. In der syntagmatischen Struktur der Prosa manifestiert sich zudem eine neue Zeiterfahrung und ein neues Kausalitätsbewusstsein. Grundsätzlich genießt die Prosa im 13. Jh. eine wachsende Wertschätzung als der unmittelbare, vernunftgemäße und allen zugängliche Artikulationsmodus, dem daher auch ein höherer Wahrheitsgehalt eignet als dem artifziellen Medium des Verses.

Christliche Variante

Literatur

Perlesvaus

Prosa

Lancelot-Zyklus	Ähnlich wie die Epenzyklen wächst sich auch die Artusepik zwischen 1225 und 1230 zu dem sog. *Lancelot-Grals-Zyklus* aus, der das Interesse von Perceval auf den Liebhaber Guenièvres verlagert und die Prosaromane *Lancelot propre*, *Queste del saint Graal* und *La Mort le roi Artu* umfasst. Mit zwei Dritteln des Textumfangs macht der *Lancelot propre*, die *Enfances* des Protagonisten, dessen Urahn kein Geringerer als König David gewesen sein soll, den Kern des Zyklus aus. Zum eigentlichen Helden dieser Trilogie avanciert Galaad, der Sohn Lancelots, der Perceval an geistlicher Perfektion übertrifft und zum Christusnachfolger stilisiert wird. Unter dem Einfluss der Zisterzienser erhält die *Queste del saint Graal* eine primär theologische Bedeutung, die sich durch allegorische Verweise erschließt. Die Suche nach dem Gral wird zum Gleichnis für die Offenbarung, und das Rittertum repräsentiert den Kampf des Guten gegen das Böse bzw. das Ringen Gottes mit dem Teufel um die Seele des Menschen. Der Ritter als „miles Christi" verpflichtet sich auf die christlichen Tugenden, allen voran *caritas* und *pietas*. Daneben spielt aber auch die Keuschheit eine wichtige Rolle, weshalb Lancelot, von der Sünde der *luxuria* befleckt, sich nicht an der Suche nach dem Gral beteiligen darf, wohl aber sein Neffe Bohort, Perceval sowie sein Sohn Galaad, den er mit der Tochter des Fischerkönigs gezeugt hat, die sozusagen dank einer göttlichen List die Gestalt Guenièvres angenommen hatte.
Literatur	Baumgartner (1981)
Artus' Tod	*La Mort le roi Artu*, von ROBERT BRESSON in *Lancelot du Lac* (1974) kongenial verfilmt, gilt als Götterdämmerung der Artuswelt. Der Ehebruch Guenièvres beschwört eine Katastrophe herauf, in deren Verlauf sich die Artusritter durch Zwist, Treulosigkeit und Mord selbst vernichten. König Artus versenkt sein Schwert Excalibur in den Wellen und wird von seiner Schwester, der Fee Morgain, übers Wasser geholt, dorthin, wo die mythische Gegenwelt der Kelten liegt.
Krise	Um die Mitte des 13. Jhs. hat die Grals- und Artusepik ihre sinnstiftende Funktion verloren. Das Rittertum, Adressat dieser Literatur, die in Gestalt des Artushofs und seiner Helden kritische Identifikationsmuster zur Verfügung stellte, ist durch den historischen Strukturwandel aus seiner Rolle als gesellschaftliche Trägerschicht verabschiedet worden.
Katastrophe	In der Entwicklung der Artusepik zwischen 1140 und 1240 beobachtet Jacques Le Goff einen Kreislauf, der ausgehend von der Geschichte über die *aventure* in die Katastrophe mündet. In diesem Sinne vollendet sich die „ephemere Bahn der chevaleresken Helden (...), die erst von historischen Taten ihren Ausgang nahmen, dann ihre eigenen Abenteuer durchlebten und schließlich in Absurdität und Tod versanken." (Le Goff in Köhler (1978), S. 49)

Die beiden Extreme, in denen die Artusepik endet, nämlich Vernichtung und spirituelle Sublimierung, signalisieren, dass die Spannung zwischen Ideal und Wirklichkeit nicht mehr zu vermitteln ist. Während Galaad sich in einem eschatologischen Zirkelschluss aus der weltlichen Existenz verabschiedet (in einem Schiff, das aus dem Holz vom Baum der Erkenntnis gezimmert ist, steigt er ins Himmlische Jersualem auf), verzeichnen die irdischen Ritter des Typus Gauvain einen radikalen Sinnverlust, den die Worte des Dinadan im *Prosa-Tristan* zum Ausdruck bringen: *Je suis un chevalier errant qui chascun jour voiz aventures querant et le sens du monde; mes point n'en puis trouver* ... (zitiert nach Köhler (1970, p. 82)

Baumgartner (1981/1987/1990), Chênerie (1986), Dubost (1998), Faral (1929), Fox (1933), Frappier (1968b), Grandperrin (1996), Guérin (1995), T. Kelly (1974), Marx (1952), Méla (1984), Micha (1987), Pickford (1960), Szkilnik (1991), Van Coolput (1986)

Lösungen

Literatur

Abenteuerroman/Realistischer Roman

Gegen den Wirklichkeitsverlust der Artusepik bietet sich seit dem ausgehenden 12. Jh. das Modell des sog. realistischen bzw. Abenteuer- und Schicksalsromans an. JEAN RENART, einer der wichtigsten Vertreter dieser zukunftsträchtigen Tendenz, äußert in seinem Werk *L'Escoufle* (vv. 10–19) um 1200 seine Vorbehalte gegenüber einer allzu realitätsfernen Literatur und formuliert so einen neuen Wahrheitsanspruch für den Roman, der nunmehr auf die Überzeugungskraft der Vernunft verpflichtet wird.

Wahrheitsanspruch

Trotz dieses Bekenntnisses zum Wahrscheinlichkeitsprinzip nehmen es die Romanciers mit dem Realismus nicht allzu ernst. Übernatürliche Elemente wie Werwölfe und Dämonen, lebendig Begrabene und Wiedergänger, spektakuläre Verwechslungen und Inzest sowie mechanische Wunderdinge finden sich zuhauf. Andererseits liefern diese Romane viele realistische Details, was Topographie, Sitten und Gebräuche, Kleidung und Speise betrifft, einige Nebenfiguren wurden gar als historische Personen identifiziert. Ausführlichere Beschreibungen, realitätsnahe Dialoge zur Erörterung moralischer und psychologischer Probleme, häufige Erzählerkommentare und eine gewisse ironische Distanz zum Thema sind weitere Merkmale dieser neuen Erzählliteratur.

Merkmale

Ihre unbestreitbare, teils burleske Realitätshaltigkeit ist eingebettet in die Überzeugung, dass der Sinn des Lebens im Irdischen liegt. Im Unterschied zur ritterlichen *aventure* sieht Köhler hier das Schicksal am Werk, das von den Romanhelden, nicht zuletzt den

Neuorientierung

Frauengestalten, optimistisch gemeistert wird. Adressaten dieser abwechslungsreichen, unterhaltsamen Romane dürften der niedere Adel und das aufsteigende Stadtbürgertum gewesen sein.

JEAN RENART

Der bedeutendste Erzähler nach CHRÉTIEN hat in den ersten Jahrzehnten des 13. Jhs. neben dem *Lai de l'ombre* die Romane *L'Escoufle* (um 1202) und den *Roman de la Rose ou de Guillaume de Dôle* (um 1228) verfasst, während die Zuschreibung des *Galeran de Bretagne* wegen dessen religiöser Färbung heute bestritten wird. Die Widmungen an den GRAFEN VON HENNEGAU (gest. 1202) und den FÜRSTBISCHOF VON LÜTTICH (tätig 1200 bzw. 1202–1229) verorten den Autor historisch, geographisch und gesellschaftlich. Es ist allerdings anzunehmen, dass der mit kirchlicher und juristischer Bildung ausgestattete *ménestrel* vor seiner Tätigkeit an Höfen über Land gezogen ist und dort die mündlich überlieferten folkloristischen Traditionen aufgenommen hat, die sein Werk bereichern. Der *Lai de l'ombre* inszeniert die Spielregeln und Gefühlsregungen der höfischen Liebe, indem ein höfisch kokettierendes Paar im Wasser eines Brunnens gespiegelt wird.

L'Escoufle

L'Escoufle entspricht den Handlungsmustern, die wir schon bei GAUTIER D'ARRAS beobachten konnten. Richard de Montvilliers, ein normannischer Adliger, wird bei seiner Rückkehr aus Jerusalem Berater des römischen Königs. Zwischen den Sprösslingen der beiden, Guillaume und Aélis, entspinnt sich eine Kinderminne, deren späterer Fortsetzung sich der Hof widersetzt, woraufhin die Liebenden nach Frankreich fliehen. Als dem jungen Mann bei einer Rast der titelgebende Raubvogel eine Börse mit dem Ring seiner Geliebten entreißt und er den Weih verfolgt, beginnt mit diesem traditionsreichen Handlungsmotiv die übliche Geschichte von Trennung und Irrfahrten. Eines Tages fängt Guillaume den Jagdweih eines Grafen, reißt ihm das Herz aus dem Leib und verzehrt es. Als der Falkner diese unerhörte Tat bei Hof berichtet, erkennt Aélis, die inzwischen im Gefolge der Gräfin lebt, die Geschichte ihres Freundes. Glücklich vereint, feiern die Liebenden in der Normandie Hochzeit, gefolgt von der Krönung in Rom.

Guillaume de Dôle

Der markante Zeichencharakter des zentralen Motivs kommt im *Guillaume de Dôle* der Rose zu, dient doch hier die Rose, ein Muttermal auf dem Schenkel der Protagonistin, zum Beweis ihrer Schuld oder Unschuld. (Der Roman darf im Übrigen nicht mit dem allegorischen *Rosenroman* von GUILLAUME DE LORRIS und JEAN DE MEUNG verwechselt werden! s. S. 97 f.) Handlungsauslösendes Moment ist das Motiv der *gageure*, wonach die Unschuld der Frau zum Gegenstand einer Wette wird. Dieses bekannte folkloristische Motiv (so im *Girart de Vienne*, in GERBERT DE MONTREUILS *Roman de la violette* und im *Roman du Comte de Poitiers*) wird bei RENART eingebettet in die Erfolgsstory eines armen jungen Ritters und ausgeschmückt mit liebevollen Beschreibungen von Kleidern, Banketten, Turnieren und anderen Lustbarkeiten. Scheinbar der Untreue überführt, erweist sich am Ende doch die Unschuld der couragierten Liénor, die gemeinsam mit Aélis einen neuen, selbstbestimmten und couragierten Frauentypus verkörpert.

Doch auch in anderer Hinsicht wirkt JEAN RENART in diesem Roman innovativ, da er die in Achtsilbern dargebotene Handlung immer wieder mit Liedern durchsetzt, die das ganze Spektrum der lyrischen Gattungen umfassen (*grands chants courtois* ebenso wie *rondets de carole, chansons de toile* oder *pastourelles*) und ein spannungsreiches Verhältnis zum narrativen Haupttext herstellen. Dieses originale Verfahren hat zahlreiche Nachahmer gefunden.

Neuartigkeit

Durling (1997), Lejeune (1978), Zink (1979)

Literatur

Im Anschluss an JEAN RENART nimmt PHILIPPE DE REMI, SIRE DE BEAUMANOIR (um 1205–1262) einen wichtigen Platz in der Entwicklung des altfranzösischen Romans ein. Vor 1243 verfasst er die beiden Werke *La Manekine (la manchote)* und *Jehan et Blonde*.

PHILIPPE DE REMI, SIRE DE BEAUMANOIR

Als christliche Umdeutung der Volksmärchen vom Mädchen ohne Hände und von *Peau d'âne* (Eselshaut) ist der Roman *La Manekine* ein Exemplum über die Liebe Gottes und das Erringen der wahren Freude (die Protagonistin heißt Joie) nach verschiedenen Prüfungen. Bei aller erbaulichen Belehrung enthält die Erzählung jedoch auch Elemente des höfischen und des Abenteuerromans, der Volkskultur und des exotischen *imaginaire*.

La Manekine

Die Handlung, in der man die Sorge des Feudaladels um einen durch Exogamie bereicherten *lignage* erkennen will, ist von extremen Gefühlsumschwüngen gekennzeichnet. Um sich dem drohenden Inzest zu entziehen, trennt sich die Tochter des Königs von Ungarn die Hand ab. Wunderbarerweise entkommt sie sodann dem Feuertod und landet in Schottland, wo sich der Thronfolger in sie verliebt. Doch als sie ein Kind gebiert, meldet ihm die feindselige Schwiegermutter, sie habe ein Ungeheuer zur Welt gebracht. Erneut gelingt es Joie, sich dem Scheiterhaufen durch Flucht über Wasser zu entziehen. Sie gelangt nach Rom, wo sie ihren reumütigen Vater und ihren Gatten wiederfindet und der Papst das Glück vervollkommnet, indem er das Wunder wirkt, die inzwischen wiedergefundene Hand anzunähen.

Inhalt

In dem Roman *Jehan et Blonde*, der jeder spezifischen Religiosität entbehrt, lassen sich die Grundzüge des realistischen Romans mustergültig nachweisen. Der älteste Sohn des verschuldeten Grafen Dammartin beschließt, in England sein Glück zu suchen, wo

Jehan et Blonde

er sich, in den Diensten des Herzogs von Oxford, in dessen Tochter verliebt. Dabei wird die klassische Konstellation der Pastourelle – reicher Ritter begehrt armes Bauernmädchen – in ihr Gegenteil verkehrt: der arme Ritter umwirbt die reiche Erbin. Während Jehan nach Frankreich zurückkehren muss, versucht der Graf von Oxford seine Tochter an einen anderen zu vergeben, doch die beiden jungen Leute fliehen nach Frankreich, wo der König ihn zum Ritter schlägt und mit einem stattlichen Lehen versieht. Beim Tod des Herrn von Oxford fallen auch dessen Territorien an den jungen französischen Ritter. Ein wirklichkeitsnahes Thema wird in der zeitgenössischen Realität verankert, wozu nicht zuletzt die Verwendung einer französisch-englischen Mischsprache beiträgt.

Literatur Castellani (1988), Dufournet (1991), Sheperd (1990)

Châtelain de Coucy Am Ende des 13. Jhs. gehört auch der *Roman du châtelain de Coucy et de la dame du Fayel* von J AKEMES in die Tradition des realistischen Romans. Angesiedelt im Umfeld historischer Persönlichkeiten des Vermandois (Aisne) im ausgehenden 12. Jh., wird die tragische Liebesgeschichte zwischen dem Trouvère und seiner Dame in 8266 Achtsilbern geschildert. Zwei Episoden stehen im Mittelpunkt: zunächst der Verrat der außerehelichen Liebesbeziehung durch eine Hofdame, an der sich der Liebende mit psychologischer Grausamkeit rächen wird. Der Code der höfischen Liebe erreicht hier ein kritisches Stadium, insofern sich wahre Leidenschaft und deren hypokrite Instrumentalisierung nicht mehr unterscheiden lassen. Die zweite Episode beinhaltet das aus der internationalen Folklore bekannte Motiv der Herzmäre, das im Kontext dieser höfischen Liebesbeziehung symbolische Tiefe gewinnt. Während der Rückreise vom Kreuzzug stirbt der Châtelain, sein Herz wird einbalsamiert, um es der Geliebten zu überbringen, gewissermaßen als postume Gegengabe zu den Zöpfen, die sie ihm einst als Liebespfand geschenkt hatte. Doch der eifersüchtige Ehemann lässt das Herz abfangen und ihr unerkannt zur Speise servieren. Sobald sie die Wahrheit erfährt, verweigert sie jede Nahrung und findet einen baldigen Tod. Mit der Einbeziehung einiger Kreuzzugslieder und anderer Dichtungen des H ERRN VON C OUCY setzt J AKEMES die von J EAN R ENART eingeführte Mode, lyrische Dichtungen in den Erzähltext einzuflechten, fort. Obschon nur in zwei Handschriften überliefert, zeugen zahlreiche Bearbeitungen und Übersetzungen des 13. und 14. Jhs. von der Beliebtheit dieses Werks und seines Protagonisten, der in die Reihe der großen Liebenden aufgenommen wird.

Châtelaine de Vergi Eng verwandt mit Stoff und Rezeptionsgeschichte des *Châtelain de Coucy* ist die anonyme *Châtelaine de Vergi* (948 Verse). Ein junger Ritter ist in glücklicher Liebe mit der Châtelaine de Vergi verbun-

den, doch die eifersüchtige Herzogin von Burgund verleumdet den jungen Mann (vgl. *Lanval*, Handlungsmotiv Putiphars Weib). Trotz des Schweigegebots, dem die höfische Liebe unterliegt, vertraut er sich zu seiner eigenen Rechtfertigung dem Herzog an, dem wiederum seine Gattin das Geheimnis der Liaison entreißt und gegenüber der Châtelaine auf die Affäre anspielt. Überzeugt von der Illoyalität ihres Geliebten, stirbt die Châtelaine vor Kummer, woraufhin er sich auf ihrem Leichnam das Leben nimmt (vgl. *Pyrame et Thisbé*). Als der Herzog von der Indiskretion seiner Frau erfährt, ersticht er sie und zieht als Templer ins Heilige Land. Der stark lyrisch gefärbte (Einarbeitung von Gedichten, erotische Begrifflichkeit), stellenweise aber auch höchst dramatische Text hat in Ikonographie und Literatur bis über das Mittelalter hinaus enorme Wirkung gezeigt (Übersetzungen, Prosabearbeitungen, Rezeption u. a. bei MARGUERITE DE NAVARRE, *Heptaméron*, 1559).

Allegorie

Die dem Realismus entgegengesetzte Lösung ist die durch die Mittel der Allegorie hervorgebrachte reine Kunstwahrheit. Komplementär zur Bilddeutung durch die Allegorese (s. S. 27, Kapitel 2.1) ist die Allegorie ein bildschaffendes Verfahren. Um die Korrelation zwischen beiden zu veranschaulichen, sei einerseits auf die Bestiarien verwiesen, die naturgeschichtliche Gegebenheiten auf dem Weg der Allegorese heilsgeschichtlich deuten, andererseits auf RICHARD DE FOURNIVALS *Bestiaire d'amour*, eine allegorische Darstellung höfischen Liebeswerbens. Die größte Leistung der allegorischen Ästhetik des Mittelalters ist der *Rosenroman*, dessen Wurzeln im folgenden erläutert werden sollen.

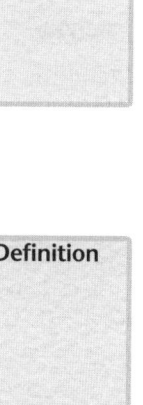

Definition

Als nichtchristliche Quelle sind zunächst die antiken Epithalamien (Hochzeitslieder) zu nennen, in denen sich bildliche Vorstellungen wie der Garten der Venus oder der Palast Amors finden. Ein wichtiger Beitrag zur theologischen Allegorie ist sodann die spätantike *Psychomachie* des PRUDENTIUS (4. Jh.), die den Kampf der Tugenden gegen die Laster als Duell zwischen *Humilitas* und *Superbia*, *Sobrietas* und *Luxuria*, etc. darstellt. Im 5. Jh. folgt die *Hochzeit von Merkur und Philologia* des MARTIANUS CAPELLA. Anlässlich ihrer Vermählung mit dem Gott der Mysterien wird die Philologie, die den Geheimnissen zwischen Tod und Leben eine Sprache verleihen wird, von ihrer Mutter Phronesis (Weisheit) mit den sieben freien Künsten ausgestattet (s. S. 11). Diese epistemologische Allegorie wird das mittelalterliche Bildungswesen strukturieren und bis ins 12. Jh. als Schultext dienen.

Antike Quellen

Durch ihre Antike-Rezeption und die Verbindung von platonischer Kosmogonie und christlicher Schöpfungslehre trägt die Schule von Chartres wesentlich zur allegorischen Darstellung philosophischer Konzepte bei, in deren Mittelpunkt zumeist die Wesenheit der Natur steht. Eine Vermischung antiker und biblischer Beispielfiguren findet sich etwa bei BERNARDUS SILVESTRIS oder ALANUS AB INSULIS, in dessen Werken *Anticlaudianus* und *De planctu naturae* beispielsweise die Natur, Venus und Genius sowie die Jugend des Goldenen Zeitalters auftreten. Auch die volkssprachliche Lyrik des 12. und 13. Jhs. (z. B. MARCABRU) kennt höfische Tugenden und Laster wie *Pretz* und *Jois*, *Enveja* und *Cobeida* als eigene Entitäten, allerdings ohne anthropomorphe Gestalt.

Literatur Jauss (1968), Jung (1971), D. Kelly (1978), Strubel (1994)

RAOUL DE HOUDENC Zu Beginn des 13. Jhs. eröffnet Raoul de Houdenc, der den Philosophen von Chartres viel verdankt, der volkssprachlichen Allegorie neue Dimensionen. Neben seinem Werk *Li romanz des eles de la proece*, einem allegorischen Ritterspiegel, setzen vor allem seine beiden Jenseitswanderungen, *Voie d'Enfer* und *Voie de Paradis*, neue Maßstäbe. Die Allegorie wird hier als subjektive Erfahrung im Traum begründet, einem ohnehin auf zwei Ebenen zu lesenden Phänomen: *En songes doit fables avoir / Se songes puet devenir voir.* (vv. 1–2) Zurückreichend bis in Bibel und Antike (CICERO: *Somnium Scipionis*) macht Houdenc den Traumeingang zur Erfolgsformel der allegorischen Dichtung, deren nachhaltige Wirkung etwa DANTES *Divina Commedia* (1307–1321) oder FRANCESCO COLONNAS *Hypnerotomachia Poliphili* (1499) beweisen.

Literatur Kundert-Forrer (1960)

HUON DE MÉRY Eine kuriose Verknüpfung aus CHRÉTIENS *Yvain* und RAOULS Höllenvision schafft um das Jahr 1234 HUON DE MÉRY mit seinem *Tournoiemenz Antecrist*. Der Zauberbrunnen im Wald von Brocéliande ruft Fierabras, den Kammerherrn des Antichrist, auf den Plan, der den Erzähler gefangen nimmt und zur *cité de Désespérance* führt. Dort findet ein Turnier zwischen dem Bösen und den Truppen Christi statt, zu denen Engel, allegorische Verkörperungen von Tugenden und die Ritter der Tafelrunde zählen. Die Dämonen unterliegen, doch Antichrist gelingt es, aus der Gefangenschaft des Erzengels Michael zu fliehen. Der verletzte Erzähler wird vom Erzengel Raphael, Beichte (*Confession*) und Reue (*Pénitence*) gepflegt und von Religion in die Abtei von Saint-Germain-des-Prés geleitet. Unabhängig von derlei heilsgeschichtlichen Überlegungen schaffen die Autoren des *Rosenromans* eine in sich geschlossene Allegorie von rein innerweltlicher Bedeutung.

Literatur Jauss (1968)

Der *Roman de la Rose* ist eine monumentale Allegorie, welche die Eroberung der Geliebten und die psychologischen Mechanismen der höfischen Liebe veranschaulicht. Die ca. 22.000 paarweise gereimten Achtsilber wurden im Abstand von etwa vierzig Jahren von zwei Autoren verfasst, die sich in ihrer Liebeskonzeption erheblich unterscheiden. Aus der betreffenden Textstelle (vv. 10–496–10.572) ergibt sich, dass der erste Teil (vv. 1–4028) von dem ansonsten unbekannten GUILLAUME DE LORRIS stammt, der um 1225–1230 tätig gewesen sein muss, während der zweite Teil (vv. 4029–21.750) zwischen 1268 und 1282 von JEAN DE MEUNG geschrieben wurde, ein Pseudonym, hinter dem sich JEAN CLOPINEL (bzw. CHOPINEL; ca. 1240–1305) verbirgt, der im Umkreis der Pariser Universität gegen die Bettelorden polemisierte und einige weitere Werke hinterlassen hat, vor allem Übersetzungen aus dem Lateinischen, darunter die des Briefwechsels von Abélard und Héloïse aus der ersten Hälfte des 12. Jhs.

Roman de la Rose

Ausgangspunkt des Romans ist ein Traum, mit dem sich der Autor auf den Kommentar des MACROBIUS zu CICEROS *Somnium Scipionis* bezieht. Überzeugt vom prophetischen Gehalt der nächtlichen Bilder (*li plusor songent de nuis / Maintes choses couvertement / Qu'il voient puis apertement*. vv. 18–20), entfaltet GUILLAUME DE LORRIS die Traumvision zu einer groß angelegten Allegorie, in der er selbst als Liebhaber von „Rose", die zugleich seine Adressatin ist, figuriert. Der Roman, Liebeslehre und Liebeswerbung, sei die dichterische Transkription eines Traumes, den er im Alter von zwanzig Jahren unter dem Einfluss Amors geträumt habe (vv. 31–41).

Inhalt Teil I

In der aus der Minnelyrik bekannten Atmosphäre der *reverdie*, des frühlingshaften Aufbruchs der Natur, unternimmt der Ich-Erzähler im Traum einen Spaziergang an einem Maientag. Er gelangt zu einem umschlossenen Garten, auf dessen Außenmauer zehn allegorische Figuren repräsentiert sind, welche die der höfischen Liebe entgegengesetzten Kräfte darstellen, darunter *Haine*, *Felonie* und *Vilenie*, der schielende Neid (*Envie*), die Heuchelei (*Papelardie*) und das Alter (*Vieillece*), welches den Erzähler zu einem von AUGUSTINUS beeinflussten Exkurs über die Flüchtigkeit der Zeit veranlasst (vv. 361–386). Fräulein *Oiseuse* (< otium), „Verkörperung eines nicht mehr geistlich, sondern höfisch-weltlich gesehenen kontemplativen Lebens" (Kolb), lässt ihn in den *vergier* ein, Garten der Liebe und *paradis terrestre* (v. 636), dessen Besitzer Herr *Deduit* (Lust) und Dame *Leesce* (Fröhlichkeit) sind. In diesem „hortus deliciarum" tanzen die der höfischen Liebe günstigen Kräfte einen Reigen: *Joie*, *Solaz*, *Jonece*, *Richece*, *Largece*. Von Dame *Cortoisie* nähergebeten, promeniert der Dichter im Garten, bis er zur Quelle des Narziss gelangt, die LORRIS zur *fontaine d'Amors* umgestaltet. Über die Wasserfläche gebeugt, meditiert der

Erzähler über das traurige Schicksal des Narziss, erblickt das gebrochene Spiegelbild des Gartens und darin die Rose. In diesem Augenblick treffen ihn die fünf goldenen Pfeile Amors – *Biautez, Simplece, Franchise, Compaignie, Biau Semblant* – und der allegorisch en detail veranschaulichte Liebesprozeß setzt ein, nachdem ihn der Gott der Liebe mit einer regelrechten Liebeskunst instruiert hat (vv. 2057–2076).

Ähnlich wie im Falle der Psychomachie stehen sich positive und negative Strebungen gegenüber, die teils beim Liebenden, teils bei der Geliebten oder in der Gesellschaft angesiedelt sind. Verbündete des Amant sind *Doux Penser, Doux Parler* und *Doux Regarz*, unterstützt von *Bel Accueil*, die dem Verliebten geneigte Seite der Dame. Ihm sowie *Franchise, Pitié* und *Vénus* verdankt er den ersten Kuss der Rose. Doch die Gegner sind wachsam: allen voran *Jalousie*, welche die Rose schließlich mit Mauer und Graben umzingelt und von Übler Nachrede, Furcht und Scham (*Malbouche, Paor, Honte*) bewachen lässt. Auch *Bel Accueil* wird eingekerkert, so dass der Liebende am Ende einsam den Verlust seiner geliebten Rose beklagt.

Inhalt Teil II

Im Unterschied zur stringenten Handlungsführung und klaren Struktur des ersten Teils gerät die Fortsetzung zu einem äußerst heterogenen, vielschichtigen, teils auch widersprüchlichen Text. JEAN DE MEUNG greift zwar den vorgegebenen Rahmen auf, aber die Liebeshandlung tritt zugunsten eines gesellschaftskritischen, philosophischen, ja enzyklopädischen Anliegens in den Hintergrund. Zudem macht das höfische einem lustorientierten Liebesverständnis Platz: Der Liebende scheut sich nicht, die Dienste der Schmeichelei in Anspruch zu nehmen, und *Vieillesse* wird zur zynischen Kupplerin. An den Auftritt von *Faus Semblant* knüpft der Autor seine auch andernorts artikulierte Kritik an den Bettelorden, zieht gegen den sittenverderbenden Einfluss des materiellen Besitzes und die soziale Ungleichheit zu Felde. Solche Missstände soll die Liebe bekämpfen, der er in einem utopischen Entwurf die Macht zuschreibt, das Goldene Zeitalter wiederherzustellen. Der Abschluss der Liebeshandlung wird nach dem Modell des *Tournoiemenz Antechrist* durch eine Schlacht zwischen den Truppen *Amors* (*Franchise, Déliz, Pitié* u. a.) und *Dangiers* (*Honte, Paor*) herbeigeführt. Doch erst die von ihrem Sohn Amor zu Hilfe gerufene Venus vermag den Widerstand der Keuschheit zu brechen und ermöglicht es so dem Liebenden, die Rose zu erobern. In einem Exkurs präzisiert JEAN DE MEUNG seine materialistische Liebeskonzeption, die er den bei ALANUS AB INSULIS entlehnten Figuren von Nature und Genius in den Mund legt, letzterer allerdings konkretisiert zum Gott der Zeugungskraft (s. S. 27).

Unterschied

Hatte GUILLAUME DE LORRIS die Gebote Amors verkündet, so lässt JEAN DE MEUNG der Armee Amors die Gebote der Natur erläutern, die eine radikale Abkehr vom höfischen Liebesideal bedeuten. Genius predigt die freie Liebe im Dienste der Fortpflanzung, wobei er völlig vom Individuum abstrahiert, was nach Köhler auf eine arabisch beeinflusste unorthodoxe Abart des Aristotelismus hinweist (vv. 13879–13888). Bereits weiter oben wurde die Liebe als *maladie de pensee* und rein physisches Phänomen definiert:*Venans as gens par ardor nee,/Par avision desordonee/,Por eus acoler et baisier/Et por eus charnelment aisier./Amors autre chose n'entent,/Ains s'art et delite et entent.* (vv. 4381–4386).

RezeptionWegen dieser unmoralischen Liebesauffassung, die eine Apologie der Luxuria bedeute, sowie wegen diverser misogyner Ausfälle (vgl. *Toutes estes, sereiz et fustes / De fait ou de volenté putes.* vv. 9155–9156) werden JEAN GERSON und CHRISTINE DE PIZAN an der Wende vom 14. zum 15. Jh. mit dem Streit um den Rosenroman die erste *Querelle* der französischen Literaturgeschichte entfachen. Dieses Echo ist ein Anzeichen der immensen Rezeption, die dieser in etwa 300 Manuskripten und ab 1481 auch in Drucken überlieferte Text erfahren hat. Neben Bearbeitungen, Prosafassungen und Übersetzungen (darunter die englische von CHAUCER aus der zweiten Hälfte des 14. Jhs.) ist vor allem auch die stilbildende Wirkung der Traumallegorie hervorzuheben, die sich in Texten erotischer wie auch politisch-didaktischer Natur manifestiert (z. B. *Dit de la panthère d'amour, Roman de la poire, Songe du verger*).

LiteraturAllen (1992), Arden (1993), Badel (1980), Batany (1973), Brownlee/Huot (1992), Dufournet (1984), Hicks (1996), Hill (1992), Huot (1993), Kolb (1965), Lecoy (1962 und 1979), Louis (1974), Müller (1947), Nykrog (1986), Ott (1980), Paré (1941), Poirion (1973), Potansky (1972)

Roman de Renart

Definition Eine andere Variante im Autonomisierungsprozess fiktionaler Literatur stellt die Tierepik des *Roman de Renart* dar, die frei von historischem Wahrheitsanspruch oder moralischer Zweckanwendung primär eine Unterhaltungsfunktion erfüllt. Kein Roman im eigentlichen Sinne, ist der *Roman de Renart* vielmehr ein Konglomerat verschiedener narrativer Episoden, die den schlauen Fuchs zum Protagonisten haben.

Aufbau Diese insgesamt 26 sog. *branches* sind in drei Phasen von zumeist unbekannten Autoren verfasst (1175–1180, 1180–1200, 1205–1250) und in Sammelhandschriften des 13. Jhs. überliefert worden. Zwischen den einzelnen Erzählungen, deren Länge sich von knapp 100 bis ca. 3000 Verse erstreckt, besteht kein logischer

Zusammenhang, ihre Anzahl und Reihenfolge in den verschiedenen Sammlungen variiert, wobei sich jedoch ein fester Bestand von 14 *branches* herauskristallisiert.

Ambivalenz

Reinecke Fuchs, wie er in der deutschen Tradition heißt, entspricht dem aus der universellen Folklore bekannten Typus des „trickster", des schlauen Betrügers. Seine Figur ist äußerst ambivalent. Einerseits ist er hinterhältig, sät Zwietracht, bricht als instinkthaftes, egoistisches Wesen sämtliche Regeln des gesellschaftlichen Zusammenlebens und wird mit der Zeit immer stärker zur Verkörperung des Bösen, ja des Teufels. Andererseits gewinnt er als subversiver Außenseiter, der Protest artikuliert und Unrecht rächt, auch Sympathien. Seine cleveren Streiche, seine erfolgreichen Überlebensstrategien und sein triumphierendes Ingenium (*engin*) machen ihn zur Identifikationsfigur für das breite Volk.

Parodie

Seinen großen Erfolg verdankt der *Renart* schließlich auch der Tatsache, dass die Abenteuer des Tierhelden nicht zuletzt als „Kontrafakturen der höfischen Epik" (Hausmann) zu verstehen sind. Das Personal und die Handlungsmuster des *Roman de Renart* spiegeln in ironischer Weise das Feudalsystem und die ihm inhärenten Spannungen.

Sozialkritik

Als ausdrückliches Instrument der Sozialkritik wird die Figur des Renart erst in späteren Bearbeitungen genutzt, wie etwa RUTEBEUFS Gedicht *Renart le Bestourné* (s. S. 80), dem *Couronnement de Renard*, *Renart le Nouvel* von JACQUEMART GIÉLÉE (um 1288) und dem aus dem 14. Jh. stammenden *Renart le Contrefait*. Die gesellschaftliche Hierarchie ist im *Roman de Renart* vertreten mit dem König Noble (Löwe), den hohen Feudalherren Ysengrin (Wolf) und Grimbert (Dachs), während der Esel Bernard den Klerus repräsentiert und ein Kamel als päpstlicher Legat auftritt. Auch menschliche Akteure treten in Erscheinung, vor allem Angehörige der unteren Schichten wie Bauern und Vertreter des niederen Klerus. Die zahlreichen Gerichtsverhandlungen, bei denen die Missetaten des Fuchses erörtert und abgeurteilt werden, erscheinen als Parodien feudaler Konfliktlösungsstrategien. Der gerechten Strafe für seine Kapitalverbrechen wie etwa die Vergewaltigung von Hersent, der Gattin Ysengrins, oder die Ermordung von Dame Coppée, der Gattin des Hahns Chantecler, weiß sich Renart jedoch stets zu entziehen.

Quellen

Der *Roman de Renart* ist ein Schmelztiegel verschiedener Einflüsse, wozu primär die Fabelsammlungen *Isopet* und *Avionnet* (FLAVIUS AVIANNUS) gehören, die im Mittelalter als erste Lateinlektüre dienten. Daneben greift der *Renart* archetypische Figuren und Handlungsmuster auf, die aus der internationalen Volkstradition bekannt sind und u. a. über die orientalische Sammlung *Kalila und Dimna*, auch bekannt unter dem Titel *Fabeln des Bidpai* (entstanden um 200–300 n. Chr.), oder die *Disciplina clericalis* des PETRUS ALFONSI (um 1110) überliefert wurden. Die literarischen Quellen im engeren Sinne beginnen früh mit ALKUINS *Versus de gallo* (8. Jh.), einem *Gallus et vulpus* und der *Ecbasis captivi* aus dem 11. Jh., einer erbaulichen Parabel über ein Kalb (Mönch), das sich, vom Wolf (Laien) verführt, ins weltliche Leben stürzt und vom Fuchs (erfahrener Mönch) fürs Klosterleben gerettet wird. Dagegen berichtet der *Bernellus* aus der zweiten Hälfte des 12. Jhs. von den Missgeschicken eines Esels in der Welt der Kirche, während in dem *Ysengrimus* des flämischen Mönchs NIVARD, der um 1150 in etwa 6500 Versen vom Streit zwischen dem Wolf Ysengrimus und dem Fuchs Reinardus erzählt, eine unmittelbare Vorform der ersten *branches* des *Renart* zu erkennen ist. Verankert in der Volksliteratur und vermischt mit der Rezeptionsgeschichte der Fabeln AESOPS hat der *Roman de Renart* eine reiche Nachkommenschaft gezeugt.

Batany (1989), Buschinger (1983), Dufournet (1990), Flinn (1963), Scheidegger (1989a und 1989b), Simpson (1996) | **Literatur**

Fabliaux

Im Spektrum der narrativen Kurzprosa, die auch *conte*, *fablel*, *exemplum* und weitere Untergattungen umfasst, dominiert im 13. Jh. das *fabliau*, das um 1160 aufkommt und nach 1340 relativ unvermittelt verschwindet. Während *fable* jegliche Art fiktionaler Erzählung meint, bezeichnet der pikardische Begriff *fabliau* (der damit auch dessen hauptsächliches Verbreitungsgebiet signalisiert) eine spezifische Gattung, die 1893 von Joseph Bédier als „contes à rire en vers" definiert wurde. In Form und Inhalt weist sie jedoch auch Berührungspunkte mit dem erzählenden Gedichttypus des *dit* sowie mit dem Theater, d. h. den Farcen auf. | **Definition**

Das in etwa 43 Manuskripten des ausgehenden 13. und des 14. Jhs. überlieferte Textkorpus zählt ca. 150 *fabliaux*, deren Umfang zwischen einigen hundert und, in Ausnahmefällen wie dem anonymen *fabliau Trubert*, einigen 1000 Versen variiert, zumeist paarweise gereimte Achtsilber. Die Autoren sind teils anonyme, teils namentlich bekannte, aber ansonsten obskure Jongleurs, teils aber auch renommierte Dichter wie JEAN BODEL, RUTEBEUF oder GAUTIER LE LEU. Die schwankartigen Themen sind aus der traditionellen Folklore bekannt: derbe Streiche, listige Strategien zum Lustgewinn und die Gestalt des betrogenen Betrügers (*trompeur trompé*) gehören zum Inventar. | **Textkorpus**

Figuren	Das Personal umfasst nahezu alle Stände, vom lächerlichen Ritter bis zum tumben Bauern, wobei jedoch das städtische Bürgertum und seine Lebenswirklichkeit vorherrscht. Im Hinblick auf ihre elementare narrative Funktion werden die Figuren stereotyp gezeichnet: nichtsnutzige und sinnenfrohe Kleriker, gehörnte Ehemänner, schlaue und lüsterne Weiber fügen sich zum *triangle érotique*, dem mit Abstand beliebtesten Handlungsmuster.
Sexualität	Die exuberante Sexualität der *fabliaux* mit ihrer Lust am insistenten, metaphorischen oder expliziten Benennen des Aktes und seiner Werkzeuge, die sogar zum Sprechen gebracht werden (*Li Chevalier qui fist parler les Cons*), bildet die dialektische Kehrseite der sublimierenden höfischen Erotik. Aufgrund ihres Hedonismus und ihrer unverblümten Sinnlichkeit manifestieren die *fabliaux* insofern eine ähnliche Geisteshaltung wie der *Renart* und der zweite Teil des *Rosenromans*. Der auf Körperlichkeit und Sexualität abzielende, nicht selten skatologische Humor veranschaulicht im Übrigen Michail Bachtins Ausführungen zum mittelalterlichen Lachen.
Inhalt	Die einsträngige Handlung entwickelt sich gemäß der Wechselfälle der Listen und Streiche unter Verwendung einfacher Kompositionsprinzipien wie sie auch aus dem Volksmärchen bekannt sind (Antithesen, Symmetrien, serielle Abläufe). Aus der historisch noch relativ jungen Institution der Ehe als Schauplatz steter Machtkämpfe beziehen die *fabliaux* unerschöpfliches Material, wobei sich hinsichtlich des Frauenbildes misogyne mit emanzipatorischen Aspekten verbinden (lüsternes Sinnenwesen und ewige Versucherin einerseits, andererseits Schläue und Rationalität beim Durchsetzen ihrer Interessen, relative Autonomie). Einer reichen Bürgersfrau gelingt es, sich mit dem zur Untermiete wohnenden Studenten (*clerc*) ungestört zu vergnügen und obendrein noch ihren Gatten verprügeln zu lassen (*La Bourgeoise d'Orléans*). Ein eifersüchtiger Gatte versteckt sich in einer Truhe, um seine Frau des Ehebruchs zu überführen; als er darin erstickt, weiß sie sich gewitzt der Leiche zu entledigen (*Des trois bossus*). Eine Dame lässt sich von einem umherziehenden Arzt nicht nur medizinisch versorgen und berichtet daraufhin ihrem ahnungslosen Mann in anzüglichen Metaphern alle Details der Behandlung – der lachende Dritte ist der Zuhörer (*La saineresse*). Die *fabliaux* verlachen die Kirche und ihre Doppelmoral oder den Bauern, der keine Stadtluft gewohnt ist, inszenieren aber auch üble Scherze auf Kosten der Schwächeren („Gebrestenkomik", *Les Trois aveugles de Compiègne*).
Didaktische Intention?	In Zusammenhang mit der Zielrichtung des Spotts wie mit der anarchischen Sinnenlust hat sich, im Hinblick auf die offizielle Kultur, die Frage nach der moralischen Rechtfertigung bzw. didak-

tischen Intention der *fabliaux* gestellt. Nicht selten unterlegen die Erzähler ihren Geschichten eine moralische Nutzanwendung in Gestalt eines Sprichworts, das durch die Handlung illustriert wird, woraus sich eine Nähe zum Exemplum ergibt. Das Verhältnis zwischen *narratio* und nachgestellter *moralisatio* lässt sich jedoch nicht eindeutig bestimmen, liegt doch das primäre Interesse der *fabliaux* ohnehin unbestritten in ihrer Unterhaltungsfunktion, wobei das intendierte Lachen des Publikums durch das Lachen der handelnden Figuren antizipiert wird.

Der Erzähler beruft sich gelegentlich auf eine mündliche Quelle und behauptet, die Geschichte in einer konkret benannten Stadt erfahren zu haben, womit er sie zugleich in der oralen Tradition und in der zeitgenössischen Wirklichkeit verankert. Dem Realitätsanspruch wird er denn auch gerecht durch die authentische Sprache der Dialoge wie durch die detaillierte Beschreibung der Schauplätze, der Straßen und Märkte, Bürgerhäuser und Tavernen, des üppigen Essens und Trinkens. Der durch diese Strategien suggerierte Wahrheitsanspruch ist jedoch doppelbödig und wird von den Erzählern selbst ironisch gehandhabt, wie die Eingangsverse von JEAN BODELS *Vilain de Bailleul* beweisen: *Se fliabliaus puet veritez estre,/dont avint il, ce dist mon mestre,/c'uns vilains a Bailleul manoit.* (vv. 1–3)

Wahrheitsanspruch

Die unerhörten Begebenheiten und die hyperbolischen Sexualphantasien unterlaufen zugleich den vorgeblichen Wahrheitsgehalt, so dass der Erzähler im Grunde ein Künstler der Lüge ist. Die Frage nach Wahrheit und Wirklichkeit wird darüber hinaus in den Geschichten selbst thematisiert. Für die handelnden Figuren wird das Vertrauen in eine verlässliche Wirklichkeit und in die Möglichkeit, sie mit wahren Aussagen zu beschreiben, in Frage gestellt, denn die Pointe vieler *fabliaux* beruht auf Missverständnissen, Verkleidungen, Verwechslungen bzw. auf Betrug und ausdrücklichen Lügen. Der Schalk und die Hinterhältigkeit der Mitmenschen drohen immer wieder die Koordinaten der Wirklichkeit zu verschieben. Hinsichtlich des Realismusbegriffs, unter dem sie üblicherweise klassifiziert wird, wirft die Gattung der *fabliaux* mithin vergleichbare Fragen auf wie sie bezüglich ihres unmittelbaren Nachfolgers, der Novelle, debattiert werden. Hier sei angemerkt, dass BOCCACCIO zahlreiche aus den *fabliaux* bekannte Stoffe in seinem *Decameron* (1348) aufgreift.

Infragestellung der Wirklichkeit

Als Antithese der höfischen Literatur, der sie eine vitale, sinnenfrohe, unbotmäßige Volkskultur entgegensetzen, wurden die *fabliaux* zu einem privilegierten Forschungsgegenstand. Die romantische These eines orientalischen Ursprungs wurde von Joseph Bédier verworfen, der ein soziologisches Erklärungsmodell auf-

Forschung

stellte. Aufgrund des burlesken, vulgären, ja obszönen Charakters dieser Erzählungen und ihres Realitätsbezugs sprach er von einer „poésie des petites gens", deren Ort die Märkte und Straßenkreuzungen, nicht die Höfe seien („poésie des carrefours" vs. „poésie des chateaux"). Per Nykrog verlagert das Augenmerk von den gesellschaftlichen Implikationen der handelnden Figuren auf Struktur und Stilregister der *fabliaux*, um von der niederen Stilebene, in die immer wieder Zitate aus höfischen Romanen eingelassen sind, auf eine burleske Parodie zu schließen, die im höfischen Milieu selbst entstanden sei. Basierend auf dem Vergleich verschiedener Versionen nuanciert Jean Rychner dahingehend, dass er eine gebildete und daher höfische Entstehung annimmt, auf die eine populäre „Vulgarisierung" gefolgt sei. Hermann Tiemann hebt die Bedeutung des Klerus im Kontext der mittelalterlichen Gesellschaft hervor, der sowohl über antike Traditionen wie *Apuleius* und *Petronius* als auch über die zu Predigtzwecken genutzten Exempla sowie die Klosterschwänke verfügte und daher als Trägerschicht der *fabliaux* in Frage käme. Erich Köhler betont Mentalität und Ideologie der handelnden Figuren, die deutlich auf Kaufleute und Händler, sprich das aufstrebende Bürgertum der nordfranzösischen Städte, verweise, wo die *fabliaux* geographisch anzusiedeln sind. Kommerzieller Habitus, kalkuliertes Handeln im Bündnis mit Fortuna, das Talent, geschickt und skrupellos Ziele zu verwirklichen und dabei die Konkurrenz zu überlisten, charakterisieren eine Schicht, in deren Umfeld ja auch ein Jahrhundert später, im städtischen Italien, BOCCACCIOS Novellen ihren Sitz im Leben haben werden. Michel Zink warnt allerdings davor, die Handlungsmuster der *fabliaux* als getreues Abbild der mittelalterlichen Volkskultur zu missdeuten, vielmehr seien psychologische Kompensationsmechanismen in Rechnung zu stellen und gerade die Amoralität als Ausdruck zeitspezifischer „fantasmes sociaux et érotiques" zu werten. Diese Relation wird beispielsweise in JEAN BODELS *Souhait des Vez* sinnfällig: Die Vision eines großen Marktes, wo Freudenspender aller Größen zu Preisen zwischen fünfzig und acht Sous feilgeboten werden, ist motiviert als Wunschtraum einer frustrierten Ehefrau, die sich beim Erwachen mit einem Exemplar zufriedengeben muss, das selbst noch die Ausmaße der billigsten Ladenhüter unterschreitet.

Korrigiertes Autorenbild

In Abkehr von dem anfänglichen Bild einer weitgehend anonymen, dem diffusen Milieu fahrender Jongleurs entstammenden Trivialliteratur, widmet sich die neuere Forschung auf der Grundlage detaillierten Textstudiums verstärkt der Persönlichkeit der Autoren, ihrem Bildungshorizont und ihrer künstlerischen Qualität (Luciano Rossi). Aus Selbstaussagen und intertextuellen Referenzen ergibt sich so, wie beispielsweise im Falle GARINS, ein überraschend deutlich konturiertes Profil, das die einst angenommene krasse Trennung zwischen Hoch- und Volkskultur widerlegt, wie denn auch die Jongleurs sowohl Höfisches als auch Populäres im Programm haben und ein gemischtes Publikum beide Literaturen gleichermaßen goutiert. Die Autoren der *fabliaux* verfügen mithin über solide Kenntnisse der höfischen, ja sogar der mittellateinischen Literatur, die sie in ihre Texte einfließen lassen. Davon abgesehen verstehen sie sich ganz bewusst als populäre Schriftsteller bzw. Vortragskünstler, die zur Unterhaltung eines breiten Publikums, ja zur Evasion beitragen und dafür auch entsprechend entlohnt werden. In diesem Sinne preist GARIN in den einleitenden Worten zu *Li Chevalier qui fist parler les Cons* die positiven psychosozialen Effekte seiner Geschichten (vv. 1–11).

Literatur

Aubailly (1987), Bédier (1982), R. Bloch (1986), Bremond/Le Goff/Schmitt (1982), Frosch-Freiburg (1971), Kaercher-Tona (1996), Kiesow (1976), Köhler (1985), Lacy (1993), Livingston (1951), Lorcin (1979), Ménard (1983), Muscatine (1986), Nykrog (1973b), Olsen (1976), Payen (1983), Payen/Jodogne (1975), Rychner (1960), Schenk (1987), Scott (1977), Zink (1992a)

4

KAPITEL Spätmittelalter (14. und 15. Jahrhundert)

❶ Gesellschaft und Kultur

1285–1314	PHILIPP IV. (der Schöne)	
1314–1316	LUDWIG X.	
1316–1322	PHILIPP V.	
1322–1328	KARL IV.	
1328–1350	PHILIPP VI. VON VALOIS	
1339–1453		Hundertjähriger Krieg
1350–1364	JOHANN II. (der Gute)	
1364–1380	KARL V. (der Weise)	
1380–1422	KARL VI.	
1422–1461	KARL VII.	
1429–1431		öffentliches Wirken der JEANNE D'ARC
1461–1483	LUDWIG XI.	
1483–1498	KARL VIII.	

Siècle des malheurs

Das 14. Jh. ist als „siècle des malheurs" in die Geschichtsschreibung eingegangen. Eine Klimaverschlechterung, die bis zur Mitte des 15. Jhs. anhält, führt in den Jahren 1315–1317 zu katastrophalen Missernten, die Hungersnöte und Teuerung, Epidemien und Landflucht zur Folge haben. Die Pest überzieht 1347, 1373 und 1379 in drei Wellen das Land. In deren Gefolge kommt es zur Verfolgung und Vertreibung gesellschaftlicher Außenseiter, insbesondere von Juden und Aussätzigen. Der Hundertjährige Krieg terrorisiert die Bevölkerung mit Plünderungen, Tod und Vertreibung. Angesichts der Not suchen viele Menschen Zuflucht in einer übersteigerten Frömmigkeit, die sich in Geißlerprozessionen, im Wunderglauben oder in der berechnenden Häufung religiöser Akte („Frömmigkeit der großen Zahl") niederschlägt. Bei alledem büßt der Adel seine traditionelle Rolle als vorbildliche Kriegerkaste ein. Dieser Machtverlust wird durch die spielerische Evokation des alten Rittertums sowie durch einen aufwendigen Lebensstil kompensiert.

PHILIPP IV.

PHILIPP IV. bricht mit vielen Grundwerten, die das „siècle de Saint Louis" bestimmt hatten. Insofern markiert seine Regierungszeit den Übergang Frankreichs ins Spätmittelalter. Zu erwähnen sind u. a. seine aggressive Steuerpolitik, sein Zerwürfnis mit dem Papst und die Vernichtung des Templerordens, eines wichtigen Trägers des Kreuzzugsgedankens.

Kontinuität besteht allerdings im weiteren Ausbau des Staatsapparats. Von den höchsten Instanzen – dem Kanzler als Vorsitzender des Staatsrats, dem *connétable* als Verteidigungsminister und den Kronjuristen im *parlement* – bis zu den ausführenden Organen vor Ort – *lieutenants* (Gerichtsbarkeit), *receveurs* (Steuern), *maîtres des forêts* (Forsten und Gewässer) – verfeinert er die Strukturen der Verwaltung. Als Beamte wie auch im engsten Beraterkreis bevorzugt er Bürgerliche, die mit der Zeit einen ergebenen Amtsadel bilden (*noblesse de robe*).

Staatsapparat

Die wichtigste Behörde ist die 1304 eingerichtete Rechnungskammer (*chambre des comptes*), welche unter der Leitung des *grand chambellan*, der seinerseits direkt dem König untersteht, die ordentlichen und außerordentlichen Einnahmen der Krone verwaltet. Um den Krieg gegen England und Flandern, Bestechungsgelder und andere notwendige Ausgaben zu finanzieren, führt PHILIPP IV. neue Steuern ein, darunter die Kopfsteuer (*taille*) und diverse Verbrauchssteuern, allen voran die Salzsteuer (*gabelle*), deren Abschaffung knapp 500 Jahre später die Französische Revolution fordern wird. Der Finanzbedarf bzw. die Geldgier des Königs führt zu extremen Konsequenzen: Er lässt nicht nur Münzmanipulationen vornehmen, sondern befiehlt darüber hinaus die Vertreibung der Juden (1306), deren Vermögen konfisziert wird, und die Enteignung der im internationalen Geldgeschäft tätigen Lombarden (1311).

Finanzen

Anlässlich der Besteuerung des Klerus, die PHILIPP IV. im Jahre 1294 einführen will, entbrennt ein heftiger Konflikt zwischen dem französischen König und Papst BONIFAZ VIII. Nach einer vorübergehenden Annäherung, die sich in der Heiligsprechung König LUDWIGS IX. manifestiert (1297), eskalieren die Spannungen. In diesem Zusammenhang beruft der König zur Stärkung seiner Position erstmals die Generalstände (*Etats Généraux*) ein (1302). Als der Papst in der Bulle *Unam sanctam* den Anspruch auf säkulare Weltherrschaft erhebt (1302) und seinen Gegenspieler zu exkommunizieren droht, kommt es zum Attentat von Anagni (1303), an dessen Folgen der Papst stirbt. Der Machtkampf entscheidet sich zugunsten des französischen Königs, als der Erzbischof von Bordeaux zum Papst gewählt wird (CLEMENS V., 1305–1314) und seinen Amtssitz nach Avignon verlegt. Dadurch gerät das Papsttum in die sog. „Babylonische Gefangenschaft" (bis 1377), an die sich das Große Schisma anschließt, d. h. die Spaltung der Kirche in zwei oppositionelle Lager, die von rivalisierenden Gegenpäpsten mit Sitz in Rom und Avignon regiert werden (1378–1417).

Papsttum

Die Vernichtung der Templer im Jahre 1314 ist auch von finanziellen Interessen bestimmt. Der Ritterorden, der im Jahre 1120 zum

Templer

bewaffneten Schutz des Heiligen Landes und der Pilger gegründet worden war (s. S. 23), wird von PHILIPP IV. aus zwei Gründen bedrängt: Er begehrt dessen Reichtum und fürchtet ihn als adlige Interessensorganisation, die der Zentralmacht gefährlich werden könnte. Als der Großmeister des Templerordens sich dem Zusammenschluss mit anderen Ritterorden, die der Befehlsgewalt des Königs unterstellt werden sollen, widersetzt, intensiviert PHILIPP IV. die Maßnahmen gegen die Templer. 1307 lässt er 2000 Ordensritter verhaften und ihren Besitz beschlagnahmen. Fünf Jahre später bewegt er den Papst zur Auflösung des Ordens, dem Ketzerei und sexuelle Perversionen nachgesagt werden. Ohne Rechtsgrundlage werden schließlich im Jahre 1314 der Großmeister JACQUES DE MOLAY und weitere Vorsteher des Ordens in Paris öffentlich verbrannt.

Dynastiewechsel

Auf PHILIPP IV. folgen kurz hintereinander seine drei Söhne, deren letzter im Jahre 1328 ohne männliche Nachkommen verstirbt. Um den Anspruch des englischen Königs EDUARD III. auf den französischen Thron auszuhebeln, den er aus seiner Ehe mit der einzigen Tochter PHILIPPS IV. herleitet, wird bereits im Jahre 1317 die weibliche Thronfolge unterbunden. Daher geht die französische Krone nach dem Aussterben der Kapetinger an den Neffen PHILIPPS IV., PHILIPP VI. und damit an die Nebenlinie der Valois über.

England

Schauplatz der Auseinandersetzungen zwischen England und Frankreich ist zunächst vor allem Flandern, das sich nach wechselnden Allianzen im Konflikt zwischen Bauern, städtischem Patriziat und dem Grafen von Flandern schließlich mit England verbündet und die französische Flotte zerstört (1340). Ein weiterer Interessenkonflikt bietet sich in der Bretagne, deren Herzog 1341 ohne direkten Erben stirbt. Eigentlicher Auslöser des Hundertjährigen Krieges ist die Guyenne, wo England an der französischen Atlantikküste seit den Zeiten HEINRICHS II. PLANTAGENET über Besitzungen verfügt, die Frankreich sich einverleiben möchte, was der „Black Prince" jedoch erfolgreich zu verhindern weiß.

Krieg

Entscheidend für das Kriegsgeschick ist zunächst die unterschiedliche Sozialstruktur und Waffentechnik beider Heere. Gegen die effizienten englischen Bogenschützen ist der berittene Adel Frankreichs hilflos, wie die desaströsen Niederlagen von Crécy (1346) und Maupertuis (1356) oder die Eroberung von Calais (1347), das bis 1559 englisch bleiben wird, beweisen. Dem französischen Rittertum mangelt es an taktischer Rationalität, denn es hängt einem anachronistischen Ideal nach, das ihn den Krieg als Schauturnier missverstehen lässt. Dieser Irrtum ist nicht nur politisch verhängnisvoll – König JOHANN II. gerät bei Maupertuis in englische Gefangenschaft –, sondern auch sozialgeschichtlich, da der

Adel, unfähig die dem Grundherrn obliegende Schutzpflicht zu erfüllen, seine traditionelle Legitimation als Kriegerkaste verliert (*bellatores*, s. S. 18).

Revolten

Die Leiden des Krieges, verschärft durch die Inkompetenz der adligen Führungsschicht, bringen gesellschaftliche Umwälzungsprozesse an einen kritischen Punkt, und in den Städten wie auf dem Land kommt es zu Aufständen. Nach der Gefangennahme des Königs bei Maupertuis ergreift in Paris der reiche Tuchhändler und Sprecher der Kaufmannschaft, ETIENNE MARCEL, die Macht (1356) und findet im König von Navarra einen Verbündeten gegen den Dauphin, den späteren KARL V. Im Frühsommer 1358 erheben sich auch die Bauern, da sie die Kriegsfolgen, von den Herren im Stich gelassen, am unmittelbarsten verspüren. Unter der Führung des Bauern GUILLAUME KARLE breitet sich die sog. *Jacquerie* von der Pikardie bis zur Champagne über Nordfrankreich aus. Ein Zusammenschluss von Bürgern und Bauern scheitert jedoch blutig. Mit der Eroberung von Paris durch den Kronprinzen wird im August 1358 die Macht wiederhergestellt.

Zeitalter der Prinzen

In zynischer Verkennung der Lage pflegt der Hochadel einen verschwenderischen Lebensstil. Eine weitreichende Entscheidung des unfähigen Königs JOHANN II. stärkt die Position der Prinzen von Geblüt und legt damit den Keim zu folgenschweren Konflikten: Nachdem der Erstgeborene seit 1349 den mit dem Dauphiné verbundenen Titel des Dauphin erhält, stattet der König auch dessen Brüder mit reichen Apanagen aus, erhebt sie zu Herren von Burgund, Anjou und Berry und macht sie damit zu potentiellen Rivalen der Krone. Die Königssöhne und die übrigen Prinzen von Geblüt aus den zahlreichen Seitenlinien des Königshauses prägen die „ère des princes". Mit ihren aufwendigen Hofhaltungen bringen sie als Mäzene eine unvergleichliche Blüte der Künste und der Literatur hervor, deren Preis jedoch nicht vergessen werden sollte.

Berry und Anjou

Dies gilt vor allem für JEAN DE BERRY, der sich neben einigen politischen Ämtern vor allem der Förderung der Künste widmet und u. a. das als *Très Riches Heures du Duc de Berry* bekannte Stundenbuch in Auftrag gibt, dessen prachtvolle Illuminationen von den Gebrüdern LIMBURG stammen. Später wird sich der HERZOG VON BERRY direkt am Machtkampf um den französischen Thron beteiligen, während die Interessen des HERZOGS VON ANJOU auf das ferne Italien gerichtet sind, denn er und seine Nachfolger bemühen sich, die Ansprüche des Hauses auf das Königreich Neapel durchzusetzen.

Burgund

Ein unmittelbares Konfliktpotential erwächst aus dem raschen Aufstieg des Hauses Burgund. PHILIPP II., genannt der Kühne, wird 1363/64 mit dem Herzogtum Burgund, dem Erbe seiner Mutter, ausgestattet. Beim Tod seines Schwiegervaters (1384) kommen das reiche Flandern und die Franche-Comté dazu. In territorialer, ökonomischer und kultureller Hinsicht wird Burgund zu einer europäischen Macht, die internationale Bedeutung erhält als „Zünglein an der Waage" in den Auseinandersetzungen zwischen Frankreich und England. Bereits der Sohn PHILIPPS II. wird auf tragische Weise in die Geschicke der französischen Krone eingreifen (s. S. 111). Nach dem Tod KARLS DES KÜHNEN im Jahre 1477 fällt Burgund an das Deutsche Reich.

1363–1404	PHILIPP DER KÜHNE	
1404–1419	JOHANN OHNE FURCHT	
1419–1467	PHILIPP DER GUTE	
1430		Gründung des Ordens vom Goldenen Vlies
1467–1477	KARL DER KÜHNE	seine Erbtochter MARIA heiratet MAXIMILIAN VON HABSBURG.

KARL V.

Bereits als französischer Kronprinz vertritt er erfolgreich seinen gefangenen Vater und führt 1360 den Franc ein, der dem Land nach zahllosen Währungsspekulationen finanzielle Stabilität verleiht. Im Jahre 1368 nimmt er den Krieg gegen England wieder auf und kann dank schlagkräftiger und zuverlässiger Heerführer (BOUCICAUT, DU GUESCLIN) auch beträchtliche Rückgewinne erzielen. Im Interesse der Krone beschneidet er sowohl den Einfluss der Kirche als auch das unzeitgemäße Fehdewesen des alten Adels. Den Beinamen „der Weise" verdient KARL V. durch ein hohes Maß an politischer Vernunft und die kluge Auswahl seiner Ratgeber. Die staatsphilosophischen Schriften von Intellektuellen wie PHILIPPE DE MÉZIÈRES und NICOLAS ORESME (s. S. 115) orientieren das politische Handeln des Königs im Sinne der *bonne policie* und des Gemeinwohls. Dadurch gelingt es ihm, das Vertrauen in den Staat wiederherzustellen, der unter seinem Sohn einer historischen Zerreißprobe ausgesetzt sein wird.

Macht-kämpfe

Wenige Jahre nach Beginn seiner persönlichen Herrschaft gelangt nämlich bei KARL VI. eine Geisteskrankheit zum Ausbruch, die ihn zum Spielball der politischen Interessen seiner Onkel werden lässt. Ihm zur Seite stehen jedoch die von seinem Vater eingesetzten Räte und Spezialisten, in deren Händen die Verwaltung und das Finanzwesen ruhen. Letztlich bewähren sich diese als *marmousets* bezeichneten Beamten, denen eine gewisse Stabilität und Kontinuität zu verdanken ist, obwohl es ihnen nicht gelingt, den offenen Ausbruch des Machtkampfs zu verhindern.

Der HERZOG VON ORLÉANS, der Bruder des Königs, und der HER-ZOG VON BURGUND, sein Cousin, rivalisieren um die Macht im Staat. Der Burgunder JOHANN OHNE FURCHT lässt im Jahre 1407 seinen Widersacher LUDWIG I. VON ORLÉANS ermorden und ent-facht damit einen Bürgerkrieg zwischen den von dessen Sohn CHARLES D'ORLÉANS angeführten Armagnaken und den ab 1414 offiziell mit England verbündeten Burgundern. Paris ist zunächst pro-burgundisch, muss sich jedoch nach dem Scheitern eines Zunftaufstands (*cabochiens*) den Armagnacs ergeben. Als Graf BERNHARD VON ARMAGNAC das Regiment übernimmt, kommt es zu einem blutigen Rachefeldzug gegen die Anhänger der Bur-gunder.

Bürgerkrieg

Im Oktober 1415 erleiden die französischen Truppen in Azincourt trotz zahlenmäßiger Überlegenheit einmal mehr eine vernich-tende Niederlage gegen das englische Heer, und viele Adelige, da-runter CHARLES D'ORLÉANS (s. S. 124 f.), geraten in Gefangenschaft. In der Folgezeit erobern die Engländer ganz Nordfrankreich, und ihre Verbündeten, die Burgunder, nehmen Paris ein, wo sie ein Blutbad unter ihren Gegnern, den Armagnacs, anrichten, zu denen auch bedeutende Frühhumanisten wie JEAN DE MONTREUIL oder GONTIER COL gehören.

Azincourt

Der Thronfolger, der spätere KARL VII., zieht sich nach Bourges zurück und übernimmt die Führung der Armagnacs. Bei einem Treffen auf der Brücke von Montereau im Herbst 1419 wird JOHANN OHNE FURCHT, der Mörder des Herzogs von Orléans, von einem Pagen des Dauphin umgebracht. Daraufhin verbündet sich seine Mutter mit Burgundern und Engländern und schließt ihn von der Thronfolge aus. Vorübergehend wird Frankreich von JOHANN VON BEDFORD, dem Regenten des minderjährigen Königs von England, regiert.

Rache

Zunächst als Herrscher eines Schwundkönigreichs, als „König von Bourges" geschmäht, gewinnt KARL VII. an Profil. Dabei ist ihm der Rückgriff auf einen Beraterstab behilflich, der die Stabilität des von KARL DEM WEISEN geförderten Beamtensystems beweist. Trotz oder gerade wegen der Exilsituation entstehen in jener Zeit bedeu-tende Beiträge zur Festigung der nationalen Identität, die Persönlich-keiten wie JEAN GERSON (s. S. 115), CHRISTINE DE PIZAN (s. S. 130 ff.) oder ALAIN CHARTIER(s. S. 123) zu verdanken sind. In dessen *Quadrilogue invectif* (1422) tritt beispielsweise Frankreich als alle-gorische Frauenfigur auf, die ihre Kinder, den Ritter, das Volk und den Klerus dazu aufruft, ihr beizustehen, um sie zu retten.

KARL VII.

Den letzten Anstoß zur Verwirklichung der nationalen Rettung gibt JEANNE D'ARC, das Hirtenmädchen aus Lothringen, das sich von Gott gesandt glaubt. Ihrem aufrüttelnden Wirken ist die

JEANNE D'ARC

Befreiung von Orléans am 8. Mai 1429 und die Salbung KARLS VII. in Reims zu verdanken. Bald jedoch gilt sie den auf Versöhnung mit Burgund bedachten „Realpolitikern" als Falke. Ihr unerbittlicher Kampfeswille stört, so dass man sie den Engländern überlässt, als sie 1430 in Compiègne in deren Hände gerät. Nach einem detailliert dokumentierten Prozess wird sie am 30. Mai 1431 in Rouen, im englischen Herrschaftsgebiet, verbrannt. 1456 erreicht KARL VII. den Widerruf dieses politischen Urteils.

Stabilisierung

Nach der Versöhnung mit Burgund im Frieden zu Arras (1435) und der Wiedereroberung von Paris im Jahre 1436 zeichnet sich bald eine politische Stabilisierung ab. In den 40er und 50er Jahren unternimmt KARL VII. große Reformwerke. Er modernisiert das Finanzwesen und führt eine Heeresreform durch. Das auf der Grundlage von Kavallerie und Fußkämpfern organisierte stehende Heer besteht seine Bewährungsprobe anlässlich der Rückeroberung der Normandie, Gascogne und Guyenne (1450–1453). Auch im religiösen Bereich beweist Frankreich seine wiedergewonnene Eigenständigkeit mit der Pragmatischen Sanktion (1438), welche die gallikanische Nationalkirche begründet, und der führenden Rolle beim Konzil zu Basel (1431–1449).

1453

Das Jahr 1453 ist aufgrund von drei historischen Ereignissen bedeutsam. Der Verlust der Guyenne signalisiert das Ende des Hundertjährigen Krieges und besiegelt die englische Niederlage, wobei Frankreich seine Überlegenheit nicht zuletzt seinem relativen Bevölkerungsreichtum und seinen natürlichen Ressourcen verdankt. Im gleichen Jahr fällt der Kaufmann JACQUES CŒUR in Ungnade, der als erfolgreicher Unternehmer und Staatsdiener eine Epoche geprägt hatte. Vor allem jedoch bezeichnet die Eroberung Konstantinopels durch die Türken im Jahre 1453 für einige Historiker den Schlusspunkt des Mittelalters. Bezeichnend ist in diesem Zusammenhang auch, dass der Plan eines Kreuzzugs, den der im Orden vom Goldenen Vlies organisierte burgundische Adel gefasst hatte, nicht verwirklicht wird.

Adelsrevolten

De facto ist der Adel entmachtet, das Rittertum obsolet. KARL VII. drängt den Einfluss der alten Aristokratie, insbesondere der Prinzen von Geblüt, weiter zurück. Doch noch geben die Fürsten sich nicht geschlagen, sondern nutzen vielmehr jede vermeintliche Schwäche des Königtums zum Gegenschlag. So kommt es zu mehreren Adelsaufständen – 1440 *Praguerie*, 1465 *Ligue du Bien public*, 1485–1488 *Guerre folle* – die allerdings samt und sonders scheitern und, vor allem unter LUDWIG XI., blutige Verfolgungswellen auslösen.

Ausblick

Der Machtantritt LUDWIGS XI. (1461) bringt eine tief greifende, ambivalent zu beurteilende Wende mit sich. Einerseits verleiht er dem öffentlichen Leben in Frankreich einen Dynamisierungsschub. Andererseits entspricht er schon fast dem Profil des frühneuzeitlichen Machiavellisten: Er operiert mit Bestechung und Terror, verfolgt gnadenlos den oppositionellen Adel und bereichert das französische Territorium um das Anjou und die Provence. Dort führt die administrative Präsenz des Nordens zur weiteren Verdrängung der okzitanischen Sprache und Kultur. Unter seinem Nachfolger KARL VIII. zeichnen sich bereits jene Probleme ab, die Frankreich im 16. Jh. beschäftigen werden, nämlich die außenpolitischen Konflikte mit Italien und dem Hause Habsburg.

Fazit

Am Ausgang des Mittelalters hat Frankreich eine weitgehende territoriale Geschlossenheit, innere Einheit und nationale Identität gewonnen. Diesbezüglich wie auch hinsichtlich der administrativen Strukturen der Monarchie, der ökonomischen Kräfte oder der intellektuellen Strömungen kann Michel Mollat daher von einer „genèse médiévale de la France moderne" sprechen.

Technik

Auch im Bereich der technischen Entwicklungen und Erfindungen zeichnen sich wegweisende Neuerungen ab. Neben der weiten Verbreitung öffentlicher Uhren und den zweifelhaften Fortschritten der Waffentechnik (Kanone mit Eisengeschossen, erste tragbare Feuerwaffe) sind insbesondere jene Fortschritte erwähnenswert, die das Zeitalter der Entdeckungen vorbereiten: Kartographie und Messtechnik verbessern sich, und um 1430 wird die erste Karavelle (Segelschiff) gebaut. Bereits im 14. Jh. eröffnet die Entwicklung von Hochöfen und die Konstruktion des ersten Tasteninstruments neue Perspektiven für die industrielle und kulturelle Entfaltung.

Wirtschaft

Trotz des großen Elends steigert sich die Produktion von Luxusgütern, da der Hochadel seinen realen Machtverlust durch ostentative Statussymbole kompensiert. Goldschmiede und Teppichwebereien verfügen daher über volle Auftragsbücher. Eine generelle Erholung der Wirtschaft ist erst wieder seit der Mitte des 15. Jhs., d. h. seit Ende des Hundertjährigen Krieges, zu vermerken. Die Landwirtschaft wird zu einem lukrativen Investitionsobjekt für das Bürgertum. Der Anbau von Getreide und Wein sowie von speziellen Nutzpflanzen (Hanf, Waid, Raps) nimmt zu.

Städte

Die Städte werden zum Motor des Handels, verlieren jedoch ihr früheres politisches Gewicht. Als Indiz der neuen Prosperität erhalten Caen, Rouen und Lyon Messeprivilegien. Strategisch günstig gelegen, entwickelt sich Lyon dank des Bankwesens, der Seidenmanufakturen und der Druckereien zu einer aufstrebenden Wirtschaftsmetropole und zur Wiege der französischen Renaissance.

Bildung

Im Spätmittelalter ist ein wahrer Bildungsboom zu verzeichnen. Neben den vier klassischen Universitäten entstehen zehn neue

Hochschulen, deren Gründung durchaus auch politischem Kalkül gehorcht, wie etwa im Fall von Aix-en-Provence, wo sie eindeutig der Verbreitung der nordfranzösischen Kultur dienen soll. Auch auf breiter Ebene ist ein Ansteigen des Bildungsniveaus festzustellen, und man darf annehmen, dass etwa 10–15 % der Bevölkerung lesen können, vor allem in den Städten. Eine besondere Bedeutung kommt dabei natürlich dem Buchdruck zu. Um 1450 erfindet GUTENBERG den Druck mit beweglichen Lettern, und im Jahre 1470 gründen GUILLAUME FICHET und JEAN HEYLIN an der Sorbonne die erste Druckerei. In sprachgeschichtlicher Hinsicht sei angemerkt, dass sich das Altfranzösische inzwischen zum Mittelfranzösischen entwickelt hat.

Frühhumanismus

In der Philosophie bedeutet das Spätmittelalter den Übergang von der Spätscholastik zum Frühhumanismus. Nach ersten Anzeichen in der Mitte des 14. Jhs., etwa bei GUILLAUME DE MACHAUT, entfaltet sich das frühhumanistische Denken um 1380–1420, bis es ab 1450 einen neuerlichen Aufschwung nimmt. Wichtige Einflüsse, die z. B. durch den Papsthof in Avignon oder das Konzil von Konstanz (1414–1418) vermittelt werden, bezieht dieser christliche Frühhumanismus durch die PETRARCA-Rezeption (ab 1360) oder durch die flämisch-niederrheinische Frömmigkeitsbewegung der *devotio moderna*. Ein entscheidender Impuls für den europäischen Humanismus geht vom Fall Konstantinopels aus (1453), da viele Gelehrte in den Westen fliehen, dem sie die griechische Sprache, Philosophie und Textüberlieferung erschließen.

Grundzüge

Der französische Frühhumanismus entwickelt sich in kirchlichen Kreisen, an der Pariser Universität sowie in den Kanzleien der zahlreichen Fürstenhöfe. Die dort tätigen Intellektuellen stehen in engem Kontakt und tauschen sich mündlich wie brieflich über die aktuellen Fragestellungen des Geisteslebens aus. Für viele dieser engagierten Staatsdiener besitzt CICERO unangefochtenen Vorbildcharakter. Neben der Reformierung der *res publica* widmen sich einige von ihnen dem philologischen Textstudium der Klassiker. Ein ganz wesentliches Element des Humanismus ist schließlich die Aufwertung des Individuums, das uns in der zeitgenössischen Literatur als lyrisches Ich, autobiographisches Ego oder narratives Subjekt gegenübertritt.

OCKHAM

Der Engländer WILHELM VON OCKHAM (um 1285–1349), der an der Pariser Universität studiert und lehrt, ist ein mutiger Spätscholastiker und Wegbereiter des Empirismus. Im Universalienstreit vertritt er die Position der Nominalisten, die den allgemeinen Begriffen jeglichen Realitätsgehalt absprechen. Ockham trifft als erster die Unterscheidung zwischen zwei Arten von Wahrheit: Neben den Glaubenswahrheiten, die in die Zuständigkeit der Theologie fallen, existieren objektive Wahrheiten, ein faktisches Wissen, das im Rahmen der Philosophie bzw. der Einzelwissenschaften verhandelt wird. Wegen dieser revolutionären Befreiung des Geistes aus der Abhängigkeit der kirchlichen Dogmen wird OCKHAMS Lehre an der Pariser Universität verboten (1339). Zudem beteiligt er sich als Franziskaner an der Kontroverse um die irdische Besitzlosigkeit Christi, eine Auffassung, die von Papst JOHANNES XXII. für ketzerisch erklärt wird (1323). OCKHAM wird exkommuniziert, gerät in Kirchenhaft, aus der er zu LUDWIG DEM BAYERN nach München flieht, wo er auch sterben wird.

NICOLAS ORESME (um 1320–1382) ist in seiner Vielseitigkeit ein beispielhafter Repräsentant des französischen Frühhumanismus. Der Bischof von Lisieux ist Lehrer und späterer Berater KARLS V., des Weisen. Er übersetzt die Schriften des ARISTOTELES zur Politik und zur Moral und verfasst in diesem Sinne selbst bedeutende Traktate, wobei er sich als erster des Französischen als Wissenschaftssprache bedient. Mit seinem *Livre de politique*, seinem *Livre appelé économique* und der geldtheoretischen Abhandlung *De l'origine, nature et mutation des monnaies* liefert er die volkswirtschaftlichen und staatsphilosophischen Grundlagen zu einem Staats- und Regierungssystem, das sich selbst reflektiert, philosophisch legitimiert und im aristotelischen Sinne als gesetzmäßig versteht. Neben diesem Beitrag zu dem im Umfeld KARLS V. elaborierten Konzept der *bonne policie* erweist sich ORESME, der in *De caelo et mundo* über die Bewegung der Himmelskörper spekuliert, zudem als Vorläufer des Kopernikus.

ORESME

Obwohl er eher Theologe als Philosoph ist, soll an dieser Stelle auch JEAN GERSON (1363–1429) erwähnt werden, der seit 1395 Kanzler der Universität Paris ist. Als Teilnehmer am Konzil zu Konstanz bemüht er sich vergeblich um die Überwindung des Schismas. Seine theologischen Werke wenden sich ab von der schematischen Argumentation der Scholastik, um sich der freien, persönlich gefärbten Rhetorik der Kirchenväter anzunähern. Die Hinwendung zum Individuum und dessen persönlicher Erfahrung zeigt sich bei GERSON u. a. in seiner Affinität zur *devotio moderna* wie in seinem Handbuch zur Beichte, die seit dem 4. Laterankonzil von 1215 zur jährlichen Pflicht eines jeden Christen erhoben worden war.

GERSON

Während die literarischen Formen der neuen Subjektivität im folgenden Teil Berücksichtigung finden, sollen hier die pragmatischen Texte erwähnt werden. Das wachsende Bildungsniveau, in Verbindung mit der Aufwertung individueller Erfahrung, führt zur Entstehung von Formen des autobiographischen Schreibens. An der ersten Stelle dieses selbstbezogenen Diskurses steht das Tage-

Tagebuch

buch, wie es uns etwa in den Aufzeichnungen des Bischofs JEAN LE FEYRE vorliegt, die von der Auseinandersetzung mit dem Schisma geprägt sind. Neben den Notaten eines Pariser Parlamentsschreibers aus dem 15. Jh. besitzen wir das anschauliche *Journal d'un bourgeois de Paris*. Die zwischen 1405 und 1449 entstandenen Aufzeichnungen, deren Autor vermutlich ein Kanoniker der Kirche Notre-Dame-de-Paris ist, der auch an der Sorbonne gelehrt hat, vermitteln uns einen lebendigen Eindruck vom Alltag in Paris während des Bürgerkriegs und gegen Ende des Hundertjährigen Krieges.

Historiographie

Was auf persönlicher Ebene das Tagebuch, ist auf kollektiver Ebene die Geschichtsschreibung, die im Spätmittelalter, einem Zeitalter der Katastrophen, des politischen Niedergangs und der ritterlichen Nostalgie, besonders gepflegt wird und am burgundischen Hof eine außerordentliche Blüte erfährt. Die Chroniken verbinden die Aufzeichnung der zeitgenössischen Aktualität mit politischen und gesellschaftlichen Reflexionen, die über den Tag hinaus weisen. In Fortsetzung der *Grandes Chroniques de France* stehen die Hofgeschichtsschreiber im Dienste ihrer Herrn. Die Memorialisten dagegen vertreten einen persönlicheren Standpunkt, indem sie ihre subjektive Sicht auf die historischen Begebenheiten mit autobiographischen Elementen verbinden und mit einer politischen bzw. beruflichen Selbstreflexion verknüpfen.

Literatur

Gumbrecht u. a. (1986)

JEAN FROISSART

JEAN FROISSART (um 1337 – nach 1404) liefert uns mit seinen *Chroniques*, die den Zeitraum von 1323 bis zum Ende des Jhs. umfassen, den wichtigsten historischen Quellentext zum ersten Teil des Hundertjährigen Krieges. Als erster ersetzt er schriftliche Dokumente durch mündliche Berichte von Zeitzeugen. Um diese zu befragen und einen persönlichen Eindruck der Schauplätze zu gewinnen, unternimmt er weite Reisen nach England, Schottland, Aquitanien und Italien. An die mündliche *enquête* schließt sich die Redaktion an, gefolgt von mehreren Überarbeitungen, so das gewissenhafte Verfahren des Geschichtsschreibers FROISSART. Andererseits kann er nicht den Einfluss seiner Mäzene, insbesondere des englischen Königs EDWARD III., verhehlen, der sich in der Perspektivierung und Wertung der dargestellten Ereignisse bemerkbar macht, obschon FROISSART gegen Ende seiner vierteiligen Chronik einen unabhängigeren und kritischeren Standpunkt einnimmt, der aber immer noch einer romanesken Verherrlichung des ritterlichen Lebens huldigt, die auch seinem Roman *Méliador* zugrunde liegt (s. S. 144).

Literatur

Ainsworth (1990), Archambault (1974), Diller (1984), Jaeger (1981)

Das Gegenmodell zu Froissart liefert Commynes (um 1447–1511), der in seinen achtbändigen *Mémoires* das politische Geschehen seiner Zeit ungerührt, illusionslos, ja zynisch darstellt und dabei als „Totengräber ritterlicher Ideale und Illusionen" fungiert (Zink). Problematisch wird sein persönliches Zeugnis dadurch, dass er sich, zunächst in Diensten des Burgunders Karls des Kühnen, vom französischen König Ludwig XI. kaufen lässt (1468) und für diesen mehrere Geheimaufträge erfüllt, bis er offen zu ihm überläuft und für seine Dienste mit Ämtern, Titeln und Ehrenbezeugungen überhäuft wird (1472). Die zwischen 1489 und 1498 entstandenen *Mémoires* lesen sich insofern nicht unvoreingenommen als Rechtfertigung eines Verräters und politischen Zynikers.

Chevalier/Contamine (1985), Delort (1982), Ehlers (1987), Favier (1989), Fossier (1984), Gauvard (1997), Geremek (1976), Huizinga (1987), Le Goff (1962), Mollat (1977), *Nouvelle histoire de la France médiévale* (1990), Tanz (1991), Tuchmann (1985), Vauchez (1975)

Philippe de Commynes

Literatur zu Kapitel 4.1

2 Literatur

Gegenüber der Kultur und Literatur des Spätmittelalters galt ein hartnäckiges Vorurteil. Mit dem Stigma der Dekadenz und des Epigonentums versehen, wurden die literarischen Zeugnisse des ausgehenden Mittelalters von der Forschung lange Zeit vernachlässigt, bis u. a. Daniel Poirion Mitte der 1960er Jahre ein Signal zur Erschließung und Aufwertung der reichhaltigen Lyrik jener Epoche gab.

Vorurteil

1 Lyrik

Gegen den Vorwurf der *poésie formelle* unterstreicht die neuere Literaturwissenschaft zunächst vor allem die Individualität der Poeten, deren Stil so unterschiedlich ist wie ihre soziale Herkunft und ihr Lebensschicksal. Herausragende Dichterpersönlichkeiten jener Zeit sind u. a. Guillaume de Machaut (ca. 1300–1377) und sein Schüler Eustache Deschamps (1346–1406), die gelehrte Christine de Pizan (1365–1429) und der ironische Alain Chartier (1385–1435) sowie schließlich der hohe Herr Charles d'Orléans (1394–1465) und der von ihm geförderte Vagabund François Villon (1431 – nach 1463).

Individualität

Der Dichter erlangt im Spätmittelalter einen neuen Status, der von gesellschaftlicher Anerkennung und gewachsenem Selbstbewusstsein geprägt ist. Die Beziehung zwischen dem Fürsten und dem

Status

Poeten, dessen Bildung man zu schätzen weiß, stabilisiert sich dergestalt, dass sein Lebensunterhalt als beamteter Dichter im Dienst eines Mäzens gesichert ist, falls ihm nicht eine kirchliche Pfründe eine gewisse finanzielle Unabhängigkeit verleiht. Allerdings gerät der Dichter, der insofern über Einkommen und Ansehen verfügt und durchaus von seiner Arbeit leben kann, in eine ambivalente Position, die vom Konflikt zwischen Abhängigkeit und individuellem Künstlertum geprägt ist. „Poète" ist nunmehr ein Titel, dessen Würde der Dichter u. a. dadurch Rechnung trägt, dass er für die Überlieferung seiner Werke Sorge trägt und ihre Rezeption lenkt, indem er sie vor der Abschrift in eine bewusste Ordnung bringt, etwa als *recueil*, und ihnen ein Vorwort voranstellt.

Text vs. Musik

Das Spätmittelalter verzeichnet mithin eine Professionalisierung des Dichters, die nicht zuletzt mit der Ausdifferenzierung von Text und Musik einhergeht. Das Auseinanderdriften von Wort und Melodie, *dit* und *chanson*, das im 13. Jh. eingesetzt hatte, ist Ende des 14. Jhs. abgeschlossen. Die wachsende Komplexität der Polyphonie verlangt ihrerseits nach Spezialisten, und neben dem Hofdichter entsteht der Hofkomponist (z. B. JOSQUIN DES PRÉS).

Erste Poetik

Nach GUILLAUME DE MACHAUT, dem letzten Dichter und Komponisten in Personalunion, wird dessen Schüler EUSTACHE DESCHAMPS in seiner Poetik aus dem Jahre 1392, *Art de dictier et de fere chançons, balades, virelais et rondeaux*, eine grundlegende Abgrenzung treffen: Die in Notenschrift transkribierte Gesangsmelodie bzw. Instrumentalbegleitung wird als *musique artificiele* bezeichnet, während *musique naturele* die melodisch-metrischen Ressourcen meint, die dem Menschen in Gestalt des rhythmisierten Sprechens von Natur gegeben sind. Auf diese Weise erlangt die Klanggestalt des lyrischen Gedichts eine relative Autonomie, melodische Effekte von Metrik und Rhythmik, Reim und Klang gewinnen an Bedeutung. Dadurch erhalten stilistisch-formale Elemente neues Gewicht, was bei den *Rhétoriqueurs* zu einer hohen formalen Virtuosität führen wird. Das neue Spezialistentum der Wortkünstler manifestiert sich ebenfalls in den zahlreichen Beiträgen zur poetologischen Theoriebildung, die ein neues Gattungssystem begründen.

Gattungen

Im Verlauf des 14. Jhs. bildet sich in Fortführung der altfranzösischen lyrischen Genera (allerdings unter Wegfall des *grand chant courtois* und der *chanson de toile*) das formal bestimmte System der *genres à forme fixe* heraus, das folgende Gattungen umfasst: *rondeau, virelai, ballade, chant royal, lai*. Daneben existieren auch die inhaltlich bestimmten Gattungen *sirventois, complainte, fatrasie, sotte chanson, pastourele*. In seiner vor 1341 entstandenen Abhandlung *Remède de fortune* erläutert MACHAUT sechs Gedichtformen und illustriert sie durch Beispiele; dies sind, in der Reihenfolge abnehmender Schwierigkeit: *lai, complainte, chant royal, ballade* bzw. *baladele, virelai* und *rondelet.*

genres à forme fixe	lai lyrique, chant royal, ballade, rondeau, virelai	Lyrische Gattungen des Spät- mittelalters
andere Gattungen	sirventois, complainte, pastourelle, fatrasie, sotte chanson	

Der *lai lyrique* ist die anspruchsvollste Form, da er aus zwölf in zwei bis vier *couplets* unterteilten Langstrophen unterschiedlichen Umfangs besteht, die jeweils in einem anderen Metrum stehen.

Lai lyrique

Relativ einfache Formen sind dagegen das dem ländlichen Tanz entstammende *virelai* und das ihm verwandte *rondeau*, das nun allerdings nicht mehr konkret einen Rundtanz bezeichnet, son- dern eine Kreisstruktur aufweist, die auf dem Kontrast zwischen *couplets* und *refrain* beruht.

Virelai und *rondeau*

Eine thematisch recht flexible Gattung, die sich ebenso einem amourösen wie einem religiösen, einem polemischen wie einem alltäglichen Gegenstand anpasst, ist die *ballade*, die ursprünglich drei Strophen umfasst, welche jeweils mit einem Refrain von einem Vers enden. Eine ähnliche Struktur weist der feierliche *chant royal* auf, der fünf Strophen aus gleich reimenden Zehnsilbern umfasst und mit einem *envoi* (vgl. *tornada*) endet. Die strukturelle Affinität zwischen der *ballade* und dem *chant royal*, der als Wei- terentwicklung der *chansons* der *trouvères* in den bürgerlichen *puys* entstanden ist, führt Ende des 14. Jhs. zum Verlust klarer Diffe- renzierungsmerkmale. Dass die *ballade* die mit Abstand beliebte- ste lyrische Gattung des Spätmittelalters darstellt (MACHAUT ca. 250, FROISSART ca. 50, DESCHAMPS ca. 1000, CHARLES D'ORLÉANS mehr als 120), verdankt sie u. a. dem Umstand, dass ihre strophi- sche Dreigliederung dem Argumentationsmuster der scholasti- schen Dialektik entspricht und der einzeilige Refrain zur Erfin- dung einer geistreichen Pointe herausfordert.

Ballade und *chant royal*

In Fortsetzung der bereits in den *dits* des 13. Jhs. zu verzeichnen- den Tendenz, die Dichtung für Themen des Alltags zu öffnen und stärker im Individuum zu verankern, erweitert sich das Spektrum der lyrischen Themen beträchtlich. Außerdem werden alte Sujets unter neue Vorzeichen gesetzt. So gibt die Liebe immer öfter Anlass zu Satire und Parodie, VILLONS *grosse Margot* ersetzt die ferne Angebetete der *trobadors*, und ALAIN CHARTIER stellt den Kausal- nexus von *amour* und *chevalerie* in Frage, auf dem die höfische Kul- tur beruhte. Die moralisch-didaktischen Dichtungen verlieren

Themen

ihre primär religiöse Zielsetzung und gewinnen als Zeitkritik an politischer Relevanz. Anzeichen eines latenten Prähumanismus sind die gehäuft auftretenden Gegenstände aus Mythologie und alter Geschichte. Im Zuge einer solchen Intellektualisierung der Lyrik konstatiert Poirion den Übergang vom *amour de l'amour* zum *amour de la sagesse*.

Subjektivität

Schließlich konturiert sich immer deutlicher ein Ich, das aus der poetischen Rolle heraustritt, um einer authentischen Subjektivität Ausdruck zu verleihen. In Abkehr von dem für das Hochmittelalter charakteristischen höfischen Lebensgefühl der *joie* findet und artikuliert sich das lyrische Subjekt des Spätmittelalters in einer auf die Moderne/Neuzeit vorausdeutenden Weise als ein Individuum, das in Einsamkeit und Melancholie zu sich selbst kommt. Angesichts von Gefangenschaft, Krieg und Tod sucht das Subjekt, wie die Gedichte eines CHARLES D'ORLÉANS veranschaulichen, im stoischen *nonchaloir* seine Integrität zu wahren.

Funktionen

Zwischen Öffentlichkeit und Intimität erfüllt der Dichter des Spätmittelalters eine Vielzahl von Funktionen. Als beamteter Poet eines Mäzens ist er zu Gelegenheitslyrik und Panegyrik (Herrscherlob) verpflichtet, dient der höfischen oder ständischen Repräsentation. Neben der traditionellen Unterhaltungsfunktion im Rahmen geselligen Zeitvertreibs gerät die Dichtung nunmehr auch zum Bildungsnachweis und schließlich zum privilegierten Reflexionsmedium eines neu erwachenden Ichbewusstseins. In ihrer Vielschichtigkeit macht die Lyrik daher sinnfällig, inwieweit das Spätmittelalter als Prähumanismus gelten darf.

Literatur

Bec (1977–1978), Boutet/Strubel (1978 und 1979), Heger (1967), Hülk (1999), D. Kelly (1978), Martineau-Genieys (1977), Poirion (1978), Stempel (1995), Tietz (1987)

GUILLAUME DE MACHAUT

Guillaume wird um 1300 in dem Ardennendorf Machault als Sohn einer bürgerlichen Familie geboren. Nach dem Erwerb einer *maîtrise ès arts* tritt er um 1323 als Notar und Sekretär in den Dienst des Königs von Böhmen, JOHANN V. LUXEMBURG, in dessen Auftrag er zahlreiche diplomatische Reisen durch Europa unternimmt. Nach dem Tod dieses von ihm sehr geschätzten Herrn ist er für wechselnde Mäzene tätig (BONNE DE LUXEMBOURG, KÖNIG V. NAVARRA, HERZOG V. BERRY, CHARLES V.) und besitzt daneben eine Pfründe als Kanonikus zu Reims, wo er im April des Jahres 1377 stirbt.

Werke

Neben zwanzig Motetten und der ersten polyphonen Messe hat MACHAUT etwa 400 lyrische Dichtungen, teilweise zu *recueils* geordnet, hinterlassen, deren Abschrift er persönlich veranlasst und überwacht hat. Dazu kommen ein historisches Poem, *La prise d'Alexandrie*, und fünf längere narrative *dits*, die mit lyrischen Stücken durchsetzt sind: *Remede de fortune* (vor 1341), *Dit dou Lyon* (1342), *Confort d'ami* (1357), *Fonteine amoureuse* (1360), *Voir Dit* (1364). Dass er auch politische und zeitkritische Schriften verfasst hat, z. B. *Jugement dou roy de Behaingne* und *Jugement dou roy de Navarre*, sei hier nur beiläufig erwähnt. Im Mittelpunkt seiner Gedichte steht das Frauenlob, das als Evokation der Dame lyrische Züge, als allegorische Repräsentation der Liebespsychologie narrative Züge trägt.

Hauptwerk

Le livre du Voir Dit kann als poetische Summa MACHAUTS gelten (Cerquiglini), als Synthese seiner dichterischen Formen und Wertvorstellungen im Rahmen einer autobiographischen Fiktion. Die wechselvolle Liebesgeschichte zwischen der jungen Péronne d'Armentières und dem alternden Dichter mit ihrem Austausch von Briefen, Gedichten und Geschenken gibt MACHAUT Gelegenheit, seine rhetorischen Fähigkeiten unter Beweis zu stellen, indem er die Achtsilber immer wieder mit allerlei Gesangspartien und Prosastücken abwechseln lässt. Zugleich entwirft der Dichter eine Liebesallegorie, die den *Roman de la Rose* an Wirklichkeitsgehalt und Authentizität übertrifft, ist der Wahrheitsanspruch doch bereits dem Titel programmatisch eingeschrieben: *Le Voir Dit veuil je qu'on appelle / e traitié que je fais pour elle / Pour ce que ja n'i mentirai.* (vv. 518–520) Das Ich übersetzt das Fortschreiten des Liebeswerbens umgehend in Worte, das Leben in Kunst, so dass *Le Voir Dit* in dieser Verquickung zugleich eine *ars amatoria* und eine *ars poetica* darstellt.

Kommentar

Ein außerordentliches Maß an Reflektiertheit und die neue Dignität des Dichters dokumentiert eindrucksvoll der Prolog, den MACHAUT a posteriori seinem Lebenswerk voranstellt, um dieses zu einem organischen Ganzen zu fügen. Mit den Mitteln der Allegorie veranschaulicht er hier den Status des Dichters, dessen schöpferische Tätigkeit auf zwei Voraussetzungen beruht: Während *Amour* ihn mit *Dous Penser*, *Plaisance* und *Esperance* ausstattet, welche die Quellen seiner Inspiration sind, verleiht ihm *Nature* die grundlegenden Kompetenzen seines Metiers, nämlich *Scens*, *Rhetorique* und *Musique*. Diesen Gaben verdankt der Dichter seine privilegierte Position als *poeta* und *auctor*, sie erheben ihn in den Rang, der zuvor nur den antiken Dichtern zukam.

Literatur

Bétemps (1998), Brownlee (1984), Calin (1974), Cerquiglini (1981 und 1985), Earp (1995), *Guillaume de Machaut. Colloque–Table Ronde organisé par l'université de Reims* (1982), Imbs (1991), McGrady (1997), Poirion (1965)

JEAN FROISSART

Obschon er ca. 35.000 Verse hinterlassen hat, deren Edition er selbst betreute, hat sich JEAN FROISSART (ca. 1337–1404) vor allem als Chronist einen Namen gemacht. (s. S. 116)

Werke	Sein dichterisches Werk umfasst politische *pastourelles, débats* und *dits, ballets* und *rondeaux*. Einige seiner längeren narrativen *dits* besitzen ausgeprägt didaktischen Charakter und enthalten mythologische Exkurse. Andererseits trägt er, nicht ohne gelegentliche ironische Untertöne, zur weiteren Ausgestaltung der Liebesthematik bei, wenn er im Gefolge des *Rosenromans* und MACHAUTS elaborierte Liebesallegorien verfasst, in denen er verschiedene lyrische Gattungen, Dichtung und Prosa vermischt, wie z. B. *L'Espinette amoureuse, La prison amoureuse* und *Le joli buisson de jonece*. Dass er auch über ein humoristisches Register verfügt, in dem er sich alltäglichen Themen zuwendet, beweist er im *Dit dou florin* und dem *Débat dou cheval et dou lévrier*.
Literatur	Poirion (1965), Zink (1998)
EUSTACHE DESCHAMPS	Der beherrschende Lyriker in der zweiten Hälfte des 14. Jhs. ist zweifellos EUSTACHE DESCHAMPS, dem wir ein Textkorpus von nicht weniger als 82.000 Versen verdanken. 1344 in einem Dorf der Marne geboren, verbringt er Lehrjahre in Reims bei MACHAUT, studiert in Orléans Jura und die *artes liberales*, um dann eine erfolgreiche Verwaltungslaufbahn einzuschlagen, am Hofleben teilzunehmen und diverse Missionen im Auftrag des Königs zu übernehmen, was ihm mit der Nobilitierung im Jahre 1389 gedankt wird. Nach Querelen wechselt er in die Dienste des HERZOGS VON ORLÉANS, den er schließlich ebenfalls verlässt, um 1404 vereinsamt zu sterben.
Werke	DESCHAMPS bedient sich zumeist der *genres à forme fixe* mit einer deutlichen Präferenz für die *ballade* (ca. 1000), gefolgt von *rondeau* (170), *chant royal* (140), *virelai* (84), *lai* (14) und anderen. Wie bei MACHAUT lässt sich eine Unterscheidung zwischen Werken moralischer bzw. philosophischer und amouröser Thematik treffen, wobei sich DESCHAMPS durch die permanente Öffnung hin zur Alltagswirklichkeit der zeitgenössischen Gesellschaft und eine sehr persönliche Perspektivierung von seinem Meister absetzt und als Neuerer erweist. Seine Originalität liegt weiterhin in der Flexibilität seiner Sprache und der Vielfalt der Stillagen, die vom feierlich-getragenen und dem moralistisch-gelehrten Habitus über den ironischen Gesprächston bis zum burlesk-satirischen Register reichen. Sein Beitrag zur rhetorisch-poetologischen Theoriebildung, der *Art de dictier et de fere chançons* aus dem Jahre 1392, wurde bereits an anderer Stelle gewürdigt (s. S. 118). Die Ballade auf den Tod seines Lehrers GUILLAUME DE MACHAUT veranschaulicht mit ihren mythologischen Akzenten und ihren literatursoziologischen Implikationen eindrucksvoll den hohen Rang, den der Dichter, der hier als „noble rethorique" gewürdigt wird, in der Gesellschaft des 14. Jhs. bekleidet. Als wacher Beobachter seiner Zeit, der das Indi-

viduum nie außerhalb seines gesellschaftlichen Umfelds betrachtet, hat DESCHAMPS sich übrigens auch zum Schisma geäußert, eine Parabel auf die Regierung KARLS VI. und seines Vaters, eine Farce auf die Rechtsgelehrten verfasst und einen *Miroer de mariage* begonnen.

K. Becker (1996), Boudet (1997), Ingenschay (1986), Poirion (1965), Sinnreich-Levi (1998), Stanislaw-Kemenah (1996)

Literatur

Als Politiker und Literat ist CHARTIER (ca. 1385–1433) zu Beginn des 15. Jhs. Zeitzeuge und Akteur in einer der schwierigsten Krisen der französischen Geschichte. Das literarische Werk des Höflings und Kanonikus, Diplomaten und Sekretärs des Dauphin KARL VII., teilt sich auf in moralisch-politische Schriften und höfische Gedichte.

ALAIN CHARTIER

In Balladen und *rondeaux*, in Dichtungen wie *Débat des deux fortunés d'amour*, *Débat de Réveille-matin*, *Lai de plaisance* oder *Complainte* evoziert er die klassischen Phasen des Liebesprozesses vom ersten Blick über die schüchterne Annäherung, das Liebeswerben mit dem dringenderen Flehen um Erhörung, bis zu Abweisung, Eifersucht und Tod der Dame – ein weitgehend konventionelles Spiel mit Allegorien, Antithesen und den Ressourcen des Reims.

Werke

La belle dame sans mercy (1424) bedeutet dagegen einen radikalen Bruch mit der Tradition der höfischen Liebe, die er hier als rhetorisches Ritual und psychologischen Erpressungsmechanismus entlarvt. Nach dem Tod seiner Dame wird der Dichter (*Acteur*) von *Tristesse* zu einem höfischen Fest geleitet, wo er einen schwarz gekleideten Doppelgänger erblickt, der eine Dame umwirbt; er belauscht das Gespräch der beiden und kommentiert es. Die Form des *débat*, die kunstvolle Struktur der hundert achtzeiligen Strophen in Achtsilber-Versen und schließlich das bekannte amouröse Szenario bilden den klassischen Rahmen für die Demontage des erotischen Codes, der beiden Figuren gleichermaßen als funktionales Instrumentarium bewusst ist. Getreu ihrem Leitspruch „A belles paroles, oreilles closes!" lässt die Protagonistin, *la belle dame sans mercy*, die Rhetorik ins Leere laufen. Indem sie sich weigert, auf das Spiel einzugehen, besiegelt sie zugleich den Tod ihres Verehrers, das Außerkraftsetzen der höfischen Konventionen und insofern auch das Ende aller diesbezüglichen Dichtung.

La belle dame sans mercy

Das „produktive" Verhältnis zwischen Liebe und Poesie, wie es MACHAUT im *Voir Dit* zelebriert hatte, wird nunmehr aufgekündigt. Eine solche „Verunglimpfung" der höfischen Liebe als einer Institution, die seit mehr als dreihundert Jahren als sittlicher Grundpfeiler des ritterlichen Ethos und Rohstoff der dichterischen Einbildungskraft galt, provoziert einen Skandal: CHARTIER wird aus

Skandal

der *cour d'Amour* von Issoudun ausgeschlossen und muss in einer *Excusacion*, welche die Vorwürfe *Amors* gegen den *Acteur* vorbringt, Abbitte leisten.

Politik

Inwieweit sich die höfischen Ideale tatsächlich überlebt hatten, wird deutlich, wenn man den Reflex der dramatischen Zeitgeschichte in CHARTIERS politischen Schriften heranzieht, in denen er sich als „engagierter" Intellektueller erweist. Er evoziert ein zerstörtes Frankreich, das unter der Herrschaft von *Mélancolie, Indignation* und *Désespérance* steht (*Espérance ou consolation des trois vertus*). Die frivolen Sophistereien der höfischen Liebeskasuistik werden im Jahr der Schlacht von Azincourt (1415) von der schmerzlichen und nur zu realen Frage abgelöst, welche Dame wohl am meisten zu leiden habe – diejenige welche ihren Liebsten durch Tod in der Schlacht oder durch Gefangenschaft, als Vermissten oder als Deserteur verloren hat (*Livre des quatre dames*). Im *Lai de la paix* (1426) ruft CHARTIER zum Frieden auf, der jedoch solange Utopie bleiben muss, wie die Menschen sich Gott verschließen. Daher erhebt er die gottgesandte JUNGFRAU VON ORLÉANS in seiner *Lettre sur Jeanne* (1429) als Inbegriff eines hier erstmals artikulierten Nationalgedankens zur Retterin.

Literatur

Jonen (1974), McRae (1997)

CHARLES D'ORLÉANS

Eine der vier Damen, die ALAIN CHARTIER nach der Schlacht von Azincourt ihr Leid klagen, ist BONNE VON ARMAGNAC, deren Gatte, CHARLES D'ORLÉANS (geb. 1394), in englische Gefangenschaft geraten ist. Seine Rückkehr nach 25 Jahren wird sie nicht mehr erleben. Als er 1440 gegen ein horrendes Lösegeld freigelassen wird, heiratet er MARIE VON KLEVE, zeugt den späteren LUDWIG XII. und lebt, nach erfolglosen Ausflügen in die Politik, zurückgezogen an seinem Hof zu Blois, wo er sich bis zu seinem Tod im Jahre 1465 literarischer Geselligkeit und der Edition seines lyrischen Werks widmet. An prominenter Stelle der französischen Thronfolge stehend, ist CHARLES doch nicht Akteur, sondern Opfer der politischen Auseinandersetzungen, wie bereits sein 1407 ermordeter Vater, der Bruder des Königs KARL VI. (s. S. 111). In einer von Exil und Marginalisierung geprägten Lebenssituation wurde die Lyrik für CHARLES zu einer existentiellen Notwendigkeit.

Werk

Sein Werk gliedert sich, grob gesprochen, in zwei Phasen: In England entstehen vorwiegend Balladen (ca. 120), nach der Rückkehr hauptsächlich *rondeaux* (mehr als 400), daneben knapp 90 *chansons*. Wie die meisten Poeten des Spätmittelalters hat auch CHARLES seine Gedichte zu *recueils* geordnet und in dem sog. „livre de mes pensées", das in der Bibliothèque Nationale erhalten ist, eine Ausgabe letzter Hand geführt. Die Balladen hat er in eine narrative Abfolge gebracht und ihnen mit den beiden Langgedichten

La Retenue d'Amours und *Songe en complainte*, die formal dem *dit* ähneln, einen Rahmen verliehen: Im Anschluss an den *Rosenroman* und MACHAUTS *Prologue* schildert er zunächst, wie er von *Nature* zum Dichter erwählt und von *Amor* zur Liebe erweckt wird, während die *complainte* die Absage an die Liebe einläutet. Obschon sich CHARLES in seinen Liebesballaden konventioneller Bilder und Muster bedient, zeichnet er sich durch die Allgegenwart eines lyrischen Ich aus, das den Allegorien und Themen eine sehr persönliche Färbung verleiht. So sei beispielsweise die berühmte Ballade *En regardant vers le païs de France* erwähnt, in der er seinem Heimweh und der Hoffnung auf Frieden Ausdruck gibt, wie er es auch in der frommen Ballade *Priés pour paix, doulce Vierge Marie* tut.

In mancher Hinsicht lässt sich die Lyrik des HERZOGS VON ORLÉANS mit dem Werk DANTES (1265–1321) und PETRARCAS (1304–1374) vergleichen, das er über seine Mutter, VALENTINA VISCONTI, oder über die Enkelin CHAUCERS rezipiert haben könnte, die er während seiner aristokratischen Gefangenschaft in England kennenlernte. Die Überwindung der höfischen Liebesideologie und die Selbstanalyse des Liebenden, dessen Ego sich in eine emotionale, eine rationale und eine personale Instanz aufspaltet – *Mon cueur, Penser et moy, nous troys* (Ballade XCVIII) – gemahnen an PETRARCA. Dagegen evoziert das Selbstporträt des in der „forest d'Ennuyeuse Tristesse" Verirrten (Ballade XXI) unweigerlich die Ausgangssituation des Ich in DANTES *Divina Commedia*.

Modernität

Auch die fundamentale Instabilität des Subjekts, die CHARLES D'ORLÉANS in seinen Gedichten zum Ausdruck bringt, weist auf Grundzüge der neuzeitlichen Anthropologie voraus. In diesem Zusammenhang sei z. B. auf Ballade CXX hingewiesen, in der er das ambivalente Wesen des Menschen an seinem eigenen Fall exemplifiziert:

Folie et Sens me gouvernt tous deux ;
Et nonchaloir resveille someilleux :
C'est de mon fait une chose meslee,
Ne bien ne mal, d'aventure menee. (vv. 4–7)

Menschen-bild

Der HERZOG VON ORLÉANS analysiert immer wieder die Inhalte seines Bewusstseins, das er als „la chambre de ma pensee" visualisiert (Balladen XLV, LXXXXII, LXXXXIII, CXVIII, CXIX). Innerhalb dieser Interiorität konstituiert sich das prämoderne Individuum unter dem Zeichen der Melancholie, die nicht nur als Medium vertiefter Selbstreflexion, sondern darüber hinaus als Quelle dichterischer Inspiration dient (vgl. Rondeau CCCXXV). Insofern verdrängt es die höfische Liebe nach ihrer Entwertung durch CHARTIER aus dieser Funktion.

Kommentar

Literatur

Cholakian (1985), Fein (1983), J. Fox (1969), Harrison (1975), Heger (1967), Kablitz (1995), Planche (1975), Poirion (1967), Starobinski (1968), Stierle (1995), Yenal (1984)

FRANÇOIS VILLON

Als der Brunnen des Schlosses von Blois versiegte, verfasste CHARLES ein Gedicht mit der Anfangszeile *Je meurs de soif auprès de la fontaine*; fürderhin mussten alle seine Gäste über dieses Thema improvisieren, darunter auch FRANÇOIS VILLON, ein umherziehender Kleriker und Gelegenheitskrimineller, den CHARLES um 1458 als Mäzen protegierte. Der im Jahre 1432 als François de Moncorbier Geborene, wurde früh zum Waisen. Der Kaplan GUILLAUME DE VILLON nimmt sich des Jungen an und ermöglicht ihm eine hervorragende Ausbildung, die dieser im Jahre 1452 mit der *maîtrise ès arts* abschließt. Danach schlägt der „povre clerc" allerdings eine kriminelle Karriere ein: Mord an einem Priester (1455), Einbruch in das *Collège de Navarre* mit der Bande der Coquillards (1456), Flucht, gelegentliche Auftragsarbeiten für CHARLES D'ORLÉANS und JEAN II. DE BOURBON, Gefangenschaft und Folter in Meung (1461) auf Anordnung des Bischofs von Orléans, TIBAUD D'AUSSIGNY, an dem er in seinen Gedichten verbale Rache übt. Kaum amnestiert, wird VILLON in Zusammenhang mit der Ermordung eines päpstlichen Gesandten 1462 zum Tode durch den Strang verurteilt, im folgenden Jahr aber zu zehnjähriger Verbannung aus Paris begnadigt, wofür er sich mit einer *Louange à la Cour* bedankt; daraufhin verlieren sich seine Spuren.

Werk

Grundsätzlich zeichnet sich sein Werk durch sprachliche Plastizität, sinnlichen Qualitäten und einen sehr persönlichen Realitätsbezug aus, entstehen doch die meisten seiner Dichtungen aus einer konkreten Lebenssituation heraus, wie etwa die im Gefängnis verfasste *Epître à ses amis* und der *Débat du Corps et du Coeur*.

Themen

Im Werk VILLONS, der nicht nur ein scharfzüngiger Spötter und Vagant, sondern auch ein gelehrter Kleriker und Christ ist, lassen sich drei Themenkreise ermitteln: Zum einen Alltagsszenen aus seinem sozialen Milieu, die er mit drastischem Humor schildert, wie etwa in der ironisch gemeinten *Ballade de bonne doctrine* oder der *Ballade de merci*; zum anderen das breite Spektrum der Liebeslyrik, in der er sämtliche dem Spätmittelalter zu Gebote stehenden Diskurse höfischer oder bukolischer, religiöser oder profanster Natur verwendet (*Ballade des folles amours, Ballade à s'amie, Contredits de Franc Gontier*); schließlich der obsessive Komplex von Vergänglichkeit und Tod (*Ballade des pendus, Ballade pour prier Notre-Dame*).

Formale Aspekte

Die Sprache, in der er diese Themen mit viel Wortwitz behandelt, ist entsprechend variabel und reicht vom Gebet über juristische Terminologie und vorhumanistisches Bildungsgut bis zum Argot der Zuhälter. In der Metrik bevorzugt er quadratische Strophen (*strophes carrées*), d. h. achtsilbige Achtzeiler oder Zehnsilber in Strophen zu zehn Versen, die er auf reiche Reime enden lässt. Was die *formes fixes* betrifft, nimmt bei VILLON das *rondeau* neben der favorisierten *ballade* einen untergeordneten Platz ein.

Als Dichter wurde der Außenseiter VILLON schon zu Lebzeiten hoch geschätzt. Seine beiden bedeutendsten Werke werden bereits 1489 von PIERRE LEVET in Paris als Druck publiziert unter dem Titel *Le Grand Testament Villon et le Petit*. Neben dieser frühen Druckausgabe (1489) zeugt auch die kritische Ausgabe durch CLÉMENT MAROT im Jahre 1532 von einer umgehenden Kanonisierung und intensiven Rezeption VILLONS.

Bedeutung

Das sog. „Kleine Testament", den *Lais* (hier nicht als lyrische Gattung, sondern als Legat zu verstehen), verfasst VILLON zur Zeit des Einbruchs ins *Collège de Navarre* (Weihnachten 1456), möglicherweise um sich ein Alibi oder mildernde Umstände zu verschaffen. In diesem „Ersten Testament" (320 Verse, d. h. 40 achtsilbige Achtzeiler mit dem Reimschema ababbcbc), vermacht er seine inexistenten Besitztümer Freunden und Feinden, Vertretern aller Pariser Gesellschaftsschichten. Entsprechend der Doppeldeutigkeit, die dieses Gedicht durchgängig beherrscht, verwendet er hier die Bildlichkeit der höfischen Liebe, um seine Probleme als Gesetzesbrecher zu schildern: Er porträtiert sich als „amant martyr", der dem Gefängnis einer grausamen Schönen, deren Verachtung zum Tod führt, zu entrinnen trachtet. Die Form, der ironische Ton und die persönliche Abrechnung mit Zeitgenossen sind bereits in diesem Frühwerk typisch für ihn. Dass er sich eingangs als *Je, François Villon, écollier* (v. 2) identifiziert, entspricht dem vorneuzeitlichen Identitätsbewusstsein eines Ich, das sich als Individuum aus der sozialen Gruppe herauslöst. Das Gedicht endet damit, dass VILLON, möglicherweise in Pervertierung der üblichen Visionsliteratur, in einen phantastischen Traumzustand verfällt; als er erwacht, ist seine Tinte gefroren und er schläft ein.

Lais

Nach seiner Freilassung aus der Gefangenschaft in Meung beginnt er mit der Redaktion des *Testament*, in das er auch separat entstandene Einzeldichtungen einbaut. Die insgesamt 2023 Verse umfassende Dichtung besteht aus 186 Achtzeilern, in die 15 Balladen, eine Doppelballade und drei *rondeaux* integriert sind. Gemäß der Struktur des *dit* bringt VILLON die Bestandteile der Sammlung in einen logischen Zusammenhang. Die Erfahrung der Gefangenschaft bildet den Rahmen dieses „congé", in dem sich VILLON als reuiger Sünder porträtiert, als Mitleid heischendes Opfer, das aber zugleich seinem Ziehvater wie seinen Mäzenen den gebührenden Dank abstattet. Die Erinnerung an seine Ge-

Testament

fährten und deren unterschiedliches Schicksal leitet über zu den drei berühmten Balladen, in denen er das Motiv des *Ubi sunt* behandelt und über vergangene Größe sinniert – den Lebenden zur Mahnung und zum Trost. Es sind dies die *Ballade des seigneurs* und *des dames du temps jadis* sowie die *Ballade en vieil langage françoys* mit ihrem Refrain „Autant en emporte ly vens". Auf die Erwähnung von Jeanne d'Arc als letzte der bewunderungswür‑ digen Damen von einst folgt eine misogyne Tirade gegen die Frauen, die das Verderben der Männer bedeuten. Logische Konsequenz dieses Frauenschimpfs ist die Absage an die Liebe, an die sich das Testament im engeren Sinne anschließt, das der Dichter mit den gebotenen juristischen und religiösen Floskeln seinem Sekretär diktiert. Nach der Anrufung Gottvaters und der Jungfrau Maria spricht er zuerst literarische Vermächtnisse aus, indem er seine Werke bestimmten Erben widmet, danach verteilt er persönliche Hinterlassenschaften wie er dies bereits im *Lais* getan hatte. Den in amtlichem Ton vorgebrachten letzten Verfügungen verleiht er in den beiden abschließenden Balladen eine karnevaleske Wende, indem er diverse Narren auftreten lässt und sich selbst, in der Gestalt des *amant martyr*, noch einmal vom Totenbett erhebt, um ein letztes Glas Rotwein zu trinken.

Fazit

Tragik und Burleske, Bordell und Marienverehrung, Todesangst und Gottvertrauen vermischen sich zu einem für das Spätmittelalter charakteristischen, ebenso grotesken wie ambivalenten Weltbild, das letztlich von Werteverlust und absoluter Desillusionierung zeugt.

Literatur

Brockmeyer (1977), Burger (1974), Dufournet (1970/1973/1980/ 1992), Fein (1989 und 1997), Fox (1962), Guiraud (1968/1970), Hunt (1996), Kuhn (1967), Mus (1992), Petit-Morphy (1977), Pinkernell (1992), Rossman (1976), Vitz (1974), Zoest (1974)

Grands Rhétoriqueurs

Als Übergangsphänomen ist zwischen Mitte des 15. und Mitte des 16. Jhs. in Lyrik und Prosa eine Tendenz zu rhetorischem Pomp und „manieristischem" Raffinement festzustellen, die man gemeinhin an dem Begriff der *Grands Rhétoriqueurs* festmacht. Als literarhistorische Bezeichnung 1861 von Héricault geprägt, ist das Wort einer Juristensatire von 1481 entlehnt, wo von *sophistiqueurs*, *topiqueurs*, *décliqueurs* und eben *rhétoriqueurs* die Rede ist. Seitdem haftete den betreffenden Autoren ein Negativbild an, das erst Paul Zumthor korrigiert hat, indem er u. a. deren Funktion im Dienste höfischer Selbstdarstellung und Repräsentation herausstellte. Zumthor grenzt das Phänomen, das keinesfalls als explizite poetische Schule zu betrachten ist, auf die Zeit von 1470 bis 1520 und ein gutes Dutzend Autoren ein, die vor allem am burgundischen Hof (Philipp der Gute, Karl der Kühne, Margarete), am Hof der

HERZÖGE VON BRETAGNE und BOURBON, am französischen Königshof (KARL VIII., LUDWIG XII., FRANZ I.) sowie gelegentlich im Umfeld der städtischen *puys* und Bruderschaften tätig waren. Über drei Generationen verteilt, sind u. a. die Namen von JEAN MESCHINOT, JEAN MOLINET, JEAN LEMAIRE DE BELGES, GUILLAUME CRETIN und JEAN MAROT zu nennen, die sich im Dienste ihrer Herren überwiegend als Dichter, daneben aber auch als Redner, Historiographen und Dramatiker betätigt haben. In diesem Sinne bezeichnen sie sich selbst auch nicht als *poètes*, sondern vielmehr als *facteurs/faiseurs* bzw. *acteurs/auteurs*.

Status

Als Angestellte ihrer fürstlichen Mäzene, für die sie auch als Sekretäre, Juristen oder Diplomaten arbeiten, führen die zumeist bürgerlichen *Rhétoriqueurs* eine prekäre Existenz, die von Abhängigkeit, Unsicherheit und häufigem Stellungswechsel gekennzeichnet ist. Verpflichtet auf einen „discours de la gloire" (Zumthor), dienen sie als verbale Repräsentanten des Fürsten und tragen bei zur Theatralisierung einer Welt, deren innere Hohlheit ihnen bereits bewusst gewesen sein dürfte. Insofern kontrastiert ihre soziale mit ihrer poetischen Funktion, und sie versuchen den Zwängen des offiziellen Status durch die geheime Freiheit des „Kunstschönen" zu entfliehen. Dieser Konflikt verleiht ihren Texten eine spannungsreiche Ambiguität.

Artifizielle Dichtung

Vor diesem Hintergrund gewinnen auch der rhetorische Exzess, das Pathos und die Hyperbolik, die Überfülle der Bilder und gelehrten Anspielungen einen neuen Sinn: als kompensatorischer Kult eines *l'art pour l'art*, als aufwendige Schauseite einer obsoleten Feudalordnung, als prähumanistischer Versuch, neues Wissen in eine poetisch formalisierte Sprache zu gießen. Nicht zuletzt ist ihre Dichtung gezeichnet von dem Widerspruch zwischen ihrem hohen Selbstverständnis als Wortkünstler und dem tatsächlich relativ bescheidenen lyrisch-rhetorischen Material, das ihnen durch die Tradition zu Gebote steht und das sie mit ihrer exuberanten Sprache immer wieder zu überwinden trachten. Insofern besitzen auch die als Vorbilder genannten Dichter einen dialektischen Stellenwert; auf EUSTACHE DESCHAMPS und CHRISTINE DE PIZAN berufen sich die *Rhétoriqueurs*, indem sie zugleich mit ihnen brechen.

Rhetorik und Poetik

Die *Grands Rhétoriqueurs* zeichnen sich nicht nur durch ihre praktische Beherrschung der „rhétorique seconde", d. h. der poetischen und sprachlichen Techniken aus, sondern auch durch ihre theoretischen Beiträge zur Poetik. Neben JEAN MOLINETs *Art de rhétorique*, entstanden in den Jahren 1477–1492, zählt Zumthor für die 150 Jahre zwischen EUSTACHE DESCHAMPS *Art de dictier* (1392) und THOMAS SÉBILLETS erstem neuzeitlichen *Art poëtique françois* (1548) ganze 14 poetologische Traktate. Diese „Arts de seconde rhétorique" beinhalten allerdings weder ein kohärentes Gesamtkonzept noch eine präzise Begrifflichkeit, sondern liefern vielmehr einige wenige Definitionen und viele Beispiele, verstanden als Gebrauchsanweisungen für ihre dilettierenden Auftraggeber, die sich in der Kunst frommer oder weltlicher Reime üben wollen. Trotz dieses eher instrumentellen Anspruchs tragen sie auch damit zur weiteren Kodifizierung der *musique naturelle* bei, durchaus im freundschaftlichen Kontakt mit den herausragenden Vertretern der *musique artificielle* wie den Komponisten OCKEGHEM, DUFRAY und JOSQUIN DES PRÉS.

Literatur

Cornilliat (1994), Devaux (1996), Dupire (1933), Jodogne (1972), *Les Grands Rhétoriqueurs* (1985), McGrady (1997), Zumthor (1978a und 1978b)

Autorenporträt CHRISTINE DE PIZAN (1365–1430)

Würdigung

Als erste professionelle „dame de lettres" und erste feministische Autorin nimmt CHRISTINE DE PIZAN eine herausragende Stellung in der Geschichte der französischen Literatur ein, die dank neuerer Forschungsarbeiten gefestigt wurde.

Biographie

Christine wird 1365 in Venedig geboren, wo ihr Vater, der Bologneser Astrologe TOMMASO PIZZANO in den Diensten der Republik steht. Aufgrund seines Renommees wird er 1368 nach Paris gerufen, wo seine Tochter eine gute Erziehung genießt. Im Alter von 15 Jahren wird sie mit ETIENNE CASTEL verheiratet, einem Adligen aus der Pikardie, der bei Hof als Notar und Sekretär des Königs KARL VI. tätig ist. Als sie im Jahre 1389 kurz hintereinander ihren Vater und ihren Gatten verliert, hat sie als 25-jährige Witwe drei kleine Kinder zu versorgen. Nach ärgerlichen Prozessen verkauft sie 1392 ihren Besitz und sichert sich ihren Lebensunterhalt fortan, bis zu ihrem Tod im Jahre 1430, durch das Schreiben, indem sie für Auftragswerke oder Widmungen entlohnt wird. Zu ihren Mäzenen zählen u. a. HENRY IV. LANCASTER, JEAN DE BERRY, ISABEAU DE BAVIÈRE und VALENTINA VISCONTI, die Mutter von CHARLES D'ORLÉANS. Auf diese Weise entsteht ein immenses Werk, das lyrische Dichtungen, politische und moralische Traktate sowie enzyklopädische und autobiographische Schriften umfasst, wobei nicht selten die Spannung zwischen Authentizität und Abhängigkeit zutage tritt.

Lyrik

In ihrem lyrischen Werk, das um Liebe, Moral und Religion kreist und, je nach Auftragslage, auch Panegyrika enthält, bedient sie sich der bekannten *formes fixes*: *ballade, rondeau, virelai, lai*. Ihre *Cent Ballades d'Amant et de Dame* gehorchen einer narrativen Abfolge, die den üblichen Etappen der höfischen Liebe entspricht. Weniger konventionell zeigt sie sich beispielsweise in den Reimspielen der *Jeux à vendre* oder in der Ballade *Seulete sui et seulete vueil estre*, die litaneiartig ihre Einsamkeit beklagt. Zeilen wie „seulete sui en ma chambre enserree" oder „seulete sui plus qu'autre rien terrestre" bringen eine Erfahrung von Vereinzelung und Individuation zum Ausdruck, die in ihrer identitätsstiftenden Bedeutung für das Subjekt der Rolle der Melancholie bei CHARLES D'ORLÉANS gleichkommt. Einsam ist Christine, weil ihr „douz ami" sie verlassen hat. In diesem Punkt weicht die Liebeslyrik Christines bei aller Konventionalität vom üblichen Muster ab, denn nicht der Geliebte hat sie verlassen, sondern der Gatte wurde ihr geraubt und sie ist als Frau nicht Objekt, sondern Subjekt der Dichtung.

Die Umkehrung der Geschlechterrollen stellt sie an den Anfang ihres historiographisch-geschichtsphilosophischen Werks *Livre de la mutacion de Fortune* (23.000 Verse, 1400–1403), wo sie eingangs in einer autobiographischen Allegorie zu verstehen gibt, sie habe nach dem Tod ihres Mannes das Geschlecht gewechselt. Dank dieser (unfreiwilligen) Autonomie, die ansonsten nur dem Mann zusteht, wird Christine zur ersten Anwältin der Frauen. In deren Interesse erhebt sie beispielsweise in der *Epistre au dieu d'amours* (1399) die Stimme gegen den „Sexismus" der Liebeskonzeption, wie sie bei OVID und im zweiten Teil des *Rosenromans* vertreten wird (s. S. 98). Dem setzt sie im *Dit de la rose* (1400) die Idee eines Ordens entgegen, der der Ehre des weiblichen Geschlechts gewidmet ist. In *La Cité des Dames* (1405), einem Traktat, der sich formal auf AUGUSTINUS' *Gottesstaat*, inhaltlich u. a. auf BOCCACCIOS *De claris mulieribus* stützt, führt sie diesen Gedanken weiter aus. Auf Initiative von *Raison, Justice* und *Droiture* erbaut sie hier aus Worten eine „Stadt der Frauen", die u. a. eine Galerie vorbildlicher Frauen von der Bibel bis zur Gegenwart enthält und dadurch wesentlich zum historischen Bewusstsein und zur kollektiven Identität der Frauen beiträgt. Aufgrund ihres Tugendadels bringen die Frauen in der Darstellung Christines eine implizite Kritik am traditionellen Blutsadel zum Ausdruck und repräsentieren insofern ein innovatives Gesellschaftsideal. In diesem Zusammenhang steht auch das *Livre des trois vertus* (1405), welches die Pflichten der Frau zum Gegenstand hat. Die *Epistre d'Othea* (1400) vermittelt unter weiblichem Vorzeichen mythologische Kenntnisse und deren moralische Deutung. Eine revolutionäre Neuerung bedeutet nicht zuletzt, dass Christine als erste Frau historische Prosa verfasst.

Feminismus

Politik	Eine der frühesten politischen Schriften Christines ist die Biographie des Königs KARL V., die sie 1404 im Auftrag des HERZOGS VON BURGUND, seines Bruders, verfasst. Jenseits der apologetischen Absicht gerät die Lebensbeschreibung zur Abhandlung über die Bedeutung des Königs für den Staat. Auch im politischen Teil ihres Werks, der angesichts der Wirren des Hundertjährigen Krieges (s. S. 106) nicht selten einen aktuellen Bezug besitzt, vertritt Christine zumeist einen spezifisch weiblichen Standpunkt, wie etwa in der *Advision Christine* (1405), welche die Autorin mit Dame *Opinion* zeigt, die die Welt regiert und den Trost der Philosophie empfiehlt. Neben Traktaten wie dem *Livre des fais d'armes et de chevalerie*, dem *Livre de la paix* und dem *Livre du corps de policie* (1404), ist z. B. der *Chemin de long estude* zu nennen (6000 Verse, 1402–1403), der im allegorischen Gewand einer Jenseitsreise die Suche nach einem gerechten Weltherrscher thematisiert. Die Sibylle von Cuma zeigt der Autorin den Brunnen der Weisheit und bringt sie zum Himmel, wo die vier Königinnen der Welt – *Richesse*, *Sagesse*, *Chevalerie* und *Noblesse* – unter dem Vorsitz von *Raison* residieren. Nach der Befreiung von Orléans am 31. Juli 1429 verfasst sie zu Ehren von JEANNE D'ARC, die sie als Inbegriff heroischer Weiblichkeit feiert, den *Dictié en l'honneur de la pucelle*.
Literatur	Altmann (1998), Brabant (1992), Desmond (1998), Dulac/Ribémont (1995), Hindman (1986), Kennedy (1984), Pernoud (1990), Probst (1996), Richards (1992), Willard (1984), Yenal (1982), Zimmermann/ De Rentiis (1994), Zühlke (1994)

2 Theater

Formen-vielfalt	Im Verlauf des Spätmittelalters gewinnt das Theater an Komplexität und entfaltet allmählich eine gewisse Formenvielfalt: Neben das religiöse Schauspiel, das sich in *miracles*, *mystères* und Passionsspiele ausdifferenziert, tritt seit der Mitte des 15. Jhs. ein komisches Theater, das sich in den Gattungen der *farce* und der *sotie* artikuliert. Zwischen profanem und sakralem Spiel stehen die allegorischen *moralités*, die durchaus erbaulichen, aber weniger theologischen denn vielmehr lebenspraktischen Inhalt besitzen. Während es sich bei *moralité*, *sotie* und Mirakel um begrenzte zeitspezifische Phänomene handelt, erfreuen sich die *mystères* bis weit ins 16. Jh. hinein großer Beliebtheit, bis sie 1548 verboten werden. Die Religionskriege, der Geist des Humanismus und nicht zuletzt die Zuwanderung italienischer Schauspielertruppen tun ein übriges, um diesem frommen Spektakel ein Ende zu bereiten. Noch weiter reicht dagegen die Wirkungsgeschichte der Farce, deren Spuren bekanntlich bei MOLIÈRE und darüber hinaus zu verfolgen sind.

Theater im Spätmittelalter	
Komisches Theater	*farce, sotie*
Lehrhaftes Theater	*moralité*
Religiöses Theater	Mirakel, Mysterienspiel, Passionsspiel

Komisches Theater

Obwohl bereits bei JEAN BODEL (s. S. 71 ff.) und ADAM DE LA HALLE (s. S. 84) Ansätze zu einem profanen Theater zu beobachten sind, wird sich erst ab Mitte des 15. Jhs. ein eigenständiges Lachtheater entfalten. Dessen relativ unvermitteltes Aufkommen hat zu verschiedenen Hypothesen Anlass gegeben. Zur Entstehung von *farces* und *soties* werden u. a. die mittellateinische Komödie des 12. Jhs. oder die volkssprachlichen Formen des *monologue dramatique* und des *sermon joyeux* angeführt. Der Einfluss der *fabliaux* (s. S. 101 ff.) wird ebenso ins Feld geführt wie die Tradition des mündlichen Jongleurvortrags oder das Narrenfest (*fête des Fous*) bzw. Eselsfest, bei dem junge Geistliche einmal im Jahr „verkehrte Welt" spielen und die herrschenden Hierarchien auf den Kopf stellen durften. In der Tat bildet die parodistische Verballhornung ernsthafter Diskurse wie Predigt, Gebot oder Testament als lebendiges Element der Volkskultur einen wichtigen Bestandteil des komischen Theaters. Dessen Keimzelle ist möglicherweise im *monologue dramatique* zu finden, der, ähnlich wie bereits in RUTE-BEUFS *Dit de l'herberie*, einen prägnanten Typus (Quacksalber, Soldat, Scholar etc.) in Sprache und Gestik karikiert. Der Monolog mag durch die Einführung einer zweiten, antithetischen oder symmetrischen Figur zum Dialog aufgebrochen worden sein. Die Kombination verschiedener Typen mit ihren jeweiligen Standardsituationen mag darüber hinaus zu komplexeren Handlungsstrukturen geführt haben.

Neben diesen innerliterarischen Prozessen haben bei der Genese des komischen Theaters auch die konkreten historischen Umstände eine entscheidende Rolle gespielt. Mit dem Ende des Hundertjährigen Krieges (1453) und der Thronbesteigung LUD-WIGS XI. im Jahre 1461 stabilisiert sich die politische und ökonomische Lage Frankreichs, das Bürgertum und mit ihm die Stadtkultur gewinnen prägenden Einfluss. So handelt es sich denn auch bei den wenigen bekannten Autoren spaßiger Stücke um gebildete Bürger, die einem im populären Milieu sowie im Kreis von Schülern, Studenten und Klerikern gepflegten Humor literarischen Ausdruck verleihen. In den Städten konstituieren sich im

Genese

Historischer Kontext

15. Jh. Narrengesellschaften und Bürgervereine (*Sociétés joyeuses*), die sich der Aufführung komischer Stücke widmen, wie z. B. die *Enfants-sans-souci* in Paris oder die *Cornards* in Rouen.

Publikum

Nach Publikum und Aufführungsform nimmt Jean-Claude Aubailly folgende Untergliederung des Lachtheaters vor: Zu 50 % handelt es sich um ein städtisches Schauspiel, das in eigens dazu bestimmten, geschlossenen Räumen vor „Bildungsbürgertum" sowie Adel und Studenten zur Aufführung gelangt; 30 % spielen sich in einem öffentlichen Raum wie dem Marktplatz vor einem weniger differenzierten urbanen Publikum ab, während die restlichen 20 % als Darbietung vor Massenpublikum im Rahmen von Volksfesten stattfinden. Der Festkalender – von den Rauhnächten über Fastnacht bis zu den Maifeiern – drückt im übrigen vielen Stücken seinen Stempel auf.

Funktion

Die Komik der Farcen und insbesondere der Sottien besitzt, wie im folgenden zu zeigen ist, nicht nur evasive, sondern auch subversive Funktion. Insofern ist das Lachtheater Manifestation und Instrument der Gegenkultur.

Literatur

Aubailly (1975 und 1976), Bédier (1890), Cohen (1928), Collingwood (1996), Faral (1910a und 1973), Frappier (1960), Garapon (1957), Lewicka (1980), Schoell (1975)

Farcen

Die Grenzen zwischen Spätmittelalter und früher Neuzeit überbrückend, dominiert die Gattung der Farce von etwa 1440 bis 1560. Von einem vermutlich sehr viel umfangreicheren Korpus sind ca. 170 Texte durch Sammelhandschriften überliefert. Die Farcen dienten als unterhaltsames Zwischenspiel bei geistlichen *mystères* (farcir = füllen) oder wurden als eigenständige Stücke auf einer kleinen Plattform mit einer Leinwand als rudimentärer Kulisse und minimalen Requisiten aufgeführt. Drei bis fünf Personen bestreiten einen Text von durchschnittlich 400 Versen, die eine lineare, denkbar simple Handlung beinhalten, wie schon die Titel signalisieren: *Maistre Minin qui va à l'école* oder *Le clerc qui fut refusé à être prêtre*. Die Figuren stammen aus allen Gesellschaftsschichten, bemerkenswert häufig sind allerdings niedere Gewerbe vertreten wie Diener, Müller, Wirte oder Fischweiber. Ansonsten sind die schematischen Rollen allein ihrer komischen Wirkung untergeordnet, reduzieren sich die eindimensionalen Figuren auf stereotype Verhaltensweisen. Die Themen entstammen dem Alltag: Ehebruch, der Streit ums häusliche Regiment, Streitigkeiten zwischen Angehörigen unterschiedlicher Stände, Streiche und Schurkereien. Diese bekannten Inhalte wie auch das Motiv des betrogenen Betrügers, das den Stücken nicht selten eine witzige Schlusswendung verleiht, verraten die Nähe zu den *fabliaux* (s. S. 101 ff.), mit denen die Farcen auch die pragmatische Moral gemeinsam haben. Bei der existentiellen Frage, zu fressen oder gefressen zu werden, entscheidet allein die erfolgreiche List. Das Lachen knüpft sich vor allem an die handfeste Situationskomik und den doppeldeutigen, nicht selten obszönen Sprachwitz. In der unterschiedlichen Kombination der vorliegenden Figurentypen und Standardsituationen liegt die bescheidene Originalität dieser Stücke.

Zu einem Drittel beziehen die Farcen ihre Handlung aus *fabliaux* oder Novellen, deren Personenkonstellation dem bekannten *triangle érotique* entspricht, und die im Hinblick auf ihre dramatische Wirkung bearbeitet werden. Die anderen beiden Drittel stellen freie Schöpfungen dar, die sich in folgende Gruppen einteilen lassen: Farcen, die in den Mittelpunkt ihrer karikierenden Wirklichkeitsdarstellung eine Streitszene stellen; Werke, die auf der Schilderung eines menschlichen bzw. sozialen Typus beruhen (Verliebter, Soldat, Dümmling, pseudogelehrter Scholar) und schließlich Stücke, die das komische Potential der Sprache nutzen (u. a. Sprichwörter, Redewendungen, Missverständnisse). Brisanz gewinnt die sprachliche Doppeldeutigkeit da, wo sie nicht zur sexuellen Anspielung, sondern zur Kritik der Heuchelei eingesetzt wird.

Typologie

In Zusammenhang mit dieser moralistischen Thematik steht auch die Figur des *badin*, des einfältigen Tölpels, der die Verwandtschaft der *farces* mit dem Schülertheater signalisiert und zudem, über die Bildungsproblematik, die soziale Mobilität der zeitgenössischen Gesellschaft spiegelt. Im Lauf der Zeit wandelt sich die Figur des *badin*, der sowohl in den *farces* als auch in den *soties* in Erscheinung tritt, vom echten zum vorgeblichen Dummkopf und gelangt dadurch in eine privilegierte Position. Dank seiner gespielten Torheit fällt ihm nämlich die Aufgabe zu, das Verwirrspiel von Schein und Sein aufzudecken, unter dem Mantel der Torheit die Wahrheit zu sagen und so die subversive Intention des Stückes zu vermitteln.

le badin

Das wohl berühmteste Beispiel seiner Gattung ist die um 1464 entstandene *Farce de Maistre Pierre Pathelin*, die auf dem *fabliau Trubert et Antrongnart* beruht. Der Protagonist, ein dubioser Winkeladvokat, und seine Frau Guillemette nagen am Hungertuch. Um Abhilfe zu schaffen, betrügt er den Händler Guillaume um einen Ballen Tuch. Zur gleichen Zeit beschuldigt Guillaume seinen Hirten mit dem sprechenden Namen Thibaut l'Agnelet, Schafe zum Eigenbedarf geschlachtet zu haben. Der Schäfer wiederum lässt sich in dieser Sache von Maître Pathelin verteidigen, der ihm rät, vor Gericht stets nur mit einem blökenden „bê" zu antworten. Als der Anwalt nach dem gewonnenen Prozess sein Honorar verlangt, bekommt er auch nur ein „bê" zu hören.

Beispiel

Kommentar

Die *Farce de Maistre Pathelin* mit ihren beiden Handlungssträngen und häufigen Verwechslungen weist eine gewisse Komplexität auf, die sich auch in den detailliert ausgestalteten Szenen zeigt, wenn beispielsweise Pathelin im simulierten Delirium ein Kauderwelsch aus Bretonisch, Lateinisch, Flämisch und französischen Dialekten von sich gibt. Das listige Spiel von Lug und Trug lässt die Handlung mehrmals kippen und illustriert am Ende das Sprichwort „A trompeur, trompeur et demi". Pathelin, der betrogene Betrüger, beklagt sich: *Or cuidoye estre sur tous maistre / De trompeurs d'icy et d'ailleurs (...)/Et ung berger des champs me passe!* (vv.1587–1592). Wenn also letztlich der Rechtsgelehrte vom Schäfer düpiert wird, so ist in dieser Umkehrung der bestehenden Gesellschaftshierarchie eine Variante des Topos von der verkehrten Welt zu erkennen. Ein weiterer Aspekt der spätmittelalterlichen Weltsicht erschließt sich aus dem „bê", Schlusswort der Farce, das man als Ausdruck von Absurdität, radikalem Zweifel und fundamentaler Sinnkrise deuten kann.

Literatur

Dufournet/Rousse (1986), Knight (1966), Lewicka (1974), Rey-Flaud (1984)

Sottien

Die Sottie (*la sotie* oder auch *sottie*) entsteht in der zweiten Hälfte des 15. Jhs. im Umkreis der *basoches*, d. h. der Zusammenschlüsse junger Juristen an den *parlements*. Die *basoches* sind in Analogie zum Staatsaufbau strukturiert und haben die Einübung von Plädoyers und Verhandlungen zum Ziel. Dieser Praxis und den traditionellen *fêtes des Fous* verdanken die *soties* ihre Form (Gerichtsverhandlung), ihr Personal (*Prince des fous* und *Mère Sotte*) und ihre Funktion (Opposition). Die *soties*, etwas länger als die Farcen und in einem Korpus von ca. 60 Texten überliefert, halten der Gesellschaft auf komische und satirische Weise den Spiegel vor. Neben den Narren, die über absolute Redefreiheit verfügen und unverhüllt die Wahrheit sagen, treten, wie in den *moralités*, allegorische Repräsentationen der Stände und gesellschaftlichen Gruppen auf sowie Personifikationen abstrakter Wesenheiten, z. B. *Folie, Temps, Chascun, Gens, le Monde*. Indem sie die Gesellschaft vor ein Narrengericht stellt und jedem Stand seine eigene, zerstörerische Torheit vor Augen führt, artikuliert die *sotie* einen lauten Protest gegen die bestehenden Verhältnisse. Vergleichbar den noch heute bestehenden Fastnachtsbräuchen nimmt die *sotie* aktuelle Skandale, Modetorheiten, innenpolitische Fragen etc. aufs Korn.

Typologie

Jean-Claude Aubailly unterteilt die *soties* in folgende Typen: *soties-parades, -farces, -rébus, -action* und *-jugement*, wobei die beiden letzteren die häufigsten Formen sind. In einer *sotie-action* wird eine reale Gegebenheit allegorisch verhüllt auf den Punkt gebracht, wie dies etwa ANDRÉ DE LA VIGNE in seiner *Sotie à huit personnages* tut: Nachdem die neuen Machthaber die alte Welt eingeschläfert haben, wollen sie eine neue Welt erbauen unter Verwendung von Steinen wie *Corruption, Ignorance* und *Simonie* (Ämterkauf), deren Gebäude alsbald zusammenbricht. Spannender erscheinen die *soties-jugement*, deren Handlung dem Modell einer Gerichtsverhandlung folgt. Das Verfahren wird eröffnet durch den Ruf der *Mère Sotte*, als Beschwerdeträger treten die *Sots* oder *Chose publique* oder *Bon Temps* auf. In der Anklageschrift werden die Missstände der aktuellen Situation ausführlich geschildert, als Angeklagte erscheinen *Chascun, Temps* oder *Gens*, die ausgiebig befragt werden. Nach Verhören und Plädoyers wird das Verfahren durch einen Urteilsspruch der *Mère Sotte* beendet, der auf Gesellschaftsveränderung abzielt.

Die politische Intention der *soties* tritt immer deutlicher zutage, etwa in dem anonymen Text *Les gens nouveaux qui mangent le monde et le logent de mal en pire* (1461), der sich nicht nur gegen die Berufsstände der Juristen, Priester, Soldaten und Ärzte richtet, sondern gegen den neuen Herrscher, LUDWIG XI. und dessen Machteliten. Die Bedeutung der *soties* als Instrument politischer Aufklärung und Meinungsbildung wird durch die Repressionsmaßnahmen, Gefängnisstrafen und Züchtigungen unterstrichen, die gegen *basochiens* und Autoren von *soties* verhängt werden. FRANZ I. verbietet schließlich, Gegenstände der hohen Politik im Medium der *sotie* zu behandeln. Andererseits lassen sich die *soties* gelegentlich auch zugunsten der Autorität instrumentalisieren, wie PIERRE GRINGOIRES *Jeu du Prince des sots* beweist, der die weltlichen Interessen des Papstes anklagt. **Politik**

Die *sotie* ist eine frühe Form von engagiertem Theater, das zur politischen und gesellschaftskritischen Bewusstseinsbildung beitragen will, durch die Sprache, Gestik und Späße der Narren jedoch grundsätzlich zum komischen Theater gehört. **Würdigung**

Arden (1980), Aubailly (1976), Goth (1967), Muller (1975) **Literatur**

Die ernsthafte Gattung der *moralité* ist in etwa 60 Stücken aus dem späten 15. und frühen 16. Jh. belegt. Es handelt sich um ein Genre, dessen Autoren, im Unterschied zur Mehrheit des komischen Theaters, namentlich bekannt sind. Die Protagonisten dieser handlungsarmen Stücke, allesamt Personifikationen von Tugenden und Lastern, Person und Gesellschaft (*Chacun, Humanité, Monde*), veranschaulichen den Konflikt des Menschen zwischen Gut und Böse. Im Rahmen dieser dichotomischen Grundstruktur zeigen die dargestellten Parabeln eine exemplarische, nicht selten melodramatisch zugespitzte Entscheidung, die Chance und Dilemma der menschlichen Willensfreiheit illustriert. Die allegorischen Lehrstücke vermitteln also eine erbauliche, obgleich nicht **Moralités**

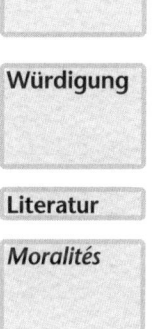

explizit religiöse, sondern eher lebenspraktische Botschaft. Die Themen dieses didaktischen Theaters stammen aus der Bibel und aus der alten oder zeitgenössischen Geschichte, wie etwa GEORGES CHASTELLAINS *moralité* über das Basler Konzil (1432). Schließlich erteilen einige der Schauspiele auch moralisierende Ratschläge für den Alltag, wie beispielsweise NICOLAS DE LA CHESNAYE, der mit seiner *Condamnation de Banquet* (1507) dem schlemmenden Bürgertum eine strenge Diät verordnet.

| Literatur | Aubailly (1975), Helmich (1976) |

Religiöses Theater

| Szenische Veranschaulichung | Das religiöse Theater des Spätmittelalters setzt die Tendenz fort, die szenische Veranschaulichung von Glaubensinhalten aus der Liturgie in den öffentlichen Raum zu verlagern und die Darstellung der frommen Themen durch die Ausschmückung mit lebensnahen, pittoresken Szenen in der Wirklichkeit der Zuschauer zu verankern. Dabei tritt allerdings die theologische Belehrung immer mehr in den Hintergrund zugunsten einer gierigen Schaulust, die durch spektakuläre Folterszenen und ähnliches befriedigt wird. Als Bestandteil der städtischen Festkultur wachsen sich die sakralen Spiele zu einem gigantischen, mehrere Tage andauernden Spectaculum aus, das sich zur ursprünglichen Intention eher kontraproduktiv verhält. Mirakel, Mysterium und Passionsspiel sind die wesentlichen Gattungen des religiösen Theaters im Spätmittelalter. |

| Literatur | Berger (1976), Cohen (1926 und 1928), Dumont (1997), Konigson (1975), Rey-Flaud (1973 und 1980), Warning (1974) |

| Mirakel | Mit seinem *Miracle de Théophile* hatte RUTEBEUF in den 1270er Jahren das erste Beispiel eines dramatisierten Marienwunders geliefert (s. S. 83). Im 14. Jh. steigen diese sog. *miracles par personnages* zur wohl repräsentativsten dramatischen Form auf. Einen riesigen Fundus mirakulöser Marienerzählungen hatte an der Wende vom 12. zum 13. Jh. bereits GAUTIER DE COINCI in seinen 90 Fälle und 30.000 Verse umfassenden *Miracles de la Vierge* zusammengestellt bzw. aus dem Lateinischen übersetzt. Die stereotypen Geschichten, in denen die Gottesmutter einen reuigen Sünder in letzter Sekunde vor der ewigen Verdammnis rettet oder sich generell als Nothelferin erweist, bieten reichlich Stoff für die Mirakelspiele des Spätmittelalters. |

| Kontext | Die szenischen Marienwunder verweisen in mehrfacher Hinsicht auf den gesellschafts- und geistesgeschichtlichen Kontext. Da sind zum einen die recht lebensechten, familiären Szenen, die durch- |

aus auch ärmliche Verhältnisse auf die Bühne bringen, um das Wirken des Göttlichen im bescheidensten Alltag zu unterstreichen. Die melodramatischen Notsituationen sind insofern von Interesse, als sie nicht selten über gesellschaftliche Werte, Verbote, Tabus und damit verbundene Konflikte Aufschluss geben. Schließlich führen uns die Stücke diverse Facetten der spätmittelalterlichen Marienverehrung vor Augen. Die Gottesmutter ist den Menschen nahe in ihrem Leid. Als Inbegriff von Mütterlichkeit gewährt sie ihnen Trost, Schutz und Zuflucht und unterstützt sie als wirksame Fürsprecherin bei ihrem Sohn Jesus Christus.

Beispiel

Die bekannteste und umfangreichste Sammlung von szenischen Marienwundern ist das Manuskript der *Miracles de Nostre Dame par personnages*, das 40 Stücke aus den Jahren 1339 bis 1386 enthält. Sie entstanden im Auftrag der Pariser *Confrérie des orfèvres* und wurden anlässlich der alljährlichen Versammlung der Gilde aufgeführt. Im Verlauf dieser Jahre ist ein Schwinden der geistlichen Inhalte festzustellen, während die Alltagsszenen ein deutliches Eigengewicht erlangen. In Verbindung mit der Institution der Gilden und Bruderschaften leben auch die Mirakelspiele bis in 16. Jh. fort.

Literatur

Ebel (1965), Glutz (1954), Kunstmann (1996), Stadler-Honegger (1975)

Mystère

Die Mysterienspiele, deren Blüte im späten 15. und frühen 16. Jh. liegt, stellen vor allem literatursoziologisch ein interessantes Phänomen dar. Als „théologie en action" und „hypertrophie du spectacle" (Strubel) sind sie kennzeichnend für die Theatralisierung des gesellschaftlichen Lebens im Spätmittelalter, wie sie sich auch in Schauturnieren, Herrscheradventus und Prozessionen manifestiert. Daher bringen manche Wissenschaftler das Aufkommen der *mystères* mit den lebenden Bildern in Verbindung, wie sie zu feierlichen öffentlichen Ereignissen, z. B. dem Einzug KARLS DES KÜHNEN in Mons 1453, dargestellt und von einem Rezitator erklärt wurden. In Anbetracht der vorrangigen Bedeutung der Aufführung gerät der Text zu einem sekundären Dokument, das von dem *mystère* als Gesamtkunstwerk nur einen sehr unzulänglichen Eindruck vermitteln kann.

Aufführung

Die ganze Stadt organisiert das Schauspiel, gibt den Text in Auftrag, benennt einen Regisseur und feiert in dem Bühnenfest sich selbst als Kollektiv. Gelegentlich delegiert das Munizipium diese Aufgabe bereits an private Unternehmer, die dann auch Eintritt fordern. Etwa 100 Laienschauspieler agieren auf einer kreisförmigen Simultanbühne, deren diverse *mansions* die jeweiligen Schauplätze – Paradies, Himmel, Hölle, Taverne – vorstellen. Ein *récitant*, *acteur/auteur* oder *fou* fungiert als Moderator und erläuternder Vermittler zwischen Bühnengeschehen und Publikum. Doch die Inhalte verblassen gegenüber den spektakulären, grausamen und pathetischen Szenen, angesichts von Bühnenmaschinen und visuellen Spezialeffekten. Die bunte Abfolge von religiösen Szenen, komischen Zwischenspielen, Paraden der Schauspieler gerät zu einer enormen „Show", die mehrere Tage in Anspruch nimmt. Daneben existieren jedoch auch kürzere, bis zu 3000 Verse zählende *mystères*, die von wenigen Schauspielern aufgeführt und auf die Initiative von *confréries*, Geistlichen oder Privatleuten zurückgehen.

Themen

Gegenstand der *mystères* sind beispielsweise Heiligenviten, vorzugsweise mit lokalem Bezug, wie das Leben des Hl. Martin von ANDRÉ DE LA VIGNE oder das des Hl. Ludwig von PIERRE GRINGOIRE. Episoden aus der Apostelgeschichte oder dem Leben der Gottesmutter werden ebenso zur Aufführung gebracht wie Passagen aus Altem und Neuem Testament sowie den Apokryphen. Schließlich bietet auch die ältere und neuere Geschichte, bis hin zur Belagerung von Orléans, Stoff für Mysterienspiele. In Anbetracht ihrer universellen Bekanntheit geraten die frommen Gegenstände immer mehr zum Vorwand für Unterhaltung und Schaulust des städtischen Massenpublikums. Das Verhältnis zwischen offizieller Kirche und Laienkultur destabilisiert sich.

Literatur

Bordier (1990)

Passion

Das Passionsspiel, eine Untergattung der *mystères*, hat ältere Vorläufer. In Zusammenhang mit den frühen liturgischen Spielen ist vom Ende des 10. Jhs. eine *Passion de Clermont* (516 Verse), aus dem 13. Jh. eine *Passion des jongleurs* erhalten. Theologisch wird die Leidensgeschichte Christi als Vollendung der Menschlichkeit des Herrn von BERNHARD VON CLAIRVAUX aufgewertet. Dass die Passionsspiele seit dem 14. Jh. ins Zentrum des Interresses rücken, wird als klerikale Gegenreaktion auf den populären Kult der Gottesmutter gedeutet. Das erste spätmittelalterliche Beispiel ist die *Passion du Palatinus*, die in 2000 Versen die Geschehnisse vom Abendmahl bis zum Ostermorgen darstellt. Charakteristisches Novum sind hier bereits die realistischen, emotionalisierenden bzw. unterhaltsamen Nebenszenen, in denen etwa die Nägel zur Kreuzigung geschmiedet werden oder ein Spezereienhändler am Grab seine Waren anpreist. Eindrücklich werden die Auftritte der „Bösen" gestaltet, nämlich der Verrat des Judas und die Geißelung Christi vor Pilatus. Ab Mitte des 15. Jhs. wachsen die Passionen zu mehrtägigen Großveranstaltungen an, an denen bis zu 400 Darsteller beteiligt sind.

Kontext

Die Passionsspiele stehen im gleichen städtischen Umfeld wie die *mystères*, wobei es allerdings die Confréries de la Passion sind, welche für die Aufführungen verantwortlich zeichnen. Wie die Mysterienspiele sind auch die Passionen zwischen sakraler und profaner Sphäre angesiedelt. Die aufwühlende Darstellung der Leidensgeschichte bewirkt einen kathartischen Effekt, zugleich wird in dem Fest die kollektive Identität der Stadt gefeiert. Jede Stadt hat ihren eigenen Passionsschreiber: ARNOUL GRÉBAN in Paris, JEAN MICHEL in Angers, EUSTACHE MERCADÉ in Arras.

Beispiel

Der Kanoniker und Organist ARNOUL GRÉBAN (ca. 1420–1470) hat gemeinsam mit seinem Bruder SIMON ein *Mystère des Actes des Apôtres* verfasst und mit seinem *Mystère de la Passion* (um 1450) das Modell aller späteren Passionsspiele geschaffen. Die insgesamt 34.435 Verse gliedern sich in vier *journées*, denen ein Vorspiel vorausgeht, welches die Schöpfungsgeschichte bis zu Kains Bluttat umfasst und dadurch das Opfer Christi heilsgeschichtlich perspektiviert. Der erste Tag beginnt zunächst mit einem Prolog im Paradies, wo die allegorischen Figuren *Miséricorde, Justice, Vérité* und *Paix* über das Schicksal des Menschen verhandeln und letztlich seine Erlösung beschließen, die alsbald mit der Verkündigung Mariä ins Werk gesetzt wird. Als bukolische Idylle wird die Geburt des Erlösers dargestellt, gefolgt von dem grausamen Massaker, das Herodes unter den Kindern Israels anrichtet. Endet der erste Tag mit der Darstellung im Tempel, so umfasst der zweite das öffentliche Wirken Jesu bis zu seiner Verhaftung, die den schändlichen Verrat des Judas in den Mittelpunkt stellt. Der dritte Tag ist der Passion im engeren Sinne gewidmet, während der vierte und letzte Tag sich auf die Heilsbotschaft und deren Weiterwirken erstreckt, verkörpert in der Figur des Joseph von Arimathäa und dem Erscheinen des Auferstandenen bei den Jüngern von Emmaus. Stilbildend wirkt GRÉBAN durch die Mischung von gelehrter Rhetorik und volkstümlicher Sprache, durch die Abwechslung von allegorischen Szenen, die theologische Konzepte vermitteln, und emotionalisierenden Genreszenen grausamen oder burlesken Inhalts. Der Erfolg von GRÉBANS Passion war so durchschlagend, dass sich JEAN MICHEL nicht scheute, daraus mehr als 10.000 Verse für sein eigenes Passionsspiel (Angers, 1486) zu entlehnen.

Kommentar

Neben seinem ausgeprägten Unterhaltungswert erfüllt das Passionsspiel als „profane Liturgie" religiöse und rituelle Funktionen im weiteren Sinne. Das Heilswerk Jesu steht im Mittelpunkt eines Geschichtsbildes, das sich zwischen Sündenfall und Jüngstem Gericht erstreckt, bedeutet doch das Kreuzesopfer die Sühnung der Erbsünde und die Verheißung der Errettung aus ewiger Verdammnis. Die Passion zeigt Christus in seinem Leid und seiner Menschlichkeit und wird dem Zuschauer durch die Nähe zu seiner Alltagserfahrung präsent. Diesem Wirklichkeitsbezug dienen auch die zahlreichen pittoresken Szenen im häuslichen oder beruflichen Milieu von Handwerkern, Händlern, Hirten und einfachem Volk. Das Mitleiden mit dem Menschensohn macht diesen als Quell von Barmherzigkeit, Erbarmen und Erlösung begreiflich. Die Empathie wird über die Schaulust mobilisiert, die sich allerdings zu verselbständigen droht, wie die Häufung von sadistischen Grausamkeiten beweist, denen in den komisch-burlesken Zwischenspielen ein entlastendes Ventil zur Seite gestellt wird. In einem Zeitalter öffentlicher Folterungen bzw. Hinrichtungen, in dem sich auch der Judenhass immer wieder gewaltsam entlädt, fungieren Szenen, in denen der Teufel, der Henker oder die Juden lächerlich gemacht werden, als Exorzismus kollektiver Ängste.

Bedeutungsverlust

In den ersten Jahrzehnten des 16. Jhs. noch recht populär, bereiten äußere und innere Faktoren diesem genuin spätmittelalterlichen Schauspiel ein Ende. Mit der Ausbreitung des Calvinismus unter HEINRICH II. (1547–1559) geraten die öffentlichen, visuellen, „folkloristischen" Manifestationen des alten Glaubens unter Legitimationsdruck. Ein Edikt des *Parlement de Paris* aus dem Jahre 1548 verbietet die *mystères* für die Ile de France. Die neue Raumwahrnehmung der Zentralsperspektive macht die Rundbühne der Heilsparabel obsolet, während der Geist des Humanismus den Menschen nicht mehr in den Grenzen von Himmel und Hölle definiert.

Literatur

Accarie (1979)

3 Roman

Tradition

Der Roman des Spätmittelalters ist zunächst gekennzeichnet von der Vitalität traditioneller Stoffe aus *chanson de geste*, höfischem Roman und Artusepik. Die alten Geschichten werden entweder in Prosaübersetzungen bearbeitet oder zu Neuschöpfungen miteinander kombiniert und intertextuell vernetzt.

Neue Tendenzen

Erst im 15. Jh. zeichnen sich in Gestalt (auto)biographischer Erziehungsromane, die teils mit erotischen Einlagen novellistischen Charakters versehen sind, neue Tendenzen ab. Abgesehen von dem eindeutigen Trend zur Prosa ist eine große Vielfalt der Stilrichtungen festzustellen, in deren Spektrum auch die Wechselfälle des Abenteurromans eine wichtige Rolle spielen. Wie für Spätzeiten typisch, pflegen die Autoren einen spielerischen Umgang mit dem Potential der zur Verfügung stehenden literarischen Formen. Auch die kollektiven Wertvorstellungen sind in Bewegung, restaurative Ideale konkurrieren mit Reformgedanken.

Allegorie

Allegorische Darstellungen von Liebespsychologie, philosophischen Konzepten oder gesellschaftlichen Normen sind Elemente des Romans, obwohl sie dort seltener Verwendung finden als in

Lyrik und Schauspiel. Besondere Erwähnung verdient in diesem Zusammenhang der anonyme *Roman de Fauvel* (1310–1314). Protagonist dieses Versromans ist eine allegorische Tiergestalt, in der sich die Untugenden der *Flatterie, Avarice, Vilenie, Vanité, Envie* und *Lâcheté* verkörpern. Als Ausbund aller herrschenden Laster dient diese Kunstfigur der Kritik gesellschaftlicher Missstände in Adel und Klerus.

Den Löwenanteil narrativer Langformen machen im Spätmittelalter die Prosaübersetzungen älterer Versepik aus. Diese „mises en prose" oder „dérimages", zumeist Auftragsarbeiten, tragen dem Lesehunger einer wachsenden Zahl individueller Rezipienten Rechnung. Mit der Prosaisierung geht zumeist eine stilistische und inhaltliche Anpassung an den Zeitgeschmack einher. Nicht wenige frühe Heldenepen, deren Urfassungen verloren sind, verdanken allein diesen Überarbeitungen (*remaniements*) ihr Überleben. Einige der *chansons de geste*, wie z. B. *Fierabras* oder die *Haimonskinder* (s. S. 37) erlangen auf diese Weise als Volksbücher anhaltende Popularität.

Bearbeitungen

Fortleben der Artusepik im 14. Jahrhundert

Neben der Heldenepik liefern auch höfische Romane, vorzugsweise aus dem Artuskreis, Vorlagen zu derlei *mises en prose* oder neuen Originalwerken. Die Aktualität, die diesen Stoffen im „Herbst des Mittelalters" zukommt, steht in Zusammenhang mit der Beschwörung einer vergangenen heroischen Ritterlichkeit, wie sie etwa auch im Orden vom Goldenen Vlies (gegründet 1429) oder in der Wiederbelebung des Kreuzzugsgedankens anlässlich des „Türkenkreuzzugs" zum Ausdruck kommt, der 1396 mit der Schlacht von Nikopolis scheitern sollte. Einige der Romane, die den Artusstoff als reaktionäre Utopie in Hinblick auf die Wiederherstellung ritterlicher Ideale neu beleben, sollen im folgenden kurz präsentiert werden.

Wiederbelebung

Besonders deutlich wird diese restaurative Ideologie in dem Roman *Perceforest*. Die schier endlose, aber durchaus abwechslungsreiche Prosaerzählung mit novellenartigen und lyrischen Einschüben wurde um 1330–1340 von einem Kleriker im Hennegau verfasst und in vier Handschriften sowie zwei Drucken des 16. Jhs. überliefert. Alexanderroman und Artusepik miteinander verknüpfend, treibt der Autor des *Perceforest* den in *Cligès* formulierten *translatio*-Gedanken (s. S. 19) auf die Spitze und erhebt ALEXANDER zum Gründungsvater des Artusreichs, soll dieser doch seinen Gefährten Bétis, später Perceforest genannt, zum ersten König Englands eingesetzt haben.

Perceforest

Inhalt	Der Roman schildert die Vorgeschichte des Artusreichs bis zur Christianisierung Englands als eine Folge von Zivilisation und Barbarei. Die von Perceforest errichtete höfisch-ritterliche Kultur wird durch die Invasion der Römer unter JULIUS CAESAR zerstört, durch den Orden des „Franc Palais" wiederhergestellt, um von Barbareneinfällen aus dem Norden erneut vernichtet zu werden, bis das Eintreffen von Missionaren die Einsetzung einer nunmehr mystisch überhöhten christlichen Ordnung verheißt: Der Urenkel des ersten Zivilisationsstifters Perceforest lässt sich taufen und erbaut das Schloss Corbenic, künftiger Hort des Grals.

Kommentar

Percforest entwirft ein zyklisches Geschichtsbild, das nach jedem Niedergang – einer Art brutalem Naturzustand, dem der Erzähler auch Aufmerksamkeit schenkt – von Neuem die Überlegenheit der ritterlichen Zivilisation beweist. In der historischen Agonie der alten Feudalgesellschaft greift der gelehrte Autor auf den Artusstoff zurück, der bereits in einer früheren Krise seine Effizienz entfaltet hatte, nämlich Ausgang des 12. Jhs. im Rahmen der von Köhler (1970) analysierten Dialektik der höfischen Gesellschaft zwischen Ideal und Wirklichkeit.

Literatur   Lods (1951)

Meliador

Auch FROISSARTS einziger Roman, *Meliador*, feiert die Größe des Rittertums, das die in der Frühzeit der Artusherrschaft angesiedelte Romanhandlung gewissermaßen in Reinkultur zeigt. Ansonsten weist der um 1383 entstandene Versroman wenig konzeptionelle Originalität auf. Er schildert die Abenteuer, die eine Gruppe junger Artusritter besteht, um durch eine fünfjährige *quête* die Hand der schönen Hermondine zu erobern. Nachdem er seinen Konkurrenten Camel de Camois getötet und zahlreiche Heldentaten vollbracht hat, erringt Meliador, der Ritter mit der goldenen Sonne im Wappen, die Tochter des schottischen Königs. Im souveränen Umgang mit den narrativen Topoi gelingt es FROISSART immer wieder, seinen Leser zu überraschen. Abwechslung bringen die eingeschobenen Gedichte – *rondeaux*, Balladen und *virelais*, die von seinem Mäzen WENZESLAUS VON BRABANT stammen.

Literatur   Dembrowski (1983)

Mélusine

Nur durch das *merveilleux* und einige topographische Referenzen ist *Mélusine* mit der Artuswelt verbunden, stärker wurzelt der Roman dagegen im volkstümlichen *imaginaire* von Legenden und Mythen. JEAN D'ARRAS verfasst die *Histoire de la bele Mélusine* in den Jahren 1392–1393 auf Geheiß von JEAN DE BERRY. Der Untertitel *La noble histoire de Lusignan* verweist auf die Entstehungsgeschichte des Werks: Bei den Friedensverhandlungen in Amiens im Jahre 1392 fordern die Engländer von Frankreich u. a. den zwanzig Jahre zuvor von JEAN DE BERRY eroberten Poitou und die dortige Festung von Lusignan zurück. Um seinen Anspruch auf Land und Titel der von Lusignan zu bestärken, gibt der HERZOG VON BERRY den Auftrag, die Gründungslegende der Familie erzählerisch aufzubereiten. Etwa zehn Jahre später wird der Stoff im Auftrag des mit den Lusignan verwandten HERRN VON PARTHENAY umgeschrieben und in Verse gebracht. Als Volksbuch wird der märchenhafte Stoff in ganz Europa weite Verbreitung finden.

Im Mittelpunkt des Romans steht Mélusine, die Gründerin des Ortes und des Geschlechts der von Lusignan, die von ihrer Mutter, der Fee Présine, mit dem Fluch belegt wurde, sich jeden Samstag in ein Mischwesen mit dem Unterleib einer Schlange zu verwandeln. Da ihr Gatte Raymondin das Tabu respektiert, sie samstags nicht zu sehen, schenkt sie ihm den versprochenen Reichtum, indem sie das Land rodet und bebaut, Städte und Festungen gründet, allen voran Lusignan. Das Paar lebt glücklich mit seinen zehn Kindern, von denen allerdings einige ein körperliches Stigma tragen. Die Söhne bewähren sich als tapfere Ritter in der ganzen bekannten Welt und steigen zu Herrscherwürden auf. Einem Verdacht folgend, entdeckt Raymondin das Geheimnis seiner Frau, das er jedoch bewahrt, bis er eines Tages von den Gräueltaten eines Sohnes erfährt, der alle Mönche einer Abtei, darunter seinen eigenen Bruder, getötet hat. Von den Kindern einer Schlange sei nichts anderes zu erwarten, wirft er Mélusine vor, die daraufhin in Gestalt einer geflügelten Schlange verschwindet. Sie kehrt zunächst gelegentlich zurück, um ihre jüngsten Kinder zu versorgen und wird später als Vorbotin unheilvoller Ereignisse im Schloss von Lusignan spuken. Raymondin zieht sich in ein Kloster zurück und überlässt die Herrschaft seinem Sohn Geoffroi.

Abgesehen von den ritterlichen Heldentaten, wie sie aus der üblichen Erzählliteratur sattsam bekannt sind, stellen die Strukturelemente von Märchen und Genealogie eine Besonderheit der *Mélusine* dar. Typisch für das Märchen sind einerseits inhaltliche Motive wie die Begegnung einer Fee mit einem Sterblichen, das Tabu und der Fluch, andererseits formale Gliederungsmerkmale wie etwa die Bedeutung der Dreizahl. Die genealogische Dimension dieses drei Generationen umfassenden Romans wird vor allem an den Söhnen von Mélusine und Raymondin sinnfällig, die gegen Ungeheuer (*merveilleux*) und Ungläubige kämpfen (historisches Faktum: Teilnahme der Lusignan an den Kreuzzügen) und in verschiedenen Ländern die Herrschaft erringen. In der Tat wurde der Thron von Zypern zwischen 1192 und 1489 vom Hause Lusignan besetzt, König von Armenien war kurzfristig LÉON DE LUSIGNAN, und die grausame Zerstörung eines Klosters ist ebenfalls eine historische Begebenheit aus dem Jahre 1232. Zwei wei-

Inhalt

Kommentar

tere Söhne des Gründerpaars, denen das Herzogtum Luxemburg und die Krone von Böhmen zufällt, stellen einen direkten Bezug zum Auftraggeber JEAN DE BERRY her, der mütterlicherseits aus dieser Linie stammte. Die literarisch überhöhte und legendär begründete Familiengeschichte verleiht dem HERZOG VON BERRY als Herrn von Lusignan und Graf von Poitou somit Prestige und mythische Legitimation. Doch auch die Schattenseite der feudalen Herrlichkeit gerät in den Blick, denn die in der Familie der Lusignan immer wieder ausbrechende Brutalität veranlasst den Autor, den Zusammenhang zwischen Herrschaft und Gewalt zu reflektieren.

Frauenbild

Das aus Märchentradition und gelehrten Quellen des Mittelalters bekannte Motiv findet bei JEAN D'ARRAS erstmals einen Namen – Mélusine – und eine literarisch elaborierte Form. Die Frau erscheint hier als Zwitterwesen: rührige Gattin und fürsorgliche Mutter einerseits, teuflische Schlange andererseits. Zunächst entwirft der Autor das äußerst positive „Urbild einer ebenso aktiven wie erfolgreichen Frau" (Zimmermann), dessen mögliche diabolische Konnotationen durch die Schilderung einer beispielhaften christlichen Lebensführung verschleiert werden. Letztlich jedoch obsiegt das „männliche Unbehagen angesichts einer dominanten Frauenfigur" (Zimmermann), und Melusine reduziert sich auf das Bild der Schlange, jener Gestalt, in der das Böse einst die Urmutter Eva verführt und zur Erbsünde veranlasst hatte.

Literatur

Clier-Colombani (1991), Harf-Lancner (1984), Stouff (1930), Zimmermann (1999)

Tradition und Innovation im 15. Jahrhundert

Tendenzen

Im Mittelpunkt dieses Jahrhunderts stehen zwei Romane, die absolut konträre narrative Modelle verkörpern. Sie sind etwa gleichzeitig und im gleichen sozialen Umfeld von Autoren unterschiedlichen Standes verfasst worden. Während der König von Sizilien, RENÉ D'ANJOU, einen allegorischen Roman schreibt, *Le livre du cuer d'Amours espris* (1457), verdanken wir dem von ihm protegierten und an seinem Hof als Prinzenerzieher tätigen ANTOINE DE LA SALE den ironischen Bildungsroman *Jehan de Saintré* (1456). Generell, nicht nur im Zuge der derb-novellistischen Strömung, zu der LA SALE zählt, ist im 15. Jh. zu beobachten, dass sich der Roman tendenziell und allmählich der zeitgenössischen Wirklichkeit zuwendet. Die Einbeziehung konkreter gesellschaftlicher Rahmenbedingungen und eine individuellere Perspektivierung des Geschehens erwecken den viel beschworenen Eindruck des Realismus. In Zusammenhang mit dem stärkeren Aktualitätsgehalt werden bestehende Stilelemente neu kombiniert, erfahren traditionelle Erzählformen eine zeitgemäße Abwandlung, wobei vor allem der Erziehungsroman (s. S. 142) neues Gewicht erhält.

Der Prosaroman *Le Jouvencel* (1461–1466) erzählt beispielsweise den Werdegang eines mittellosen jungen Adligen, der durch Mut und taktisches Geschick eine militärische Karriere macht. Seine Erfolgsgeschichte gipfelt darin, dass er die Nachfolge des Königs Amydas, seines Schwiegervaters, antritt. Der Autor, JEAN DE BUEIL (1405–1478), der sich als „amiral de France" im Hundertjährigen Krieg bewährte, verfolgt mit dieser Mischung aus biographischem Roman und militärischem Traktat eine didaktische Absicht. Der „petit traicté narratif" will ins Waffenhandwerk einführen und zugleich die Grundzüge adliger Erziehung vermitteln. Dabei folgt er der aristotelischen Gliederung von Moral (individuelle moralische Bildung), Ökonomik (Bewährung in verantwortlichen Aufgaben) und Politik (Staatswesen). Die Zeitgenossen lasen den Text auch als anspielungsreichen Schlüsselroman über die letzte Phase des Hundertjährigen Krieges, während er uns heute noch aufschlussreiches Material über den Strukturwandel des Militärwesens liefert, der mit dem Niedergang der feudal-ritterlichen Ideale einherging. Bei alledem verfügt der nicht literarisch gebildete Autor durchaus auch über unterhaltsame Qualitäten: Lebhafte Dialoge wechseln ab mit auktorialen Kommentaren, die den Humor des alten Haudegens verraten.

Jouvencel

Die Aktualisierung bekannter Erzählmuster veranschaulicht der anonyme Prosaroman *Jehan de Paris* (um 1494), in dem der Abenteuerroman zur politischen Satire gerät. Der französische Thronfolger und der König von England konkurrieren um die Hand der spanischen Königstochter. Bei den obligatorischen Abenteuern der Brautwerbung zieht der englische Greis stets den Kürzeren – knapp 50 Jahre nach Ende des Krieges ein wohlfeiler Spott. Daneben spiegelt der Roman bedeutende gesellschaftliche und ideologische Veränderungen, insofern sich der französische Königssohn während seiner Abenteuer unter der Maske eines Bürgers verbirgt – *Jehan de Paris, filz d'un riche bourgeois dudict lieu* –, dessen hervorstechendste Eigenschaft sein Geld ist.

Jehan de Paris

Neben solchen innovativen Ansätzen verkörpert *Le livre du cuer d'Amours espris* eine letzte Blüte mittelalterlicher Erzählverfahren. Sein Autor, „le bon roi René" (1409–1480), ist in vielem seinem Standesgenossen CHARLES D'ORLÉANS vergleichbar, mit dem er zum Valentinstag und Maienfest Gedichte austauscht. Ein wechselhaftes, letztlich erfolgloses politisches Schicksal bringt ihn vorübergehend in die Gefangenschaft des Herzogs von Burgund, auf

RENÉ D'ANJOU

den Thron von Sizilien und Neapel, an seine Residenz in Anjou und schließlich, auf Anordnung LUDWIGS XI., ins Exil nach Aix-en-Provence. Im Unterschied zum zurückgezogenen Lebensstil des HERZOGS VON ORLÉANS pflegt RENÉ während seiner Jahre in Anjou (1445–1470) und in Aix (1470–1480) eine fürstliche Prachtentfaltung, organisiert Feste, Turniere und andere ritterliche Vergnügungen, in denen die Heldentaten der Vorfahren bzw. der literarischen Vorbilder zur Kompensation des realen Machtverlusts auf spielerische Weise nachempfunden werden. In seiner vielseitigen Persönlichkeit fließen sämtliche Strömungen der Spätkultur zusammen: Der Fürst spricht mehrere Sprachen, zeigt sich empfänglich für den Reiz des Außergewöhnlichen und Exotischen, fördert die Künste als Mäzen und ist selbst als Dichter und – angeleitet von VAN EYCK – als Maler tätig. Neben einigen lyrischen Dichtungen, einem Traktat über das Turnierwesen und dem hier zur Debatte stehenden Roman verfasst er ein weiteres allegorisches Werk, das christlich-devote *Mortifiement de Vaine Plaisance* (1455).

Livre du cuer d'Amours espris

Der dem Herzog JEAN DE BOURBON gewidmete Roman stellt in formaler und inhaltlicher Hinsicht eine groß angelegte Synthese dar. Während der Autor Prosa für die narrativen Passagen einsetzt, verwendet er in den Monologen und Dialogen zur Unterstreichung der Subjektivität eine metrische Sprache, variierend zwischen Alexandrinern, Zehn- und Achtsilbern. Inhaltlich kombiniert er außer lyrischen Motiven wie dem entrissenen Herzen im Wesentlichen die Erzählmuster der Artusepik und das allegorische Verfahren sowie die erotische Progression des *Rosenromans* (s. S. 97 ff.). Wie dieser beginnt RENÉ mit einer Traumvision, die er zwischen prophetischer Offenbarung und dichterischer Imagination in der Schwebe lässt.

Inhalt

Amor entreißt dem Liebenden das Herz, das nun (im Unterschied zum *Rosenroman*, wo es Objekt bleibt) metonymisch zur Figura des Liebenden selbst wird. *Cuer* und sein Schildknappe *Désir* begeben sich auf die Suche nach *dame Mercy*, die von *Dangier* gefangen gehalten wird. Ist die Ausgangssituation dem *Rosenroman* entlehnt, gestaltet RENÉ die abenteuerliche und gefahrvolle *quête* ausdrücklich nach dem Muster der Artusepik als profane Nachahmung der Gralssuche: „ensuivray les termes du parler du livre de la conqueste du Sang Greal". Auch die diversen Mutproben und wunderbaren Begebenheiten entstammen der *matière de Bretagne*. *Cuer* gelingt es schließlich zwar, einen Kuss zu erobern, er gerät dann aber in einen Hinterhalt und beschließt seine Tage im Hospital für Liebeskranke, neben der Insel *Amors* und dem Friedhof der großen Liebenden eine der drei möglichen „Endstationen" des Liebenden.

Diese allegorischen Orte, wie auch die *forêt de Longue Attente* oder der *val de Très Profond Penser* stellen eine Neuerung gegenüber dem *Roman de la Rose* dar. Eine vergleichbare Topographie findet sich im übrigen bei CHARLES D'ORLÉANS (s. S. 124). Allegorische Figuren des *Rosenromans* erfahren des weiteren gelegentliche Umdeutungen, so etwa verwandelt sich die elegante *Courtoisie* in eine alte Dame im Nonnengewand. Was den Gebrauch des allegorischen Verfahrens betrifft, liegt die Originalität des *Livre du cuers d'Amours espris* vor allem jedoch in der Potenzierung der Bilder, die dem Werk ein äußerstes Maß an Artifizialität verleiht. In den Rahmen der allegorischen Makrostruktur (Suche von *Cuer* nach *Mercy*) werden weitere Allegorien eingelassen, die als Bild im Bild fast wie eine *mise en abîme* fungieren. Die Beschreibung allegorischer Tapisserien oder die Schilderung der Wappen an den Mausoleen der verstorbenen Liebenden, die allein ein Drittel des gesamten Romans einnehmen, schaffen eine Kunstwirklichkeit, wie wir sie ähnlich bei den *Rhétoriqueurs* finden (s. S. 128). Die verschiedenen Ebenen der sprachlichen Bildlichkeit, die durch den optischen Eindruck der Miniaturen ergänzt werden, fügen sich zu einem ästhetischen Spiegelkabinett, in dem sich die Grenzen zwischen Wirklichkeit und Imagination auflösen.

Allegorie

Coulet/Planche (2000) Robin (1985)

Literatur

ANTOINE DE LA SALE (1385–1460), der Autor des *Jehan de Saintré*, führt ein abwechslungsreiches Leben im Umfeld der Mächtigen, zu denen auch von 1434 bis 1448 RENÉ D'ANJOU gehört, bevor er in den Dienst des LOUIS DE LUXEMBOURG wechselt. Mit seiner Abhandlung *Des anciens tournois et faicts d'armes* (1459) zeigt er auch inhaltliche Affinität zu den Interessen des HERZOGS VON ANJOU, doch künstlerisch ist sein Werk weit von der ästhetischen Reflexivität seines Herrn entfernt. Die vermischten Bände *La Salade* (1441) und *La Sale* (1451) versammeln Passagen zu militärischen und protokollarischen Fragen, Chronikalisches zu Sizilien und Neapel, Anekdoten seiner Italienreise und Exempla bzw. Novellen. Kurze Erzählungen von „wahren Begebenheiten" baut er auch in seine Trostschrift für MME DE FRESNE ein, die ihren Sohn im Krieg verloren hat (1457–1458). 1456 verfasst er seinen Roman *Jehan de Saintré*, der ihm einen festen Platz in der französischen Literaturgeschichte eingebracht hat.

ANTOINE DE LA SALE

Typisch für die fließenden Gattungsgrenzen des Spätmittelalters, enthält der Prosaroman Elemente des biographischen Romans, der Chronik und der Novelle. Vor allem jedoch stellt das seinem ehemaligen Zögling, dem Sohn RENÉS VON ANJOU, gewidmete Werk einen Erziehungsroman ganz eigener Art dar.

Jehan de Saintré

Im Mittelpunkt des Erzählwerks, das zur Zeit JOHANNS II. DES GUTEN spielt (1350–1364), steht Jean de Saintré, eine im Übrigen

Inhalt

historisch belegte Persönlichkeit. Als junger *Page* gerät er in die „Obhut" einer jungen Witwe, der *dame des Belles-Cousines*, die seine höfische und moralische Erziehung übernimmt. LA SALE nutzt die Situation der Wissensvermittlung, um lang und breit seine eigene Gelehrsamkeit unter Beweis zu stellen. Hinter dem pädagogischen Anliegen der Dame verbirgt sich allerdings ein handfestes erotisches Interesse. Bis zu seinem dreißigsten Jahr verbleibt Jehan, der unterdessen bei Hof Karriere macht und die Gunst des Königs erwirbt, in diesem Abhängigkeitsverhältnis. Als er sich vom Joch der dominanten Frau befreit, zieht diese sich schmollend aufs Land zurück, wo sie bei einem sinnenfrohen Abbé die Erfüllung ihrer Wünsche findet. Doch Jehan nimmt Rache an den beiden, indem er dem Abbé nach gewonnenem Zweikampf Wangen und Zunge mit dem Degen durchbohrt, während er die Dame vor der Hofgesellschaft bloßstellt.

Kommentar

Die Kritik hat sich daran gestört, dass der Roman in zwei Teile zerfällt. Höfischer und nicht höfischer Teil stehen jedoch durchaus in einem sinnvollen Verweisungszusammenhang, zeigt doch der erste die der Norm entsprechende Fassade und der zweite die Realität der Sinnenwelt. Der unbedingt ironisch zu verstehende Erziehungsroman ist insofern von einer grundsätzlichen Duplizität durchzogen, die sich im Kontext der spätmittelalterlichen Umbruchsstimmung erhellt. LA SALE führt die niedergehende Feudalwelt ad absurdum, entlarvt die Hohlheit ritterlicher Werte und höfischer Liebe, indem er den Körper und das Geld als primäre Impulse aufdeckt. *Jehan de Saintré*, den JULIA KRISTEVA (1974) als „premier roman moderne" bezeichnet, impliziert eine Epoche machende Desillusionierung, welche die Abwendung vom Ideal und die Hinwendung zur Wirklichkeit signalisiert.

Literatur

Kristeva (1974)

4 Narrative Kurzprosa: die Novelle

Definition

Der Name ANTOINE DE LA SALE verbindet sich auch mit dem Auftreten der Novelle im 15. Jh. in Gestalt der *Cent nouvelles nouvelles*. Diese für die Mentalität der frühen Neuzeit so spezifische narrative Kurzform beinhaltet die in der zeitgenössischen Realität verankerte, pointierte Erzählung einer überraschenden Wendung oder „unerhörten Begebenheit". Nach dem Modell BOCCACCIOS werden die Novellen gelegentlich in eine Rahmenhandlung eingebettet, die eine konkrete Erzählsituation zeigt. Dementsprechend wird die Novelle in einer geselligen Runde zum Besten gegeben, welche die sittliche Bedeutung der berichteten Geschehnisse debattiert, ihre Bewertung aber letztlich dem Adressaten überlässt.

Abgesehen von der lateinischen Tradition existieren bereits seit dem 12. Jh. volkssprachliche Erzählgattungen, die als Frühformen der Novelle zu betrachten sind, von der sie sich allerdings jeweils in wesentlichen Punkten unterscheiden. Da sind beispielsweise die in volkstümlichen Erzählstoffen wurzelnden *exempla*, die ausgehend von der *Disciplina clericalis* des PETRUS ALFONSI (1110–1120) weite Verbreitung fanden. Als Modellfall zur Veranschaulichung einer allgemeinen Regel vermitteln die rudimentären Geschichten eine eindeutige moralische Aussage, die sie zur Verwendung in der religiösen Didaxe prädestiniert. Die *lais* der MARIE DE FRANCE (s. S. 51 f.) stehen mit ihrer teils dilemmatischen Liebesproblematik dem Geist einiger späterer Novellen durchaus nahe, dem sie aber wiederum durch das märchenhaft-wunderbare Element des *merveilleux* widersprechen. Zu erwähnen sind schließlich die schwankhaften *fabliaux* (s. S. 101 ff.) mit ihrem Wortwitz, ihren cleveren Protagonisten, deren Handlungsmotive von materiellem Gewinn und körperlichen Gelüsten bestimmt werden. Aus diesem populären Fundus hat nicht zuletzt BOCCACCIO selbst geschöpft.

Frühformen

Neuschäfer (1969), Rasmussen (1958)

Literatur

Neben diesen Frühformen, deren Tradition, was die *fabliaux* betrifft, um 1330 abbricht, sind im Spätmittelalter einige andere Texte mit novellistischem Charakter zu verzeichnen, darunter vor allem pragmatische Hausbücher. Das um 1372 entstandene *Livre du chevalier de La Tour Landry*, von einem Vater zur Unterweisung seiner Töchter verfasst, enthält einige beispielhafte Erzählungen, die das vermittelte Weltwissen, die gesellschaftlichen Normen und Werte veranschaulichen sollen. Auch in dem *Ménagier de Paris*, einem praktischen Ratgeber für junge Ehefrauen aus dem späten 14. Jh., finden sich Exempla, die sich von ihrer didaktischen Nutzanwendung zu lösen beginnen. Kurz darauf illustrieren die *Quinze joies de mariage* die Missvergnügen des Ehestands anhand von 15 ebenso misogynen wie unterhaltsamen Szenen, die allerdings trotz ihres novellistischen Einschlags noch stark exemplarische Züge tragen. Etwa zeitgleich zur ersten französischen Novellensammlung entstehen schließlich die *Arrêts d'Amour*, die in der Tradition der höfischen Liebeskasuistik 51 Streitfälle zwischen *dame* und *amy* vor dem Minnegericht verhandeln. Die vorgetragenen Problemfälle ähneln in ihrer krisenhaften Zuspitzung oder Ausgefallenheit dem Handlungskern der Novellen, werden allerdings nicht von den Personen selbst gelöst.

Vorformen

K. Becker (1995), Cressot (1974), Zimmermann (1989)

Literatur

Die in den 1460er Jahren am Hofe von Burgund entstandenen *Cent nouvelles nouvelles* sind die erste französische Novellensammlung. Der Titel spielt an auf BOCCACCIOS *Decameron* mit

Cent nouvelles nouvelles

seinen zehn mal zehn Novellen, und im Widmungsschreiben an den HERZOG VON BURGUND heißt es explizit, das vorliegende Werk enthalte „cent histoires assez semblables en matere, sans attaindre le subtil et tres-orné langage du livre de Cent Nouvelles". Dennoch haben die „Neuen Novellen" in Struktur und Inhalt wenig mit dem 1348 verfassten und 1414 ins Französische übersetzten *Decameron* gemein.

Rahmen

Im Unterschied zur kunstvoll ausgestalteten Rahmenfiktion des *Decameron* und zur durchkomponierten Rollenverteilung der Sprecher besitzen die „Neuen Novellen" keine vergleichbare Makrostruktur. In unregelmäßiger Reihenfolge treten historische Persönlichkeiten als Erzähler auf, darunter der anonyme *acteur/ auteur*, der als Monseigneur titulierte Herzog von Burgund, PHILIPP DER GUTE (1396–1467), bedeutende Höflinge wie MONSEIGNEUR DE LA ROCHE oder PHILIPPE DE LAON sowie schließlich, neben 30 weiteren Erzählern, auch ANTOINE DE LA SALE, der in der Mitte der Sammlung die 50. Geschichte zum besten gibt.

Quellen

Die *Cent nouvelles nouvelles* speisen sich im wesentlichen aus drei Quellen: dem *Decameron* des GIOVANNI BOCCACCIO, den *Facetien* des POGGIO BRACCIOLINI sowie dem reichen Schatz der *fabliaux*.

BOCCACCIO

Das *Decameron* (1348) des GIOVANNI BOCCACCIO (um 1313–1375) bildet mehr dem Wort denn der Form und dem Geist nach die Vorlage der burgundischen Sammlung. Gegenüber den Novellen des Italieners beabsichtigt der unbekannte Autor, wie er im Widmungsschreiben betont, eine Aktualisierung der Erzählungen, deren Handlung er zugleich in heimische Gefilde verlegt, womit er durchaus dem Authentizitätsanspruch der erfolgreichen Gattung entspricht.

POGGIO

Sehr viel konkreter lässt sich dagegen ein anderer Einfluss dingfest machen. Der italienische Humanist GIAN FRANCESCO POGGIO BRACCIOLINI (1380–1459) sammelte als Sekretär der päpstlichen Kurie witzige, teils auch frivole Anekdoten, die er unter dem Titel *Liber Facetiarum* publizierte (1438–1452). Dem unterhaltsamen und frechen Büchlein wurde ein europaweiter Erfolg zuteil. Ganze fünfzehn der hundert „Neuen Novellen" entstammen direkt der lateinischen Quelle, darunter auch diejenige, die die burgundische Sammlung beschließt. Als man einen spanischen Prälaten beim Überschreiten des Fastengebots erwischt, nimmt er Zuflucht zu einer theologischen Ausrede: So wie sich in der Transsubstantiation das Brot der Hostie in den Leib Christi verwandelt, so vermag sich auch das Fleisch der von ihm verspeisten Rebhühner in Fisch zu verwandeln, dessen Genuss nach den Fastenregeln erlaubt ist.

Der Einfluß der *fabliaux* lässt sich in einigen Fällen genau identifizieren, so etwa in der 19. Novelle, *De l'enfant qui fu remis au soleil*, oder in der 78. Geschichte, *Du chevalier qui fist sa fame confesse*: Vom Kreuzzug zurückgekehrt, zweifelt ein Ritter an der ehelichen Treue seiner Frau. Unter der Maske eines Geistlichen entlockt er ihr in der Beichte das Geständnis des Fehltritts. Als er sich zu erkennen gibt und sie zur Rede stellt, rettet sie sich durch die Ausrede, sie habe nur seine Eifersucht wecken wollen, um seine Liebe auf die Probe zu stellen. Abgesehen von diesen konkreten Beispielen zeigen die *Cent nouvelles nouvelles* thematisch eine grundsätzliche Affinität zu den volkstümlichen Erzählungen der *fabliaux*.

fabliaux

Auch bei den burgundischen Novellen handelt es sich in den meisten Fällen um *contes à rire*, um derbe Schwanknovellen, wo Grobheiten und Obszönitäten an der Tagesordnung sind. Das Lachen entspringt vor allem der Wort- und Situationskomik. Viele Geschichten entsprechen der bekannten Konstellation des *triangle érotique* (s. S. 102) und thematisieren körperliche Liebe und Sexualität, wobei sie gelegentlich auch die Liebesbeziehung zwischen Angehörigen verschiedener Stände problematisieren. In sozialkritischer Perspektive findet man die traditionelle Kritik am Klerus, der insbesondere der Heuchelei, Völlerei und Ausschweifung bezichtigt wird, sowie das Lächerlichmachen höfischer Werte. In der Tradition der *fabliaux* (s. S. 101 ff.) und des *Renart* (s. S. 99) eignet auch den *Cent nouvelles nouvelles* ein subversives Potential. Heftigste Affekte, Norm- und Tabubrüche aller Art wie Diebstahl, Blutrache oder Inzest gehören zu den gängigen Erzählmotiven. Allerdings verweist die relativ häufige Erwähnung des „cueur" auf eine rudimentäre Psychologisierung der Handlungsmotive. Etwa ein Viertel der Novellen ist nicht als obszön zu bezeichnen, dazu gehören etwa Anekdoten um historische Persönlichkeiten. Vor allem gegen Ende der Sammlung häufen sich ernste, ja tragische Begebenheiten, wie z. B. in der 98. Novelle.

Themen

Diese auch unter dem Titel *Floridan et Elvide* bekannte Erzählung ist in lateinischer Version bei NICOLAS DE CLAMANGES und POGGIO BRACCIOLINI überliefert. Im Mittelpunkt der traurigen Begebenheit steht ein junges Mädchen, das von seinem Vater mit einem Greis verheiratet werden soll und daher mit einem ritterlichen jungen Liebhaber, „en tout bien et honneur", die Flucht ergreift. Obwohl die beiden jede erdenkliche *prudentia* walten lassen, geraten sie unversehens in eine ausweglose Situation der Gewalttätigkeit. Bei dem Versuch, seine Geliebte zu verteidigen, kommt der junge Mann ums Leben und lässt sie schutzlos zurück. Vor der drohenden Entehrung flieht die Protagonistin dieser „histoire tragique" in den Tod, während es in zwei anderen Novellen den Frauen gelingt, sich durch eine List der Vergewaltigung zu entziehen (Novellen 17 und 24).

Tragik

Struktur

Die Makrostruktur der *Cent nouvelles nouvelles* weist, wie bereits gesagt, weder eine schlüssige Rahmenerzählung noch eine thematische Ordnung auf. Hinsichtlich der Mikrostruktur sind die auch als *cas* oder *exemple*, *histoire* oder *conte* bezeichneten Geschichten von Knappheit und Dynamik gekennzeichnet. Auf eine kurze, stereotype Situierung in Zeit, Raum und Gesellschaft folgt die linear entwickelte Handlung. Trotz der noch wenig ausgefeilten Struktur lassen sich bereits die Merkmale der „klassischen" Novelle ausmachen. So steht auch im Zentrum der vorliegenden Erzählungen eine „unerhörte Begebenheit", die einen „Wendepunkt" bedeutet und die Geschehnisse ins Komische oder Tragische umschlagen lässt. Die Auflösung wird nicht selten durch einen Wortwitz oder ein schlaues Ausnutzen der Situation herbeigeführt, d. h. die von BOCCACCIO bekannten Verfahren der *beffa* (Wortwitz) und des *lazzo* (Situationskomik). Ein kurzer ausleitender Kommentar, der jedoch weder eine didaktische *moralisatio* impliziert noch zu einer offenen Debatte überleitet, beschließt die narrative Einheit.

Frauenbild

Die Novellen, die, so mag man sich vorstellen, nach Tisch und bei Trinkgelagen zum besten gegeben wurden, besitzen eine eindeutig maskuline Prägung. Das Personal von unersättlichen Ehefrauen und gierigen Weibsleuten jeden Standes, die den Rittern, Händlern oder Mönchen gerne zu Diensten sind, können eindeutig als „Männerphantasien" gewertet werden. Neben den schlüpfrigen Themen erweist sich jedoch auch die Struktur als geschlechtsspezifisches Konstrukt. Im Unterschied zu BOCCACCIO, dem Vertreter einer städtisch-humanistischen Lebensart, in dessen *Decameron* neben drei Herren sieben Damen als Mitglieder der fröhlichen Gesellschaft (*lieta brigata*) und Regentinnen eines Tages agieren, tritt beim burgundischen Novellisten keine einzige Frau in der Rolle der Erzählerin, Zuhörerin oder Kommentatorin auf.

Würdigung

Als mentalitätsgeschichtlicher Wendepunkt können die *Cent nouvelles nouvelles* kaum gelten, bildet doch die Infragestellung des Höfischen einen geläufigen Aspekt der burlesk-satirischen Tradition. Auch die Normüberschreitungen und Tabubrüche besitzen eher eine karnevaleske Funktion im Sinne Bachtins und weniger einen ideologischen Realitätsgehalt. Und auch das Ausmaß der formalen Neuerung hält sich in Grenzen, denn obwohl die *Cent nouvelles nouvelles* durchaus eine beachtliche Meisterschaft in der Handhabung der erzählerischen Kurzprosa unter Beweis stellen, wird erst das *Heptaméron* (1559) der MARGUERITE DE NAVARRE die Durchsetzung einer frühneuzeitlichen Novellistik nach dem Modell BOCCACCIOS bedeuten.

Literatur

Dubuis (1991), Picone u. a. (1983)

Literatur

Bibliographien

AKEHURST, Frank R. P. (Hg.) (1975 ff.): *Encomia. Newsletter of the International Courtly Literature Society*, Philadelphia: Temple University.

BOSSUAT, Robert (1951–1986): *Manuel bibliographique de la littérature française du Moyen Âge*, Supplément I–III, Paris: Argences; Supplément III: CNRS.

Bulletin Bibliographique de la Société Internationale Arthurienne (BBSIA), seit 1949.

Bulletin Bibliographique de la Société Rencesvals (BBSR), seit 1958.

KLAPP, Otto (Hg.) (1969 ff.): *Bibliographie der französischen Literaturwissenschaft*, Frankfurt a. M.: Klostermann.

WOLEDGE, Brian (1954): *Bibliographie des romans et nouvelles en prose française antérieure à 1500*, Genf: Droz; Supplément: 1975.

Nachschlagewerke, Literaturgeschichten und Einführungen

ANGERMANN, Norbert (Hg.) (1980–1999): *Lexikon des Mittelalters*, 9 Bde. und ein Registerband, München/Zürich u. a.: Artemis/Lexma/Metzler.

BEAUMARCHAIS, Jean-Pierre de/COUTY, Daniel/REY, Alain (1984–1987): *Dictionnaire des Littératures de Langue française*, 5 Bde., Paris: Bordas.

BECKER, Philipp August (1907): *Grundriss der altfranzösischen Literatur*, Heidelberg: Winter.

BOUTET, Dominique/STRUBEL, Armand (1978): *La littérature française du Moyen Âge*, Paris: PUF.

BOUTET, Dominique/STRUBEL, Armand (1979): *Littérature, politique et société dans la France du Moyen Âge*, Paris: PUF.

BROWNLEE, Marina Scordilis (Hg.) (1991): *The New Medievalism*, Baltimore: John Hopkins UP.

CURTIUS, Ernst Robert (1993): *Europäische Literatur und lateinisches Mittelalter*, Tübingen/Bern: Francke (Erstausgabe 1948).

GAUVARD, Claude (1997): *La France au Moyen Âge du Ve au XVe siècle*, Paris: PUF.

GOETZ, Hans-Werner (1999): *Moderne Mediävistik: Stand und Perspektiven der Mittelalterforschung*, Darmstadt: Wiss. Buchgesellschaft.

HASENOHR, Geneviève/ZINK, Michel (Hg.) (1994): *Dictionnaire des lettres françaises: Le Moyen Âge*, Paris: Fayard.

HAUSMANN, Frank-Rutger (1996): *Französisches Mittelalter*, Stuttgart/Weimar: Metzler.

HEINZLE, Joachim (1994) (Hg.): *Modernes Mittelalter. Neue Bilder einer populären Epoche*, Frankfurt a. M./Leipzig: Insel.

HINRICHS, Ernst (Hg.) (1994): *Kleine Geschichte Frankreichs*, Stuttgart: Reclam.

KÖHLER, Erich (1985): *Vorlesungen zur Geschichte der Französischen Literatur: Mittelalter I*, Stuttgart/Berlin/Köln/Mainz: Kohlhammer.

JAUSS, Hans Robert/KÖHLER, Erich u. a. (Hg.) (seit 1972): *Grundriss der romanischen Literaturen des Mittelalters (GRLMA)*, Heidelberg: Winter.

LEBECQ, Stéphane/THEIS, Laurent/BARTHÉLEMY, Dominique/BOURIN, Monique (1990): *Nouvelle histoire de la France médiévale*, 5 Bde., Paris: Seuil.

LE GOFF, Jacques (1962): *Le Moyen Âge*, Paris: Bordas.

LE GOFF, Jacques (1999): *Un autre Moyen Âge*, Paris: Gallimard.

LE GOFF, Jacques/SCHMITT, Jean-Claude (1999) (Hg.): *Dictionnaire raisonné de l'occident médiéval*, Paris: Fayard.

LOTH, Winfried (1985): *Frankreich – Ploetz. Französische Geschichte zum Nachschlagen*, Würzburg: Ploetz.

RICKARD, Peter (1977): *Geschichte der französischen Sprache*, Tübingen: Narr.

ROHR, Rupprecht (1978): *Matière, sens, conjointure. Methodologische Einführung in die französische und provenzalische Literatur des Mittelalters*, Darmstadt: Wiss. Buchgesellschaft.

TOBLER, Erhard/LOMMATZSCH, Adolf (1925–1976): *Altfranzösisches Wörterbuch*, 10 Bde., Wiesbaden: Steiner.

VAUCHEZ, André (Hg.) (1997): *Dictionnaire encyclopédique de Moyen Âge*, 2 Bde., Paris: Cerf.

ZINK, Michel (1992a): *Littérature française du Moyen Âge*, Paris: PUF.

Ausgewählte und zitierte Forschungsliteratur

ABEL, Armand (1955): *Le Roman d'Alexandre*, Brüssel: Office de publicité.

ACCARIE, Maurice (1979): *Le théâtre à la fin du Moyen Age: étude sur le sens moral de la Passion de Jean Michel*, Genf: Droz.

ACHER, Christine/LÉONARD, Monique (1996): *La fée et la guivre. „Le Bel inconnu" de Renaut de Bâge. Approche littéraire et concordancier, vers 1273 – 3252*, Paris: Champion.

ADLER, Alfred (1956): *Sens et composition du „Jeu de la feuillée"*, Ann Arbor: Michigan UP.

ADLER, Alfred (1963): *Rückzug in epischer Parade. Studien zu „Les Quatre Fils Aymon", „La Chevalerie Ogier", „Raoul de Cambrai", „Aliscans", „Huon de Bordeaux"*, Frankfurt a. M.: Klostermann.

ADLER, Alfred (1975): *Epische Spekulanten. Versuch einer synchronen Geschichte des altfranzösischen Epos*, München: Fink.

AEBISCHER, Paul (1972): *Préhistoire et protohistoire du „Roland" d'Oxford*, Bern: Francke.

AINSWORTH, Peter F. (1990): *Jean Froissart and the Fabric of History: Truth, Myth and Fiction in the Chroniques*, Oxford: Clarendon Press.

ALAMICHEL, Marie-Françoise (1995): *De Wace à Lazamon. „Le Roman de Brut" de Wace*, Paris: AMAES.

ALLEN, Peter L. (1992): *The art of love. Amatory fiction from Ovid to the „Romance of the Rose"*, Philadelphia: UP of Pennsylvania.

ALTMANN, Barbara (1998): *The love debate poems of Christine de Pizan. „ Le Livre du Debat de deux amans", „Le Livre des Trois jugemens", „Le Livre du Dit de Poissy"*, Gainesville: UP of Florida.

ANGELI, Giovanna (1971): *L'„Eneas" e i primi romanzi volgari*, Milano/Napoli: Riccardo Ricciardi.

APPEL, Carl (1928): *Raimbaut von Orange*, Berlin: Weidmann.

ARCHAMBAULT, Paul (1974): *Seven French Chroniclers. Witnesses to History*, Syracuse: UP.

ARDEN, Heather (1980): *Fool's Plays. A Study of Satire in the Sottie*, Cambridge: Cambridge UP.

ARDEN, Heather M. (1993): *The „roman de la Rose". An annotated bibliography*, New York/London: Garland.

ARENS, Arnold (1986): *Untersuchungen zu Jean Bodels Mirakel „Le Jeu de Saint Nicolas"*, Stuttgart/Wiesbaden: Steiner.

ARNOLD, Ido/PELAN, Marie (1962): *La partie arthurienne du „Roman de Brut"*, Paris: Klincksieck.

Arras au Moyen Âge – Histoire et littérature, Arras: Artois PU, 1994.

AUBAILLY, Jean-Claude (1975): *Le Théâtre médiéval profane et comique: la naissance d'un art*, Paris: Larousse.

AUBAILLY, Jean-Claude (1976): *Le Monologue, le Dialogue et la Sottie. Essai sur quelques genres dramatiques de la fin du Moyen Âge et du début du XVIe siècle*, Paris: Champion.

AUBAILLY, Jean-Claude (1987): *Fabliaux et contes du Moyen Âge, I: Observations, II: Textes*, Genf: Droz.

BAADER, Horst (1966): *Die Lais. Zur Geschichte einer Gattung der altfranzösischen Kurzerzählungen*, Frankfurt a. M.: Klostermann.

BAADER, Renate (1974): „Ein Beispiel mündlicher Dichtung: ‚Aucassin et Nicolette'", in: *Fabula 15*, S. 1–26.

BACHTIN, Michail (1969): *Literatur und Karneval. Zur Romantheorie und Lachkultur*, München: Hanser.

BADEL, Pierre-Yves (1980): *Le „Roman de la Rose" au XIVe siècle. Étude de la réception de l'œuvre*, Genf: Droz.

BALDWIN, John W. (1986): *The Government of Philip Augustus*, Berkley/Los Angeles/London: California UP.

BANCOURT, Paul (1982): *Les Musulmans dans les chansons de geste du Cycle du Roi, 2 Bde.*, Aix-en-Provence: PUF.

BARRON, William R. J. (1968): „Versions and Texts of the *Naissance du ‚Chevalier au Cygne'*", in: *Romania 89*. S. 481–538.

BARRON, William R. J. (1969): „*Le Bâtard de Bouillon*", chanson de Geste, Vanderbilt: UP.

BARTEAU, Françoise (1972): *Les Romans de Tristan et Yseut : Introduction à une lecture plurielle*, Paris: Larousse.

BATANY, Jean (1973): *Approches du „Roman de la Rose"*, Paris: Bordas.

BATANY, Jean (1989): *Scènes et coulisses du „Roman de Renart"*, Paris: SEDES.

BAUM, Richard (1968): *Recherches sur les œuvres attribuées à Marie de France*, Heidelberg: Winter.

BAUM, Richard (1970): „Der Kastellan von Couci", in: *Zeit. für franz. Spr. und Lit. 80*, S. 51–80 und 131–148.

BAUMGARTNER, Emmanuelle (1978): „Le roman aux XIIe et XIIIe siècles dans la littérature occitane", in: *GRLMA, IV,1*, Heidelberg: Winter, S. 627–634.

BAUMGARTNER, Emmanuèle (1981): *L'arbre et le pain. Essai sur la „Queste del saint Graal"*, Paris: SEDES.

BAUMGARTNER, Emmanuèle (1987): *Tristan et Yseut: de la légende aux récits en vers*, Paris: PUF.

BAUMGARTNER, Emmanuèle (1990): *La Harpe et l'épée. Tradition et renouvellement dans le „Tristan en prose"*, Paris: SEDES.

BAUMGARTNER, Emmanuèle/HARF-LANCNER, Laurence (Hg.) (1997): *Entre fiction et histoire: Troie et Rome au Moyen Âge*, Paris: P.S.N.

BAUTIER, Robert-Henri (1982): *Études sur la France capétienne. La France de Philippe Auguste*, Aldershot: Variorum.

BEC, Pierre (1970): *Nouvelle anthologie de la lyrique occitane du Moyen Âge. Initiation à la langue et à la poésie des troubadours*, Avignon: Aubanel.

BEC, Pierre (1977–78): *La lyrique française au moyen âge (XIIe–XIIIe siècles). Contribution à une typologie des genres poétiques médiévaux. Bd. I: Etudes (1977), Bd. II: Textes (1978)*, Paris: Picard.

BEC, Pierre (1984): *Burlesque et obscénité chez les Troubadours. Pour une approche du contretexte médiéval*, Paris: Stock.

BÉCAM, Susan E. (1998): *Rhyme in Gace Brulé's lyric. Formal and semantic interplay*, New York: Lang.

BECKER, Karin (Hg.) (1995): *Martial d'Auvergne, „Les arrêts d'Amour", übersetzt, eingeleitet und mit einem Glossar versehen von Karin Becker*, München: Fink.

BECKER, Karin (1996): *Eustache Deschamps: l'état actuel de la recherche*, Orléans: Paradigme.

BECKMANN, Gustav Adolf (1965): *Trojaroman und Normannenchronik: die Identität der beiden Benoît und die Chronologie ihrer Werke*, München: Hueber.

BÉDIER, Joseph (1890): „Les Commencements du théâtre comique en France", in: *Revue des Deux Mondes* 99, S. 869–897.

BÉDIER, Joseph (1913): „La légende des Quatre fils Aymon", in: *La Revue de Paris* 1, S. 259–286 und S. 491–518.

BÉDIER, Joseph (³1926–29): *Les légendes épiques. Recherches sur la formation des chansons de geste*. 4 Bde., Paris: Champion (Erstausgabe: 1908–13).

BÉDIER, Joseph (1982): *Les Fabliaux. Études de littérature populaire et d'histoire littéraire du Moyen Age*, Paris: Champion (Erstausgabe 1893).

BEDNAR, John (1974): *La Spiritualité et le symbolisme dans les œuvres de Chrétien de Troyes*, Paris: Nizet.

BELLENGER, Yvonne/QUÉRUEL, Danielle (Hg.) (1987): *Thibaut de Champagne. Prince et poète au XIIIe siècle*, Lyon: La Manufacture.

BENDER, Karl Heinz/KLEBER, Hermann (1987) (Hg.): *Les epopées de la croisade. Premier colloque international*, Stuttgart: Steiner.

BENDER, Karl-Heinz (1967): *König und Vasall. Untersuchungen zur Chanson de geste des XII. Jahrhunderts*, Heidelberg: Winter.

BERGER, Blandine-Dominique (1976): *Le Drame liturgique de Pâques, liturgie et théâtre*, Paris: Beauchesne.

BERGER, Roger (1981): *Littérature et société arrageoise au XIIIe siècle. Les chansons et dits artésiens*, Arras: Imprimerie Centrale de l'Artois.

BESAMUSCA, Bart (Hg.) (1994): *Cyclification. The Development of narrative cycles in the Chansons de Geste and the Arthurian Romances*, Amsterdam: North Holland.

BÉTEMPS, Isabelle (1998): *L'imaginaire dans l'œuvre de Guillaume de Machaut*, Paris: Champion.

BEZZOLA, Reto (1944–1963): *Origines et formation de la littérature courtoise en Occident, 500–1200*, 5 Bände, Paris: Champion.

BEZZOLA, Reto R. (1968): *Le sens de l'aventure et de l'amour (Chrétien de Troyes)*, Paris: Champion (Erstausgabe: 1947).

BINKLEY, Peter (1997): *Pre-modern encyclopaedic texts*, Köln/Leiden/New York: Brill.

BLASK, Dirk Jürgen (1984): *Geschehen und Geschick im altfranzösischen Eneas-Roman*, Tübingen: Stauffenburg.

BLOCH, Marc (1982): *Die Feudalgesellschaft*, Berlin/Wien: Propyläen (Erstausgabe: 1968).

BLOCH, R. Howard (1986): *The Scandal of the Fabliaux*, Chicago: Chicago UP.

BLONS-PIERRE, Catherine (1998): „Le Conte du Graal" de Chrétien de Troyes. Matière, sens, conjoiture", Paris: Édition du Temps.

BLUME, Dorothea (1996): *Motivierungstechnik im „Roman de Thèbes" und im „Roman d'Énéas". Eine Studie vor dem Hintergrund ihrer antiken Vorlagen*, Frankfurt a. M.: Lang.

BOLAND, Margaret M. (1995): *Architectural*

structure in the „Lais" of Marie de France, New York: Lang.

BORDIER, Jean-Pierre (1990): Recherches sur le message théâtral des mystères de la Passion en français (XIIIᵉ–XIVᵉ siècles), Lille: PU.

BOUDET, Jean-Patrice (Hg.) (1997): Eustache Deschamps en son temps, Paris: Publ. de la Sorbonne.

BOUTET, Dominique (1993): La Chanson de geste. Forme et signification d'une écriture épique du Moyen Âge, Paris: PUF.

BRABANT, Margaret (Hg.) (1992): Politics, Gender & Genre: The political Thought of Christine de Pizan, Oxford: Westview.

BRAET, Herman (Hg.) (1985): Le Théâtre en France au Moyen Âge, Leuven: UP.

BRAND, Wolfgang (1972): Chrétien de Troyes. Zur Dichtungstechnik seiner Romane, München: Fink.

BRASSEUR, Annette (1990): Étude linguistique et littéraire de la „Chanson des Saisnes" de Jean Bodel, Genf: Droz.

BREMOND, Claude/LE GOFF, Jacques/SCHMITT, Jean-Claude (1982): L'exemplum, Turnhout: Brepols.

BROCKMEIER, Peter (1977): François Villon, Stuttgart: Metzler.

BROCKSTEDT, Gustav (1923): Benoît de Sainte-Maure und seine Quellen, Die Entstehung der mittelalterlichen-französischen sogenannten Volksepik, Bd.1, Kiel: Cordes.

BRODY, Saul Nathaniel (1974): The Disease of the Soul. Leprosy in Medieval Literature, Ithaca/London: Cornell UP.

BROGSITTER, Karl (1965): Artusepik, Stuttgart: Metzler.

BROWNLEE, Kevin (1984): Poetic Identity in Guillaume de Machaut, Madison: Wisconsin UP.

BROWNLEE, Kevin/HUOT, Sylvia (Hg.) (1992): Rethinking the Romance of the Rose. Image, Text, Reception, Philadelphia: Pennsylvania UP.

BURGER, André (1974): Lexique complet de la langue de Villon, Genf: Droz.

BURGER, André (1977): Turold, poète de la fidélité. Essai d'explication de la „Chanson de Roland", Genf: Droz.

BURGESS, Glyn S. (1977–1997): Marie de France, an Analytical Bibliography, London: Grant and Cutler. (Supplément I: London 1986, Supplément II: London 1997).

BURGESS, Glyn S. (1988): The lais of Marie de France. Text and Context, Manchester: UP.

BUSBY, Keith (1984): Chrétien de Troyes et le Graal, Colloque arthurien belge de Bruges, Paris: Nizet.

BUSBY, Keith (Hg.) (1993a): Les Manuscrits de Chrétien de Troyes, Amsterdam/Atlanta: Rodopi.

BUSBY, Keith (1993b): Chrétien de Troyes, „Perceval" (Le Conte du Graal). London: Grant & Cutler.

BUSCHINGER, Danielle (Hg.) (1983): Comique, satire et parodie dans la tradition renardienne et les fabliaux, Göppingen: Kümmerle.

BUSCHINGER, Danielle (1992a): „Die vier Heymonskinder", in: D. Buschinger/W. Spiewok (Hg.), Heldensage – Heldenlied – Heldenepos, Amiens: Univ. de Picardie, S. 57–71.

BUSCHINGER, Danielle (Hg.) (1992b): Le Roman antique au Moyen Âge, Göppingen: Kümmerle.

CALIN, William (1962): The old French Epic of Revolt, Genf: Droz.

CALIN, William (1974): A Poet at the Fountain. Essays on the Narrative Verse of Guillaume de Machaut, Lexington: UP of Kentucky.

CARASSO-BULOW, Lucienne (1976): The Merveilleux in Chrétien de Troyes' Romances, Genf: Droz.

CARTIER, Normand R. (1971): Le Bossu désenchanté. Étude sur le „Jeu de la feuillée", Genf: Droz.

CARY, George (1956): The Medieval Alexander, Cambridge: UP.

CASTELLANI, Marie-Madeleine (1988): Du conte populaire à l'exemplum. La „Manekine" de Philippe de Beaumanoir, Lille: Centre d'études médiévales et dialectales, Univ. de Lille III.

CAZELLES, Brigitte (1996): The unholy grail. A social reading of Chrétien de Troyes's „Conte du Graal". Stanford: UP.

CERQUIGLINI, Jacqueline (1981): Guillaume de Machaut et l'écriture: l'énigme du „Voir Dit", Paris: Sorbonne.

CERQUIGLINI, Jacqueline (1985): „Un engin si soutil". Guillaume de Machaut et l'écriture au XIVᵉ siècle, Paris: Champion.

CHÊNERIE, Marie-Luce (1986): Le Chevalier errant dans les romans arthuriens en vers des XIIᵉ et XIIIᵉ siècles, Genf: Droz.

CHEVALIER, Bernard/CONTAMINE, Philippe (Hg.) (1985): La France de la fin du XVᵉ siècle: renouveau et apogée: économie, pouvoirs, arts, culture et conscience nationales, Paris: CNRS.

CHOCHEYRAS, Jacques (1996): Tristan et Yseut.

Genèse d'un mythe littéraire, Paris: Champion.

CHOLAKIAN, Rouben C. (1985): Deflection, reflection in the Lyric Poetry of Charles d'Orléans: a psychosemiotic reading, Potomac: Scripta humanistica.

CLIER-COLOMBANI, Françoise (1991): La fée Mélusine au Moyen-Age. Images, mythes et symboles, Paris: Le Léopard d'or.

CLUZEL, Irénée-Marie (1957): „Jaufré Rudel et ‚L'amor de lonh'. Essai d'une nouvelle classification des pièces du troubadour", in: Romania 78, S. 86–97.

COHEN, Gustave (²1926): Histoire de la mise en scène dans le théâtre religieux français du Moyen Âge, Paris: Champion.

COHEN, Gustave (1948): Le Théâtre en France au Moyen Âge, Paris: PUF.

COHEN, Gustave (1952): La poésie en France au Moyen Âge, Paris: Richard-Masse.

COLLINGWOOD, Sharon (1996): Market pledge and gender bargain. Commercial relations in the French Farce, New York [u. a.]: Lang.

COMBARIEU DU GRÈS, Micheline de (1979): L'idéal humain et l'expérience du monde chez les héros des chansons de geste, des origines à 1250, 2 Bde., Paris/Aix-en-Provence: Champion.

COOK, Robert F. (1980): „Chanson d'Antioche", Chanson de geste: Le cycle de la croisade est-il épique?, Amsterdam: John Benjamins B.V.

COOK, Robert F. (1987): The sense of the Song of Roland, Ithaka/London: Cornell UP.

COOK, Robert F./CRIST, Larry S. (1972): Le deuxième cycle de la croisade. Deux études sur son développement, Genf: Droz.

CORNILLIAT, François (1994): „Or ne mens". Couleurs de l'éloge et du blâme chez les Grands Rhétoriqueurs, Paris: Champion.

COULET, Noël/PLANCHE, Alice (2000): Le Roi René, le prince, le mécène, l'écrivain, le mythe, Aix-en-Provence: Ed. sud.

CRESSOT, Marcel (²1974): Vocabulaire des „Quinze joies de mariage", Genf: Slatkine/Paris: Champion.

CROIZY-NAQUET, Catherine (1994): Thèbes, Troie et Carthage, Poétique de la ville dans le roman antique au XIIe siècle, Paris: Champion.

CROPP, Glynnis (1975): Le vocabulaire courtois des troubadours de l'époque classique, Genf: Droz.

DANIEL, Norman (1984): Heroes and Saracens. An interpretation of the Chanson de Geste, Edinburgh: UP.

DELBOUILLE, Maurice (1954): Sur la genèse de la „Chanson de Roland", Brüssel: Palais des Académies.

DELBOUILLE, Maurice (1962): „Le premier roman de Tristan", in: Cahiers de Civilisation médiévale 5, S. 273–286 und 419–435.

DELBOUILLE, Maurice (1969): „‚Apollonius de Tyr' et les débuts du roman français", in: Mélanges offerts à Rita Lejeune, Gembloux: Duculot, S. 1171–1204.

DELORT, Robert (1982): La vie au Moyen Âge, Paris: Seuil.

DEMBROWSKI, Peter F. (1983): Jean Froissart and his „Meliador": Context, Craft and Sense, Lexington: French Forum.

DE PONTFARCY, Yolande (1995) (Hg.): „L'Espugatoire Seint Patriz", Louvain/Paris: Peeters.

DESMOND, Marilynn (Hg.) (1998): Christine de Pizan and the categories of difference, Minneapolis/London: UP of Minnesota.

DEVAUX, Jean (1996): Jean Molinet, indiciaire bourguignon, Paris: Champion.

DIJKSTRA, C. Th. J. (1995): La Chanson de croisade. Etude thématique d'un genre hybride, Amsterdam: Schiphouwer en Brinkman.

DILLER, Georges Theodore (1984): Attitudes chevaleresques et réalités politiques chez Froissart. Microlectures du premier livre des Chroniques, Genf: Droz.

DINAUX, Arthur (1969–1970): Trouvères, jongleurs et ménestrels du Nord de la France et du Midi de la Belgique, 4 Bde., Genf: Slatkine (Erstausgabe: 1839).

DINZELBACHER, Peter (Hg.) (1993): Europäische Mentalitätsgeschichte. Hauptthemen in Einzeldarstellungen, Stuttgart: Kröner.

DIRSCHERL, Ulrike (1991): Ritterliche Ideale in Chrétien de Troyes' „Yvain" und im mittelenglischen „Ywain" und „Gawain". Frankfurt a. M.: Lang.

DONOVAN, Louis Gary (1975): Recherches sur le „Roman de Thèbes", Paris: SEDES.

DRAGONETTI, Roger (1960): La Technique poétique des trouvères dans la chanson courtoise. Contribution à l'étude de la rhétorique médiévale, Bruges: De Tempel.

DRAGONETTI, Roger (1980): La vie et la lettre au Moyen Âge (Le conte du Graal), Paris: Seuil.

DRONKE, Peter (1984): Women Writers in the Middle Ages. A Critical Study of Texts from Perpetua (203) to Marguerite Porete (1310), Cambridge: UP.

DUBOST, Francis (1998): „Le conte du Graal" ou L'art de faire signe, Paris: Champion.

DUBUIS, Roger (1991): Les „Cent nouvelles nouvelles" et la tradition de la Nouvelle en France au Moyen Age, Grenoble: PU.

DUBY, Georges (1973a): Hommes et structures du Moyen Âge, Paris u. a.: Mouton.

DUBY, Georges (1973b): Le dimanche de Bouvines: 27 juillet 1214, Paris: Gallimard.

DUBY, Georges (1976): Le temps des cathédrales. L'art et la société 980–1420, Paris: Gallimard.

DUBY, Georges (1977): Les trois ordres ou l'imaginaire du féodalisme, Paris: Gallimard.

DUBY, Georges (1981): Le chevalier, la femme et le prêtre: le mariage dans la France féodale, Paris: Club française du livre.

DUBY, Georges (1988): Mâle Moyen Age. De l'amour et autres essais, Paris: Flammarion.

DUBY, Georges (1995): Dames du XIIe siècle, 2 Bde., Paris: Gallimard.

DUFOURNET, Jean (1970): Villon et sa fortune littéraire, Saint-Médard-en-Jalles: Ducros.

DUFOURNET, Jean (1972): Cours sur la „Chanson de Roland", Paris: C.D.U.

DUFOURNET, Jean (1973): Recherches sur le „Testament" de François Villon, 3 Bde., Paris: SEDES.

DUFOURNET, Jean (1974): Adam de la Halle à la recherche de lui-même ou le Jeu dramatique de la Feuillée, Paris: SEDES.

DUFOURNET, Jean (1977): Sur le „Jeu de la feuillée". Études complémentaires, Paris: SEDES.

DUFOURNET, Jean (1979): Rutebeuf. Poèmes de l'infortune et poèmes de la croisade, Paris: Champion.

DUFOURNET, Jean (1980): Nouvelles recherches sur Villon, Paris: Champion.

DUFOURNET, Jean (1982): „Le Garçon et l'Aveugle". Jeu du XIIIe siècle, Paris: Champion.

DUFOURNET, Jean (Hg.) (1984): Études sur le „Roman de la Rose" de Guillaume de Lorris, Paris: Champion.

DUFOURNET, Jean (1985): Relire le „Roman d'Eneas", Paris: Champion.

DUFOURNET, Jean/ROUSSE, M. (1986): Sur la farce de maître Pierre Pathelin, Paris: Unichamp.

DUFOURNET, Jean (Hg.) (1990): Le goupil et le paysan. Roman de Renart, branche X, Paris: Champion.

DUFOURNET, Jean (Hg.) (1991): Un Roman à découvrir: „Jehan et Blonde" de Philippe de Rémy (XIIIe siècle), Paris: Champion.

DUFOURNET, Jean (1992): Villon, ambiguïté et Carnaval, Paris: Champion.

DUFOURNET, Jean/DRAGONETTI, Roger (1993): Du „Roman de Renart" à Rutebeuf, Orléans: Paradigme.

DUFOURNET, Jean (1996): Le chevalier et la merveille dans „Le Bel inconnu" ou „Le beau jeu" de Renaut, Paris: Champion.

DUGGAN, Joseph J. (1976): A Guide to Studies on the „Chanson de Roland", London: Grant and Cutler.

DULAC, Liliane/RIBÉMONT, Bernard (Hg.) (1995): Une femme de lettres au Moyen Âge: Etudes autour de Christine de Pizan, Orléans: Paradigme.

DUMONT, Pascale (1997): Convention et illusion. Réflexions sur le temps et l'espace dans le théâtre médiéval religieux de langue française, Anvers: PU.

DUPARC-QUIOC Suzanne (1955): Le Cycle de la Croisade, Paris: Champion.

DUPIRE, Noël (1933): Jean Molinet. Sa vie, ses œuvres. Étude critique des manuscrits et des éditions des poésies, 2 Bde., Paris: Droz.

DURLING VICE, Nancy (1997): Jean Renart and the art of romance. Essays on „Guillaume de Dole", Gainesville/Tallafassee/Tampa (u. a.): UP of Florida.

EARP, Lawrence (1995): Guillaume de Machaut. A guide to research, New York/London: Garland.

EBEL, Uda (1965): Das altromanische Mirakel, Ursprung und Geschichte einer Gattung, Heidelberg: Winter.

EHLERS, Joachim (1987): Geschichte Frankreichs im Mittelalter, Stuttgart/Berlin u. a.: Kohlhammer.

EMDEN, Wolfgang G. van (Hg.) (1984): Guillaume d'Orange and the Chanson de geste. Essays presented to Duncan Mc Millan, Univ. of Reading.

EMDEN, Wolfgang G. van (1995): La Chanson de Roland, London: Grant and Cutler.

FARAL, Edmond (1910a): Les Jongleurs en France au Moyen Âge, Paris: Champion.

FARAL, Edmond (1910b): Mimes français du XIIIe siècle, Paris: Champion.

FARAL, Edmond (1913): Recherches sur les sources latines des contes et romans courtois du Moyen Âge, Paris: Champion.

FARAL, Edmond (1924): Arts poétiques du XIIe et du XIIIe siècle. Recherches et documents sur la *technique littéraire du Moyen Âge*, Paris: Champion.

FARAL, Edmond (1929): *La légende arthurienne, études et documents*, 3 Bde., Paris: Champion.

FARAL, Edmond (1933): *La Chanson de Roland*, Paris: Mellottée.

FARAL, Edmond (1973): *Mimes français du XIIIe siècle. Contribution à l'histoire du théâtre comique au Moyen Age*, Paris/Genf: Slatkine (Erstausgabe 1910).

FAVIER, Jean (1989): *Frankreich im Zeitalter der Lehnsherrschaft 1000–1515*, Stuttgart: Dt. Verlags – Anstalt.

FEIN, David A. (1983): *Charles d'Orléans*, Boston: Twayne.

FEIN, David A. (1989): *François Villon and his Reader*, Detroit: Wayne State UP.

FEIN, David A. (1997): *François Villon revisited*, New York: Twayne.

FLINN, John (1963): *Le „Roman de Renart" dans la littérature française du Moyen Âge et dans les littératures étrangères*, Toronto: UP.

FOSSIER, Robert: (1984): *Paysans d'Occident, XIe–XIVe siècle*, Paris: PUF.

FOULON, Charles (1958): *L'œuvre de Jehan Bodel*, Paris: PUF.

FOX, John (1962): *The Poetry of Villon*, London: Nelson.

FOX, John (1969): *The lyric poetry of Charles d'Orléans*, Oxford: Clarendon.

FOX, Marjorie B. (1933): *La „Mort du Roi Artus". Étude sur les manuscrits, les sources et la composition de l'œuvre*, Paris: Boccard.

FRANK, Grace (1954): *The Medieval French Drama*, Oxford: Clarendon Press.

FRAPPIER, Jean (1955/²1967): *Les chansons de geste du cycle de Guillaume d'Orange*, 2 Bde., Paris: SEDES.

FRAPPIER, Jean (1959): *Le Roman breton: Perceval ou le Conte du Graal*, Paris: CDU.

FRAPPIER, Jean (1960): *Le théâtre profane en France au Moyen Âge (XIIIe et XIVe siècles)*, Paris: CDU.

FRAPPIER, Jean (1963): *La poésie lyrique en France aux XIIe et XIIIe siècles*, Paris: CDU.

FRAPPIER, Jean (1968a): *Chrétien de Troyes. L'homme et l'œuvre*, Paris: Hatier Boivin.

FRAPPIER, Jean (²1968b): *Étude sur la „Mort le roi Artu", roman du XIIIe siècle: dernière partie du Lancelot en prose*, Genf: Droz.

FRAPPIER, Jean (1969): *Etudes sur Yvain ou le „Chevalier au Lion" de Chrétien de Troyes*. Paris: SEDES.

FRAPPIER, Jean (1977): *Autour du Graal*, Genf: Droz.

FRAPPIER, Jean (1978): „Le roman d'Alexandre et ses diverses versions au XIIe siècle", in: Jauss, H.-R./Köhler, E.(Hg.): *GRLMA*, IV/1, Heidelberg: Winter, S. 149–167.

FRAPPIER, Jean (1979): *Chrétien de Troyes et le mythe du Graal. Etudes sur „Perceval ou le conte du Graal"*, Paris: SEDES.

FREEMAN, Michelle A. (1979): *The Poetics of ,translatio studii' and ,conjointure'. Chrétien de Troyes' „Cligès"*, Lexington: French Forum.

FROSCH-FREIBURG, Frauke (1971): *Schwankmären und Fabliaux. Ein Stoff- und Motivvergleich*, Göppingen: Kümmerle.

FUMAGALLI, Vito (1988): *Wenn der Himmel sich verdunkelt. Lebensgefühl im Mittelalter*, Berlin: Wagenbach.

FUMAGALLI, Vito (1989): *Der lebende Stein. Stadt und Natur im Mittelalter*, Berlin: Wagenbach.

GALLAIS, Pierre (1972): *Perceval et l'initiation. Essais sur le dernier roman de Chrétien de Troyes, ses correspondances „orientales" et sa signification anthropologique*, Paris: Sirac.

GARAPON, Robert (1957): *La Fantaisie verbale et le comique dans le théâtre français du Moyen Âge à la fin du XVIIe siècle*, Paris: Colin.

GAULLIER-BOUGASSAS, Catherine (1998): *Les romans d'Alexandre. Aux frontières de l'épique et du romanesque*, Paris: Champion.

GAUNT, Simon/HARVEY, Ruth (1988): *Bibliographie commentée du troubadour Marcabru. Mise à jour*, in: Le Moyen Âge, Bd. 94, S. 425–455.

GÉGOU, Fabienne (1973): *Recherches biographiques et littéraires sur Adam de la Halle, accompagnées de l'édition critique de ses chansons courtoises*, Paris: UP.

GEREMEK, Bronislaw (1976): *Les marginaux parisiens aux XIVe et XVe siècles*, Paris: Flammarion.

GERTZ, Sun Hee Kim (1996): *Poetic prologues: medieval conversations with the literary past*, Frankfurt a. M.: Klostermann.

GIMPEL, Jean (1975): *La révolution industrielle au Moyen Âge*, Paris: Seuil.

GLUTZ, Rudolf (1954): „*Miracles de Nostre Dame" par personnages. Kritische Bibliographie und neue Studien zu Text, Entstehungszeit und Herkunft*, Berlin: Akademieverlag.

GOEZ, Werner (1958): *Translatio imperii: Ein Beitrag zur Geschichte des Geschichtsdenkens* und der politischen Theorien im Mittelalter und in der frühen Neuzeit, Tübingen: Mohr.

GOSMAN, Martin (1994): La légende d'Alexandre le Grand dans la littérature française du XIIᵉ siècle: une réécriture permanente, Amsterdam: Rodopi.

GOTH, Barbara (1967): Untersuchungen zur Gattungsgeschichte der Sottie, München: Fink.

GRANDPERRIN, Nathalie (1996): La loi et la faute. Interdits et transgressions dans la littérature arthurienne des XIIᵉ et XIIIᵉ siècles, Montpellier: PU.

GROSSE, Max (1994): Das Buch im Roman. Studien zu Buchverweis und Autoritätszitat in altfranzösischen Texten, München: Fink.

GROSSEL, Marie-Geneviève (1994): Le milieu littéraire en Champagne sous les Thibaudiens, 2 Bde., Orléans: Paradigme/Nancy: PU.

GRUBER, Jörn (1983): Die Dialektik des Trobar. Untersuchungen zur Struktur und Entwicklung des okzitanischen und französischen Minnesangs des 12. Jahrhunderts, Tübingen: Niemeyer.

GUÉRIN, Margaret Victoria (1995): The fall of kings and princes. Structure and destruction in Arthurian tradition, Stanford:UP.

GUERREAU, Alain (1982): „Renaud de Bâgé: ‚Le Bel Inconnu', Structure symbolique et signification sociale", in: Romania 103, S. 28–82.

GUIDOT Bernard (1986a): Recherches sur quelques chansons de geste du cycle de Guillaume d'Orange, Gap: PU de Provence.

GUIDOT, Bernard (1986b): Recherches sur la chanson de geste au XIIIᵉ siècle, Gap: PU de Provence.

GUIETTE, Robert (1978): Forme et Senefiance, Genf: Droz.

Guillaume de Machaut, poète et compositeur (Actes du colloque de Reims des 19–22 avril 1978), Paris: Klincksieck, 1982.

GUIRAUD, Pierre (1968): Le Jargon de Villon ou le Gai Savoir de la Coquille, Paris: Gallimard.

GUIRAUD, Pierre (1970): Le Testament de Villon ou le Gai Savoir de la Basoche, Paris: Gallimard.

GUMBRECHT, Hans Ulrich/LINK-HEER, Ursula/ SPANGENBERG, Peter Michael (1986): „Zur Gestalt der romanischen Historiographie des Mittelalters: zwischen neuen Einsichten und neuen Fragen", in: GRLMA, XI/3, S. 3–1152, Heidelberg: Winter.

HAIDU, Peter (1993): The subject of violence. The „Song of Roland" and the birth of the State, Bloomington: Indiapolis.

HAM, Edward Billings (1962): Rutebeuf and Louis IX, Chapel Hill: University of North Carolina.

HANSEN, Inez (1971): Zwischen Epos und höfischem Roman. Die Frauengestalten im Trojaroman des Benoît de Sainte-Maure, München: Fink.

HARF-LANCNER, Laurence (1984): Les fées au Moyen-Age. Morgane et Mélusine. La naissance des fées, Paris: Nouvelle bibliothèque du Moyen-Age.

HARRISON, Ann Tukey (1975): Charles d'Orléans and the Allegorical Mode, Chapel Hill: UP of North Carolina.

HARVEY, Ruth (1989): The Troubadour Marcabru and Love, London: UP.

HECHT, Michael (1988): La Chanson de Turold: essai de déchiffrement de la „Chanson de Roland", Paris: Bailly.

HEGER, Henrik (1967): Die Melancholie bei den französischen Lyrikern des Spätmittelalters, Bonn: Romanisches Seminar der Universität.

HELMICH, Werner (1976): Die Allegorie im französischen Theater des 15. und 16. Jahrhunderts, Tübingen: Niemeyer.

HICKS, Éric (Hg.) (1996): Le Débat sur le Roman de la Rose/Christine de Pisan, Jean Gerson, Jean de Montreuil, Genf: Slatkine Reprints (Erstausgabe: 1977).

HILL, Jilian M.L. (1992): Medieval debate on Jean de Meun's „Roman de la Rose". Morality versus art, Lewiston/Queenston/Lampeter: Mellen.

HINDMAN, Sandra (1986): Christine de Pisans „Epistre Othéa". Painting and Politics at the Court of Charles VI, Toronto: Pontifical Institute of Mediaeval Studies.

HOEPFFNER, Ernest (1955): Les troubadours dans leur vie et leurs œuvres, Paris: Colin.

HOEPFFNER, Ernest (1961): Le troubadour Peire Vidal. Sa vie et son œuvre, Paris: Belles-Lettres.

HOFER, Stefan (1954): Christian von Troyes: Leben und Werke des altfranzösischen Epikers, Graz/Köln: Böhlau.

HOLMES, Urban T./KLENKE, Amelia (1959): Chrétien de Troyes and the Grail, Chapel Hill: UP of North Carolina.

HORRENT, Jules (1961): „Pèlerinage de Charlemagne". Essai d'explication littéraire avec des notes de critique textuelle, Paris: Belles-Lettres.

HUCHET, Jean-Charles (1984): *Le Roman médiéval*, Paris: PUF.

HUCHET, Jean-Charles (1991): *Relire l'„Énéas"*, Paris: PUF.

HUIZINGA, Johan ([12]1987): *Herbst des Mittelalters. Studien über Lebens- und Geistesformen des 14. und 15. Jahrhunderts in Frankreich und in den Niederlanden*, Stuttgart: Kröner (Erstausgabe 1919).

HÜLK, Walburga (1999): *Schrift-Spuren von Subjektivität. Lektüren literarischer Texte des französischen Mittelalters*, Tübingen: Niemeyer.

HUNT, Tony (1996): *Villon's last will. Language and authority in „The Testament"*, Oxford: Clarendon Press.

HUOT, Sylvia (1993): *The „Romance of the Rose" and its medieval readers. Interpretation, reception, manuscript transmission*, Cambridge: UP.

IMBS, Paul (1991): *Le „Voir-Dit" de Guillaume de Machaut, étude littéraire*, Paris: Klincksieck.

INGENSCHAY, Dieter (1986): *Alltagswelt und Selbsterfahrung: Ballade und Testament bei Deschamps und Villon*, München: Fink.

JACOB-HUGON, Christine (1998): *L'œuvre jongleresque de Jean Bodel. L'art de séduire un public*, Brüssel: De Boeck.

JAEGER, Georg (1981): *Aspekte des Krieges und der Chevalerie im XIV. Jahrhundert in Frankreich. Untersuchungen zu Jean Froissarts Chroniques*, Bern: Lang.

JANIK, Dieter (1987): *Die französische Lyrik*, Darmstadt: Wiss. Buchgesellschaft.

JAUSS, Hans Robert (1968): „Entstehung und Strukturwandel der allegorischen Dichtung", in: H. R. Jauss/E. Köhler (Hg.): *GRLMA, IV/1*, Heidelberg: Winter. S. 146–244.

JAUSS, Hans Robert (1977): *Alterität und Modernität der mittelalterlichen Literatur*, München: Fink.

JENKINS, Thatkinson A. ([2]1974): *L'Espurgatoire St. Patrice de Marie de France*, Genf: Slatkine.

JODOGNE, Omer (1972): *Jean Lemaire, écrivain franco-bourguignon*, Brüssel: Palais des Académies.

JONEN, Gerda Anita (1974): *Allegorie und späthöfische Dichtung in Frankreich*, München: Fink.

JONES, George F. (1963): *The Ethos of the song of Roland*, Baltimore: Johns Hopkins Pr.

JORIS, André/TOUBERT, Pierre/DUFOURNET, Jean (1992): *Femmes, mariages, lignages XIIe – XIVe siècles. Mélanges offerts à Georges Duby*, Bruxelles: De Boeck.

JUNG, Marc-René (1971): *Etudes sur le poème allégorique en France au Moyen Âge*, Bern: Francke.

JUNG, Marc-René (1996): *La Légende de Troie en France au moyen âge*, Basel/Tübingen: Francke.

KABLITZ, Andreas (1995): „Verwandlung und Auflösung der Poetik des fin'amors bei Petrarca und Charles d'Orléans: Transformationen der spätmittelalterlichen Lyrik diskutiert am Beispiel der Rhetorik des Paradox", in: Wolfgang Stempel (Hg.): *Musique naturele. Interpretationen zur französischen Lyrik des Spätmittelalters*, München: Fink, S. 261–350.

KAERCHER-TONA, Françoise (1996): *La ruse féminine dans ses aspects idéologiques, sociologiques et narratifs, dans les fabliaux et les nouvelles*, Avignon: PU.

KÄHNE, Michael (1983): *Studien zur Dichtung Bernarts von Ventadorn. Ein Beitrag zur Untersuchung der Entstehung und zur Interpretation der höfischen Lyrik des Mittelalters*, 2 Bde., München: Fink.

KELLER, Hans-Erich (1953): *Le Vocabulaire de Wace*, Berlin: Akademie-Verlag.

KELLER, Hans-Erich (1989): *Autour de Roland: Recherches sur la chanson de geste*, Paris: Champion.

KELLY, Thomas (1974): „*Le haut Livre du Graal: Perlesvaus*", A Structural Study, Genf: Droz.

KELLY, Douglas (1976): *Chrétien de Troyes: an Analytic Bibliography*, London: Grant and Cutler.

KELLY Douglas (1978): *Medieval Imagination. Rhetoric and the Poetry of Courtly Love*, Madison: Wisconsin UP.

KENNEDY, Angus J. (1984): *Christine de Pisan: A Bibliographical Guide*, London: Grant and Cutler, Supplément I: 1994.

KIESOW, Reinhard (1976): *Die Fabliaux. Zur Genese und Typologie einer Gattung der altfranzösischen Kurzerzählungen*, Rheinfelden: Schäuble.

KNIGHT, Alan E. (1966): *The Late Medieval French Farce, a Study in Cultural Paradox*, Yale: UP.

KÖHLER, Erich (Hg.) (1963): *Chanson de geste und höfischer Roman*, Heidelberg: Winter.

KÖHLER, Erich (1970): *Ideal und Wirklichkeit in der höfischen Epik. Studien zur frühen Artus- und Graldichtung*, Tübingen: Niemeyer.

KÖHLER, Erich (Hg.) (1978): *Der altfranzösische*

höfische Roman, Darmstadt: Wiss. Buchgesellschaft.

KÖHLER, Erich (1990): „Partimen" und „Tenzone" in: GRLMA II/1, fasc. 5, Heidelberg: Winter.

KOLB, Herbert (1965): „Oiseuse, die Dame mit dem Spiegel", in: Germanisch-Romanische Monatsschrift N. F. 15, S. 139–149.

KONIGSON, Elie (1975): L'Espace théâtral médiéval, Paris: CNRS.

KRÄMER, Ulrike (1996): Translatio imperii et sudii. Zum Geschichts- und Kulturverständnis in der französischen Literatur des Mittelalters und der frühen Neuzeit, Bonn: Romanistischer Verlag.

KRAUSS, Henning (Hg.) (1978): Altfranzösische Epik. Darmstadt: Wissenschaftliche Buchgesellschaft.

KRISTEVA, Julia (1974): Le Texte du roman, La Haye-Paris: Mouton.

KUHN, David (1967): La poétique de François Villon, Paris: Colin.

KULLMANN, Dorothea (1992): Verwandtschaft in epischer Dichtung. Untersuchungen zu den französischen chansons de geste und Romanen des 12. Jahrhunderts, Tübingen: Niemeyer.

KUNDERT-FORRER, Verena (1960): Raoul de Houdenc, ein französischer Erzähler des 13. Jahrhunderts, Bern: Francke.

KUNSTMANN, Pierre (1996): Lexique des „Miracles de Nostre Dame" par personnages, Paris: Klincksieck.

LACHET, Claude (1986): La Prise d'Orange ou la parodie courtoise d'une épopée, Paris: Champion.

LACY, Norris (Hg.) (1987): The legacy of Chrétien de Troyes, 2 Bde., Amsterdam: Rodopi.

LACY, Norris (1993): Reading Fabliaux, New York: Garland.

LAZAR, Moshé (1964): Amour courtois et fin'amors dans la littérature du XIIe siècle, Paris: Klincksieck.

LECOY, Félix (1962): Jean Renart. Le Roman de la Rose ou de Guillaume de Dole, Paris: Champion.

LECOY, Félix (1979): Guillaume de Lorris et Jean de Meun. „Le Roman de la Rose", Paris: Champion.

LE GOFF, Jacques (1955): Marchands et Banquiers du Moyen Age, Paris: PUF.

LE GOFF, Jacques (1960): Les Intellectuels au Moyen Âge, Paris: Seuil.

LE GOFF, Jacques (Hg.) (1989): L'homme médiéval, Paris: Seuil.

LEJEUNE, Rita (1948): Recherches sur le thème: les chansons de geste et l'histoire, Liège: Fac. de Phil. et Lettres.

LEJEUNE, Rita (1978): „Jean Renart et le roman réaliste au XIIIe siècle", in: GRLMA, IV/1, Heidelberg: Winter, S. 400–453.

LEJEUNE, Rita (1979): Littérature et société occitane au Moyen Âge, Liège: Marche romane.

LEJEUNE, Rita/STIENNON Jacques (1971): The legend of Roland in the middle ages, 2 Bde., London: Phaidon.

LEO, Ulrich (1922): Studien zu Rutebeuf: Entwicklungsgeschichte und Form des „Renart le Bestourné" und der ethisch-politischen Dichtungen Rutebeufs, Halle: Niemeyer.

LÉONARD, Monique (1996): Le dit et sa technique littéraire, des origines à 1340, Paris: Champion.

Les Grands Rhétoriqueurs. Actes du 5e colloque international sur le Moyen Français, Mailand, 1985, Bd. 1.

LEWICKA, Halina (1974): Etudes sur l'ancienne farce française, Paris: Klincksieck.

LEWICKA, Halina (1980): Bibliographie du théâtre profane français des XVe et XVIe siècles, Paris: C.N.R.S.

LIVINGSTON, Charles H. (1951): Le jongleur Gautier le Leu. Étude sur les fabliaux, Cambridge (Mass.): Harvard UP.

LODS, Jeanne (1951): Le Roman de Perceforest. Origines, composition, caractères, valeur et influence, Genf: Droz.

LOGIÉ, Philippe (1997): L'„Énéide" et l'„Eneas". Comparaison entre l'hypotexte antique et l'hypertexte médiéval. Thèse de doctorat Université de Lille III.

LOOMIS, Roger S. (1933): The Grail. From Celtic Myth to Christian Symbol, Cardiff: UP of Wales/New York: Columbia UP.

LOOMIS, Roger S. (1949): Arthurian Tradition and Chrétien de Troyes, New York: Columbia UP.

LOOMIS, Roger S. (Hg.) (1959): Arthurian Literature in the Middle Ages, Oxford: Clarendon Press.

LOOMIS, Roger Sherman (1963): The Development of Arthurian Romances, London: Hutchinson.

LORCIN, Marie-Thérèse (1979): Façons de sentir et de penser: les fabliaux français, Paris: Champion.

LOT, Ferdinand (1958): *Etudes sur les légendes épiques françaises*, Paris: Champion.

LOUIS, René (1974): *„Le Roman de la Rose"*. Essai d'interprétation de l'allégorisme érotique, Paris: Champion.

LUHMANN, Niklas (1982): *Liebe als Passion. Zur Codierung von Intimität*, Frankfurt a. M.: Suhrkamp.

LYONS, Faith (1980–81): „Interprétations critiques au XXe siècle du prologue de ‚Cligès': la translatio studii selon les historiens, les philosophes et les philologues", in: *Œuvres et critiques 5*, 2, S. 39–44.

MADDOX, Donald (1991): *The Arthurian romances of Chrétien de Troyes. Once and future fictions*, Cambridge: UP.

MAILLARD, Jean (1982): *Adam de la Halle*, 2 Bde., Paris: Champion.

MANDACH, André de (1993): *Naissance et développement de la Chanson de geste en Europe*, Genf: Droz.

MARROU, Henri-Irénée (1971): *Troubadours et trouvères au Moyen Âge*, Paris: Seuil.

MARTIN, Hervé (1996): *Mentalités médiévales XIe–XVe siècle*, Paris: PUF.

MARTINEAU-GENIEYS, Christine (1977): *Le thème de la mort dans la poésie française de 1450 à 1550*, Paris: Champion.

MARX, Jean (1952): *La légende arthurienne et le Graal*, Paris: PUF.

MARX, Jean (1965): *Nouvelles recherches sur la littérature arthurienne*, Paris: Kliencksieck.

MAZOUER, Charles (1998): *Le théâtre français du Moyen Âge*, Paris: SEDES.

MCGRADY, Deborah Lynn (1997): *Constructing authorship in the late Middle Ages. A study of the books of Guillaume de Machaut, Charles d'Orléans and Jean Lemaire de Belges*, UP of California/Santa Barbara.

MCRAE, Joan Elise (1997): *The trials of Chartier's „Belle dame sans mercy". The poems in their cyclical and manuscript context*, UP of Virginia.

MEIER-STAUBACH, Christel (1984): „Grundzüge der mittelalterlichen Enzyklopädik", in: K. Stackmann/L. Grenzmann: *Literatur und Laienbildung im Spätmittelalter und in der Reformationszeit. Symposion Wolfenbüttel 1981*, Stuttgart: Metzler.

MÉJEAN-THIOLIER, Suzanne (1994): *La Poétique des troubadours*, PU Paris-Sorbonne.

MÉLA, Charles (1984): *La Reine et le Graal. La conjointure dans les romans du Graal, de*

CHRÉTIEN de Troyes au Livre de Lancelot, Paris: Seuil.

MÉNARD, Philippe (1978): „La composition d',Aucassin et Nicolette'", in: *Mélanges de philologie et de littérature romanes offerts à Jeanne Wathelet-Willem*, Liège: Marche romane, S. 413–432.

MÉNARD, Philippe (1983): *Les Fabliaux: contes à rire du moyen âge*, Paris: PUF.

MÉNARD, Philippe (^21995): *Les Lais de Marie de France*, Paris: PUF.

MENÉNDEZ PIDAL, Ramon (1960): *„La Chanson de Roland" et la tradition épique des Francs*, Paris: Picard.

MERDRIGNAC, Bernard (1994): *La Vie religieuse en France au Moyen Âge*, Gap: Ophrys.

MERL, Hans Dieter (1972): *Untersuchungen zur Struktur, Stilistik und Syntax in den Fabliaux Jean Bodels*, Frankfurt a. M.: Lang.

MERL, Hans-Dieter (1976): *Untersuchungen zur Struktur, Stilistik und Syntax in den Fabliaux Rutebeufs, Gautier Le Leus und Jean de Condés*, Frankfurt am M.: Lang.

MICHA, Alexandre (1966): *La tradition manuscrite des romans de Chrétien de Troyes*, Genf: Droz.

MICHA, Alexandre (1976): *De la chanson de geste au roman. Études de littérature médiévale*, Genf: Droz.

MICHA, Alexandre (1980): *Étude sur le „Merlin" de Robert de Boron, roman du XIIe siècle*, Genf: Droz.

MICHA, Alexandre (1987), *Essai sur le cycle du Lancelot-Graal*, Genf: Droz.

MICKEL, Emanuel J. (1989): *Ganelon, Treason, and the „Chanson de Roland"*, London: University Park.

MICKEL Emanuel J./NELSON, J. (Hg.) (1977): *The old french crusade cycle*, Alabama: UP.

MÖLK, Ulrich (1968): *Trobar clus – trobar leu. Studien zur Dichtungstheorie der Troubadours*, München: Fink.

MOLLAT, Michel (1977): *Genèse médiévale de la France moderne (XIVe–XVe siècle)*, Paris: Seuil.

MORA-LEBRUN, Francine (1994): *L'Enéide médiévale et la chanson de geste*, Paris: PUF.

MÜLLER, Franz W. (1947): *Der Rosenroman und der lateinische Averroismus des 13. Jahrhunderts*, Frankfurt a. M.: Klostermann.

MULLER, Gari (1975): *Theater of Folly. Allegory and Satire in the Sotie*, Diss. Yale University.

MUS, David (1992): *La poétique de François Villon*, Seyssel: Champ Vallon.

MUSCATINE, Charles (1986): *The Old French Fabliaux*, New Haven: Yale UP.

NELLI, René (1979): *Troubadours et trouvères*, Paris: Hachette.

NELLI, René/LAVAUD, René (1978): *Les Troubadours II. Le trésor poétique de l'Occitanie*, Brügge: Desclée de Brouwer.

NELSON HUBBARD, Deborah/VAN DER WERF, Hendrik (1985): *The Lyrics and Melodies of Adam de la Halle*, New York/Londres: Garland.

NEUMEISTER, Sebastian (1969): *Das Spiel mit der höfischen Liebe. Das altprovenzalische Partimen*, München: Fink.

NEUSCHÄFER, Hans-Jörg (1959): „Le voyage de Charlemagne en Orient als Parodie der chanson de geste", in: *Romanistisches Jahrbuch* 10, S. 78–102.

NEUSCHÄFER, Hans-Jörg (1969): *Boccaccio und der Beginn der Novelle*, München: Fink.

NICOD, Lucie (1974): *Les Jeux partis d'Adam de la Halle*, Genf: Slatkine (Erstausgabe: 1917).

NITZE, William A. (1949): *Perceval and the Holy Grail. An Essay on the Romance of Chrétien de Troyes*, Berkeley/Los Angeles: UP of California.

Nouvelle histoire de la France médiévale. 5 Bde., Paris: 1990.

NYKROG, Per (1973a): „Two creators of Narrative Form in Twelfth Century France: Gautier d'Arras – Chrétien de Troyes", in: *Speculum* 48, S. 258–276.

NYKROG, Per (1973b): *Les Fabliaux*, Genf: Droz.

NYKROG, Per (1986): *L'amour et la rose. Le grand dessein de Jean de Meun*, Cambridge (Mass.): Lexington.

NYKROG, Per (1996): *Chrétien de Troyes, romancier discutable*, Genf: Droz.

OLSEN, Michel (1976): *Les transformations du triangle érotique*, Kopenhagen: Akademisk Forlag.

OTT, Karl August (Hg.) (1980): *Der Rosenroman*, Darmstadt: Wissenschaftliche Buchgesellschaft.

PARÉ, Gérard (1941): *Le Roman de la Rose et le scolastique courtoise*, Paris: Vrin.

PARIS, Gaston (²1905): *Histoire poétique de Charlemagne*, Paris: Bouillon (Erstausgabe: Paris 1865).

PATTISON, Walter T. (1952): *The Life and Works of the Troubadour Raimbaut d'Orange*, Minneapolis: UP of. Minnesota.

PAYEN, Jean-Charles/JODOGNE, Omer (1975): *Le fabliau et le lai narratif*, Turnhout: Brepols.

PAYEN, Jean-Charles (1983): „Lai, fabliau, exemplum, roman court: pour une typologie du récit bref aux XIIe et XIIIe siècles", in: D. Buschinger: *Le récit bref au Moyen Âge*, Actes du Colloque d'Amiens, avril 1979, Paris: Champion. S. 7–23.

PELAN, Marie (²1974): *L'Influence du „Brut" de Wace sur les romans français de son temps*, Genf: Droz (Erstausgabe: 1931).

PENSOM, Roger (1982): *Literary Technique in the Chanson de Roland*, Genf: Droz.

PENSOM, Roger (1988): „Thibaut de Champagne and the Art of the Trouvère", in: *Medium Aevum* 57, S. 1–26.

PENSOM, Roger (1995): *Reading Béroul's Tristan. A poetic narrative and the anthropology of its reception*, Bern: Lang.

PENSOM, Roger (1999): „*Aucassin et Nicolette*": *the poetry of gender and growing up in the french middle ages*, Bern: Lang.

PERNOUD, Régine (1990): *Christine de Pisan. Das Leben einer außergewöhnlichen Frau und Schriftstellerin im Mittelalter*, München: dtv (Erstausgabe 1982).

PERNOUD, Régine (1991): *Herrscherin in bewegter Zeit. Blanca von Kastilien, Königin von Frankreich*, München: dtv (Erstausgabe 1972).

PERNOUD, Régine (1997): *Königin der Troubadoure. Eleonore von Aquitanien*, München: dtv. (Erstausgabe 1965).

PETIT, Aimé (2005): *Naissances du roman. Les techniques littéraires dans les romans antiques du XIIe siècle*, Paris: Champion/Genf: Slatkine.

PETIT-MORPHY, Odette (1977): *François Villon et la scolastique*, Paris: Champion.

PICKFORD, Cedric Edward (1960): *L'Évolution du roman arthurien en prose vers la fin du Moyen Âge*, Paris: Nizet.

PICONE, Michelangelo/DI STEFANO, Giuseppe/STEWART, P.D. (1983): *Genèse, codification et rayonnement d'un genre médiéval. La nouvelle*, Montréal: Plato Academic Pr.

PINKERNELL, Gert (1992): *François Villon et Charles d'Orléans (1457 à 1461); d'après les „Poésies diverses" de Villon*, Heidelberg: Winter.

PIROT, François (1965): *Le troubadour Marcabru*, Liège: Marche romane.

PIROT, François (1967): „Bibliographie commentée du troubadour Marcabru", in: *Le Moyen Âge* 73, S. 86–126.

PLANCHE, Alice (1975): *Charles d'Orléans ou la recherche d'un langage*, Paris: Champion.

POIRION, Daniel (1965): *Le poète et le prince. L'évolution du lyrisme courtois de Guillaume de Machaut à Charles d'Orléans*, Paris: PUF.

POIRION, Daniel (1967): *Le lexique de Charles d'Orléans dans les ballades*, Genf: Droz.

POIRION, Daniel (1973): *Le Roman de la Rose*, Paris: Hatier.

POIRION, Daniel (1976): „De *l',Éneide'* à *l',Énéas'*. Mythologie et moralisation", in: *Cahiers de civilisation médiévale* 19, S. 213–19.

POTANSKY, Peter (1972): *Der Streit um den Rosenroman*, München: Fink.

PROBST, Claudia (1996): *Ein Ratgeberbuch für die weibliche Lebenspraxis. Christine de Pizans „Livre de trois vertus"*, Pfaffenweiler: Centaurus.

QUÉRUEL, Danielle (Hg.) (1998): *Le Conte du Graal: Chrétien de Troyes*, Paris: Ellipses.

RASMUSSEN, Jens (1958): *La prose narrative française du XVe siècle*, Kopenhagen: Munksgaard.

REGALADO, Nancy Freeman (1970): *Poetic Patterns in Rutebeuf: A Study in Noncourtly Poetic Modes of the Thirteenth Century*, New Haven-Londres: Yale UP.

RÉGNIER, Claude (1966): *Les Rédactions en vers de la prise d'Orange*, Paris: Klincksieck.

REID, Thomas Bernhard W. (1972): *The Tristan of Beroul; a Textual Commentary*, Oxford: Blackwell.

REVOL, Thierry (1999): *Représentations du sacré dans les textes dramatiques des XIe–XIIIe siècles en France*, Paris: Champion.

REY-FLAUD, Henri (1973): *Le cercle magique. Essai sur le théâtre en rond à la fin du Moyen Âge*, Paris: Gallimard.

REY-FLAUD, Henri (1980): *Pour une dramaturgie du Moyen Âge*, Paris: PUF.

REY-FLAUD, Henri (1984): *La Farce ou la machine à rire. Théorie d'un genre dramatique, 1450–1550*, Genf: Droz.

RIBARD, Jacques (1972): *Chrétien de Troyes. Le chevalier de la charrette*, Paris: Nizet.

RIBÉMONT, Bernard (1990): *Écrire pour dire. Études sur le dit médiéval*, Paris: Klincksieck.

RICHARDS, Earl Jeffrey (Hg.) (1992): *Reinterpreting Christine de Pizan*, Athens: UP of Georgia.

RIEGER, Angelica (1991): *Trobairitz. Der Beitrag der Frauen in der altokzitanischen höfischen Lyrik. Edition des Gesamtkorpus*, Tübingen: Niemeyer.

RIEGER, Dietmar (1976): *Gattungen und Gattungsbezeichnungen der Trobadorlyrik*, Tübingen: Niemeyer.

RIEGER, Dietmar (1990a): „Das Klagelied (,Planh')", in: *GRLMA II/1, fasc. 4*, Heidelberg: Winter, S. 83 ff.

RIEGER, Dietmar (1990b): „Das Sirventes", in: *GRLMA II/1, fasc. 4*, Heidelberg: Winter, S. 9–61.

RINGGER, Kurt (1973): *Die Lais. Zur Struktur der dichterischen Einbildungskraft der Marie de France*, Tübingen: Niemeyer.

RINGGER, Kurt (1987): „Die Trobadorlyrik im Spiegel der poetischen Gattungen", in: D. Janik (Hg.), *Die französische Lyrik*, Darmstadt: Wiss. Buchgesellschaft, S. 1–61.

RIQUER, Martín de (1952): *Los cantares de gesta franceses*, Madrid: Gredos.

ROBIN, F. (1985): *La cour d'Anjou-Provence. La vie artistique sous le règne de René*, Paris: Picard.

ROLLO, David (1995): „Benoît de Sainte-Maure's ,Roman de Troie'. Historiography, forgery, and fiction", in : *CLS* 32, S. 191–225.

ROQUES, Mario (Hg.) (²1954): *Aucassin et Nicolette. Chantefable du XIIIe siècle*, Paris: Champion (Erstausgabe: 1929).

ROSSMAN, Vladimir R. (1976): *François Villon. Les concepts médiévaux du Testament*, Paris: Delarge.

ROUBAUD, Jacques (1986): *La fleur inverse. Essai sur l'art formel des troubadours*, Paris: Ramsay.

ROUGEMONT, Denis de (1956): *L'Amour et l'Occident*, Paris: Plon.

ROUSSE, Michel (1978): „Propositions sur le théâtre profane avant la farce", in: *Trétaux* 1, S. 4–18.

ROUSSE, Michel (1991): „Le théâtre et les jongleurs", in: *Revue des Langues romanes* 95, S. 1–14.

RUELLE, Pierre (1965): *Les Congés d'Arras (Jean Bodel, Baude Fastoul, Adam de la Halle)*, Brüssel: PU.

RYCHNER, Jean (1960): *Contribution à l'étude des Fabliaux. Variantes, remaniements, dégradations*, 2 Bde., Neuchâtel/Genf: Droz.

RYCHNER, Jean (1977): *La chanson de geste. Essai sur l'art épique des jongleurs*, Genf: Droz.

SABATIER, Robert (1975): *La poésie au moyen âge*, Paris: Albin Michel.

SANSONE, Guiseppe E. (1950): *Idillo e ironia in ,Aucassin et Nicolette'*, Bari: Adriatica.

SCHEIDEGGER, Jean R. (1989a): *Le Texte et la dérision. Contribution à l'étude du „Roman de Renart "*, Genf: Droz.

SCHEIDEGGER, Jean R. (1989b): *„Le Roman de Renart". A guide to scholarly work*, Lanham: Scarecrow Press.

SCHENK, Mary J. (1987): *The fabliaux. Tales of wit and deception*, Amsterdam/Philadelphia: Benjamins.

SCHERNER-VAN ORTMERSSEN, Gisela (1973): *Die Text-Melodiestruktur in den Liedern des Bernart de Ventadorn*, Münster: Aschendorff.

SCHMOLKE-HASSELMANN, Beate (1980): *Der arthurische Versroman von Chrestien bis Froissart. Zur Geschichte einer Gattung*, Tübingen: Niemeyer.

SCHOELL, Konrad (1975): *Das komische Theater des französischen Mittelalters: Wirklichkeit und Spiel*, München: Fink.

SCHÖNING, Udo (1991): *Thebenroman-Eneasroman-Trojaroman. Studien zur Rezeption der Antike in der französischen Literatur des 12. Jahrhunderts*, Tübingen: Niemeyer.

SCOTT, Nora (1977): *Contes pour rire? Fabliaux des XIIIᵉ et XIVᵉ siècles*, Paris: Bussière.

SERPER, Arié (1969): *Rutebeuf poète satirique*, Paris: Klincksieck.

SHEPERD, M. (1990): *Tradition et re-creation in thirteen-century romance. „La Manekine" and „Jehan et Blonde" by Philippe de Rémy*, Amsterdam/Atlanta: Rodopi.

SICILIANO, Italo (1981): *Les chansons de geste et l'épopée. Mythes – histoire – poèmes*, Genf/Paris: Slatkine (Erstausgabe: 1968).

SIENAERT, Edgar (1978): *Les Lais de Marie de France. Du conte merveilleux à la nouvelle psychologique*, Paris: Champion.

SIMPSON, James R. (1996): *Animal body, literary corpus: the old French Roman de Renart*, Amsterdam: Rodopi.

SINNREICH-LEVI, Deborah M. (Hg.) (1998): *Eustache Deschamps, French courtier-poet: his work and his world*, New York: AMS Press.

SIVÉRY, Gérard (1983): *Saint Louis et son siècle*, Paris: Tallandier.

STADLER-HONEGGER, Marguerite (1975): *Études sur les Miracles de Nostre Dame par personnages*, Genf: Slatkine Repr.

STANISLAW-KEMENAH, Alexandra-Kathrin (1996): *Eustache Deschamps' historiographische Balladen: Untersuchungen über den Zusammenhang zwischen Geschichtsschreibung und Literatur im poetischen Werk des spätmittelalterlichen Dichters*, Münster: Lit.

STAROBINSKI, Jean (1968): „L'encre de la mélancolie", in: *Nouvelle Revue Française* 123, S. 410–423.

STEMPEL, Wolf-Dieter (Hg.) (1995): *Musique naturele. Interpretationen zur französischen Lyrik des Spätmittelalters*, München: Fink.

STIERLE, Karlheinz (1995): „Trauer der Stimme, Melancholie der Schrift. Zur lyrischen Struktur des Rondeau bei Charles d'Orléans", in: W. D. Stempel: *Musique naturele. Interpretationen zur französischen Lyrik des Spätmittelalters*, München: Fink, S. 141–174.

STOUFF, Louis (1930): *Essai sur Mélusine, roman du XIVᵉ siècle, par Jean d'Arras*, Dijon/Paris: PU de Dijon.

STRUBEL, Armand (1994): *La Rose, Renart et le Graal. La littérature allégorique en France au Moyen Âge*, Caen: Paradigme.

STRUSS, Lothar (1987): „Nahvergangenheit und Kontingenzbewältigung", in: *GRLMA* XII, 3, Heidelberg: Winter, S. 951–1023.

SUARD, François (1979): *Guillaume d'Orange. Étude du roman en prose*, Paris: Champion.

SUARD, François (1993): *La Chanson de geste*, Paris: PUF.

SUMBERG, Lewis A (1968): „La Chanson d'Antioche". *Etude historique et littéraire: Une chronique en vers français de la Première Croisade par le Pèlerin Richard*, Paris: Picard.

SZKILNIK, Michelle (1991): *L'Archipel du Graal: Etude de l'Estoire del saint Graal*, Genf: Droz.

SZOGS, Siegfried (1931): *Aspremont. Entwicklungsgeschiche und Stellung innerhalb der Karlsgeste*, Halle: Niemeyer.

TANZ, Sabine (1991): *Jeanne d'Arc. Spätmittelalterliche Mentalität im Spiegel eines Weltbildes*, Weimar: Böhlau.

TAVERNIER, Wilhelm (²1967): *Zur Vorgeschichte des altfranzösischen Rolandsliedes*, Nendeln: Kraus.

TIETZ, Manfred (1987): "Die französische Lyrik des 14. und 15. Jahrhunderts", in : D. Janik (Hg.): *Die französische Lyrik*, Darmstadt: Wiss. Buchgesellschaft, S.109–177.

TOPSFIELD, Leslie T. (1975): *Troubadours and Love*, Cambridge: UP.

TROTTER, David A. (1988): *Medieval French Literature and the Crusades (1100–1300)*, Genf: Droz.

Troie au Moyen Age, Bien Dire et Bien Aprandre

10, Centre d'Études médiévales et dialectales de Lille III, 1992.

TUCHMANN, Barbara (1985): *Der ferne Spiegel. Das dramatische 14. Jahrhundert*, München: dtv.

UNGUREANU, Marie (1955): *La Bourgeoisie naissante. Société et littérature bourgeoise d'Arras aux XIIᵉ et XIIIᵉ siècles*, Arras: Mémoires de la Comm. des Mon. hist. du Pas-de-Calais.

VAN COOLPUT, Colette-Anne (1986): *Aventures querant et le sens du monde. Aspects de la réception productive des premiers romans du Graal cycliques dans le „Tristan en prose"*, Leuven: UP.

VAUCHEZ, André (1975): *La spiritualité du Moyen Âge occidental*, Paris: PUF.

VERGER, Jacques (1997): *L'Essor des universités au XIIIᵉ siècle*, Paris: Cerf.

VINAVER, Eugène (1970): *A la recherche d'une poétique médiévale*, Paris: Nizet.

VINCENT, Patrick R. (1954): *The Jeu de saint Nicolas of Jean Bodel of Arras: A Literary Analysis*, Baltimore: John Hopkins Press.

VITZ, Evelyn Birge (1974): *The crossroad of intentions. A study of symbolic expression in the poetry of François Villon*, Den Haag/Paris: Mouton.

VITZ, Evelyn Birge (1999): *Orality and Performance in Early French Romance*, Cambridge: D. S. Brewer.

WALTZ, Matthias (1965): *Rolandslied, Wilhelmslied, Alexiuslied. Zur Struktur und geschichtlichen Bedeutung*, Heidelberg: Winter.

WARNING, Rainer (1974): *Funktion und Struktur: Die Ambivalenzen des geistlichen Spiels*, München: Fink.

WATHELET-WILLEM, Jeanne (1975): *Recherches sur la Chanson de Guillaume (études et édition)*, 2 Bde., Paris: Les Belles Lettres.

WEIFENBACH, Beate (1999): *„Die Haimonskinder" in der Fassung der Aarauer Handschrift von 1531 und des Simmerner Drucks von 1535. Ein Beitrag zur Überlieferung französischer Erzählstoffe in der deutschen Literatur des Mittelalters und der frühen Neuzeit*, 2 Bde., Frankfurt a. M.: Lang.

WILLARD, Charity Cannon (1984): *Christine de Pisan. Her life and works*, New York: Persea Books.

WILMOTTE, Maurice (1939): *L'Épopée française, origine et élaboration*, Paris: Boivin.

WILSON, Katharina (Hg.) (1984): *Medieval Woman Writers*, Manchester: UP.

WOLF-BOIVIN, Romaine (1998): *Textus. De la tradition latine à l'esthétique du roman médiéval. „Le Bel inconnu", „Amadas et Ydoine"*, Paris: Champion.

WOLFZETTEL, Friedrich (1973): „Zur Stellung der *Enfances* in der altfranzösischen Epik", in: *ZfSL* 83, S. 317–348.

WOLFZETTEL, Friedrich (1990): „La recherche de l'universel. Pour une nouvelle lecture des romans de Gautier d'Arras", in: *Cahiers de Civilisation Médiévale* 33, S. 113–131.

YENAL, Edith (1984): *Charles d'Orléans. A Bibliography of Primary and Secondary Sources*, New York: Amsterdam Studies in the Middle Age.

YENAL, Edith (1982): *Christine de Pisan. A bibliography of writings by her and about her*, Metuchen, London: The Scarecrow.

ZAI, Marie-Claire (1974): *Les Chansons courtoises de Chrétien de Troyes*, PU Européennes, 13e série, 27, Bern/Frankfurt: Lang.

ZERNER-CHARDAVOINE Monique (1979) (Hg.): *La croisade albigeoise*, Paris: Gallimard/Julliard.

ZIMMERMANN, Margarete (1989): *Vom Hausbuch zur Novelle. Didaktische und erzählende Prosa im Frankreich des Späten Mittelalters*, Düsseldorf: Bagel.

ZIMMERMANN, Margarete/DE RENTIIS, Dina (Hg.) (1994): *The City of Scholars: New Approaches to Christine de Pizan*, Berlin/New York: Springer.

ZIMMERMANN, Margarete (1999): „Das Spätmittelalter", in: J. Grimm: *Französische Literaturgeschichte*, Stuttgart: Metzler, S. 67–99.

ZINK, Michel (1972): *La pastourelle, Poésie et folklore au moyen âge*, Paris/Montréal: Bordas.

ZINK, Michel (1978a): *Belle. Essai sur les chansons de toile, suivi d'une édition et d'une traduction*, Paris: Champion.

ZINK, Michel (1978b): *Les Chansons de toile*, Paris: Champion.

ZINK, Michel (1979): *Roman rose et rose rouge. Le „Roman de la Rose ou de Guillaume de Dole" de Jean Renart*, Paris: Nizet.

ZINK, Michel (1985): *La subjectivité littéraire. Autour du siècle de saint Louis*, Paris: PUF.

ZINK, Michel (1987): „Die Dichtung der Trouvères", in: D. Janik (Hg.): *Die französische Lyrik*, Darmstadt: Wiss. Buchgesellschaft, S. 62–108.

ZINK, Michel (1998): *Froissart et le temps*, Paris: PUF.

ZOEST, Aart van (1974): *Structures de deux testaments fictionnels. Le Lai et le Testament de François Villon*, The Hague/Paris: Mouton.

ZÜHLKE, Bärbel (1994): *Christine de Pisan in Text und Bild: zur Selbstdarstellung einer frühhumanistischen Intellektuellen*, Stuttgart: Metzler.

ZUMTHOR, Paul (1972): *Essai de poétique médiévale*, Paris: Seuil.

ZUMTHOR, Paul (1978a): *Le masque et la lumière. La poétique des grands rhétoriqueurs*, Paris: Seuil.

ZUMTHOR, Paul (1978b): *Anthologie des grands rhétoriqueurs*, Paris: U.G.E.

ZUMTHOR, Paul (1983): *Introduction à la poésie orale*, Paris: Seuil.

ZUMTHOR, Paul (1987): *La lettre et la voix, De la „littérature" médiévale*, Paris: Seuil.

Personen- und Sachregister